Nolden • Professionelle polizeiliche Gesprächsführung

AF543947

Professionelle polizeiliche Gesprächsführung

Ein Lehr- und Trainings-Handbuch mit praxisnahen Übungen

von
Susanna Nolden a.D.
Regierungsdirektorin

Bibliografische Information der Deutschen Nationalbibliothek

Die Deutsche Nationalbibliothek verzeichnet diese Publikation in der Deutschen Nationalbibliografie; detaillierte bibliografische Daten sind im Internet über http://dnb.d-nb.de abrufbar.

www.VDPolizei.de

2. Auflage 2023
© VERLAG DEUTSCHE POLIZEILITERATUR GMBH Buchvertrieb; Hilden/Rhld., 2023
Alle Rechte vorbehalten
Satz: VDP GMBH Buchvertrieb, Hilden
Druck und Bindung: Plump Druck & Medien GmbH, Rheinbreitbach
Printed in Germany
ISBN 978-3-8011-0929-5

Vorwort

Vertrauen ist der Gradmesser des sozialen Miteinanders. Durch Vertrauen entsteht Glaubwürdigkeit, gegenseitige Akzeptanz und soziale Gemeinschaft. In modernen Gesellschaften wird die individuelle Freiheit von Bürgerinnen und Bürgern als hohes Gut angesehen. Selbstentfaltung gerät in Konkurrenz zu Werten des sozialen Miteinanders. Freiheitseinschränkungen durch staatliche Maßnahmen müssen bürgernah vermittelt werden, damit sie auf Akzeptanz stoßen können.

Das Vertrauen der Bürgerinnen und Bürger in den Staat und seine Vertreter ist ein Merkmal gelungener Demokratie. Die deutsche Polizei genießt ein hohes Vertrauen in der Gesellschaft. Laut dem Eurobarometer der Europäischen Kommission zeigten im Winter 2022/2023 rund 78 % der Deutschen Vertrauen in die Polizei. Die Polizei ist glaubwürdig durch ihre Professionalität und die gute Ausbildung, die die jungen Polizistinnen und Polizisten in Deutschland genießen.

Vertrauen ist ein recht hohes Gut. Verspieltes Vertrauen ist schwer zurückzuerlangen. Vertrauen braucht Grundlagen und diese lassen sich am ehesten im direkten Kontakt herstellen. Eine sichere Vertrauensgrundlage entsteht durch gute und professionelle Erfahrungen mit einer Person oder auch einer Institution. Ob jemand vertrauenswürdig ist, zeigt sich insbesondere darin, wie er mit schwächeren und hilfsbedürftigen Menschen umgeht, die umso mehr auf Vertrauen angewiesen sind.

Damit Menschen Vertrauen in Institutionen haben, bedarf es Regeln. Eine glaubwürdige Kommunikation und die Orientierung an ethischen und rechtlichen Grundsätzen sind wichtige Voraussetzungen für das Vertrauen der Gesellschaft in die Polizei.

Um Vertrauen muss man werben und man kann es sich erwerben durch professionelles Arbeiten. Kompetentes, an der Verhältnismäßigkeit orientiertes, transparentes und bürgernahes Handeln sind wichtige Merkmale polizeilicher Arbeit, um Vertrauen bei der Bevölkerung zu erwerben. Aber auch Kontrolle gehört zum Vertrauen und dort, wo Vertrauensverluste entstehen, verstärkt sich die Notwendigkeit von Kontrolle.

Der Erwerb von wissenschaftlich fundierten und polizeilich erforderlichen Kompetenzen ist wesentliche Voraussetzung für ein vertrauensvolles Handeln der Polizei. Eine professionelle Ausbildung zeigt sich vor allem im direkten Kontakt mit Bürgerinnen und Bürgern. Die professionelle polizeiliche Gesprächsführung schafft Vertrauen in die polizeiliche Arbeit oder sie führt zu Misstrauen der gesamten Polizei gegenüber.

In der polizeilichen Gesprächsführung müssen sich auch demokratisch verfasste Werte und Haltungen widerspiegeln. Themen wie Menschenwürde, Bürgerrechte, Respekt, Anstand und Höflichkeit im Umgang miteinander gewinnen zum gegenwärtigen Zeitpunkt des gesellschaftlichen Diskurses an neuer Bedeutung.

Das Lehrbuch zur professionellen polizeilichen Gesprächsführung ist aus der wissenschaftlichen Praxis in meinen Seminaren an der Hessischen Hochschule für Polizei und Verwaltung in Kassel entstanden. Die Intention bestand darin, ein neues und kompetenzbasiertes Modul der professionellen polizeilichen Gesprächsführung zu entwickeln. Dazu wurde ein polizeiliches Modell der Gesprächsführung entworfen. Neben den notwendigen wissenschaftlichen Standards werden dabei jeweils die erforderlichen Kompetenzen für die professionelle Bearbeitung der Gesprächsführung vorgestellt.

Susanna Nolden — Kassel, Juni 2023

Inhaltsverzeichnis

Vorwort 5

Abbildungsverzeichnis 11

Einführung 14

Teil 1: Theoretische Rahmenbedingungen einer professionellen polizeilichen Gesprächskultur 17

1 **Wozu braucht es Kompetenzmodelle für polizeiliches Handeln?** 17

2 **Welche sozialwissenschaftlichen Modelle können für die professionelle polizeiliche Gesprächsführung herangezogen werden?** 19

2.1 Sozialwissenschaftliche Hilfekonzepte 20

2.1.1 Erziehung 20

2.1.2 Psychotherapie 20

2.1.3 Beratung als sozialwissenschaftliches Hilfekonzept 21

2.1.4 Begleitung 21

2.1.5 Soziale Kontrolle 22

2.2 Soziale Kontrolle und Begleitung als wesentliche Hilfekonzepte für polizeiliches Handeln 23

3 **Was sind die wichtigen Leitlinien der polizeilichen Kommunikation?** 27

3.1 Kommunikation ist kontextgebunden 29

3.2 Kommunikation ist unvermeidlich 29

3.3 Beziehungs- und Inhaltsebene 29

3.4 Intimität und Dominanz in der Kommunikation 30

3.5 Höflichkeit und Imagepflege 31

3.6 Anerkennung und Respekt 31

4 Welche Bedeutung haben Kompetenzen für das polizeiliche Handeln? 34

4.1 Welche Kompetenzmodelle gestalten die Grundlagen der polizeilichen Praxis? 36

4.2 Welchen Stellenwert haben die sozialen Kompetenzen für das polizeiliche Handeln? 37

4.3 Worin zeigen sich polizeiliche Handlungskompetenzen? 38

4.4 Worin zeigt sich die Professionalität im polizeilichen Handeln? 39

4.5 Wieso sind Bürgernähe und Deeskalationsgebot bedeutende Merkmale für Professionalität im polizeilichen Handeln? 42

5 **Wie passt die professionelle polizeiliche Gesprächsführung in die polizeiliche Lagebewältigung?** 45

5.1 Neues Modell der professionellen Gesprächsführung für die Polizei 46

5.1.1 Was- und Wie-Entscheidungen 46
5.1.2 Was sind Ziele und Maßnahmen der Gesprächsführung? 47
5.1.3 Wie gelingt die angemessene Beziehungsplanung für die polizeiliche Lage? 49
5.2 Was tun bei hoher Komplexität in der polizeilichen Lagebewältigung? 52

Teil 2: Das neue Modell der professionellen polizeilichen Gesprächsführung 58

1 Welche Merkmale kennzeichnen das neue Modell der professionellen polizeilichen Gesprächsführung? 58
1.1 Wie gelingen Vorbereitung und Zieldefinition? 61
1.2 Wie gelingt die Einstiegsphase oder der erste Eindruck? 65
1.2.1 Erster Eindruck bei hilflosen, unsicheren, ängstlichen Personen 66
1.2.2 Erster Eindruck bei aggressiven, gewaltbereiten Personen 67
1.2.3 Erster Eindruck bei aufgeregten Personen 68
1.3 Was prägt den ersten Eindruck in der polizeilichen Gesprächsführung? 69
1.3.1 Sympathie 70
1.3.2 Sozialer Status 70
1.3.3 Wie gelingt die Gestaltung einer komplementären Beziehungsstruktur? 71
1.4 Was versteht man unter Transparenz der Lage? 74
1.5 Wie gelingt die Maßnahmenphase? 74
1.6 Wie gelingt die Abschlussphase? 76
1.7 Wie gestaltet sich die Nachbereitung der polizeilichen Lage? 77
1.8 Zusammenfassung wichtiger Merkmale im neuen Modell der professionellen polizeilichen Gesprächsführung 78

2 Mit welchen Kompetenzen gelingt die Deeskalation in der Gesprächsführung? 80
2.1 Konfliktvermeidung 83
2.2 Konfliktintervention und Konfliktbegrenzung 84
2.3 Die Kompetenz, konstruktiven Druck aufbauen zu können 87

3 Welche Gesprächstechniken lassen sich in der professionellen polizeilichen Gesprächsführung noch anwenden? 89
3.1 Wie gelingt das aktive Zuhören in der Gesprächsführung? 89
3.2 Wie zeigen sich Bürgernähe und Empathie in der Gesprächsführung? 91
3.2.1 Kognitive Empathie 91
3.2.2 Soziale Empathie 91
3.3 Was ist bei der psychologischen Verhältnismäßigkeit zu beachten? 92

4 Warum ist das Verhältnis von Nähe und Distanz in sozialen Interaktionen wichtig? 93
4.1 Professionelle Distanz 94
4.2 Rollendistanz 94

4.3 Psychologische Distanz ... 95
4.4 Grenzverletzungen ... 95
5 Welche Herausforderungen kennzeichnen die polizeiliche Kommunikation mit Bürgern und Bürgerinnen im Spannungsfeld zwischen Aggression, Gewalt und psychischen Auffälligkeiten? ... 96
5.1 Hat die Gewalt gegen die Polizei zugenommen? ... 98
5.2 Was kennzeichnet die Dynamik des Einsatzgeschehens? ... 101
5.3 Wie gelingt die Risikoeinschätzung für Eskalationen? ... 102

Teil 3: Gewalt und Traumata ... 106

1 Was kennzeichnet Aggression und Gewalt? ... 106
2 Von der Grenzverletzung zu Aggression und Gewalt ... 107
2.1 Selbstbehauptung ... 107
2.2 Aggressionen ... 108
3 Welche Merkmale zeigen sich bei Gewalthandeln? ... 108
3.1 Merkmale beim Kampf ... 108
3.2 Merkmale von Macht ... 109
3.3 Welche Stufen zeigen sich in der Dynamik von Gewalthandeln? ... 109
3.4 Welche Merkmale kennzeichnen den Tunnel der Gewalt? ... 110
3.5 Welche Folgen haben Grenzverletzungen für Angreifer und Opfer? ... 111
4 Wie zeigt sich die Gewaltkompetenz? ... 112
4.1 Welche Strategien setzen Angreifer ein? ... 113
4.2 Stabilisierende Täterstrategien nach Gewalthandlungen ... 114
4.3 Welche professionellen polizeilichen Interventionen gibt es bei Aggression und Gewalt? ... 115
4.4 Zusammenfassung ... 118
5 Was sind Traumata und wie sehen die Folgen für Opfer nach Gewalt aus? ... 118
5.1 Welche Erscheinungsformen gibt es bei Traumata? ... 119
5.2 Woran lassen sich die individualpsychologischen Folgen bei Traumata erkennen? ... 121
5.3 Woran lassen sich die sozialpsychologischen Folgen von Traumata erkennen? ... 122
5.4 Welche Phasen durchlaufen die traumatischen Reaktionen? ... 122
5.5 Welche pathologischen Folgen haben traumatische Ereignisse? ... 124
5.5.1 Die Übererregung ... 124
5.5.2 Das ständige Wiedererleben der traumatischen Situation ... 124
5.5.3 Die Vermeidung ... 125
5.6 Zusammenfassung ... 127

6 Was versteht man unter psychischen Störungen und psychischen Auffälligkeiten? ... 127
6.1 Welche polizeilichen Erstmaßnahmen braucht es bei psychischen Störungen? ... 129
6.2 Welche Eskalationsgefahren bestehen in der polizeilichen Gesprächsführung mit psychisch auffälligen Personen? ... 131
6.3 Welche auffälligen Merkmale und Interaktionsstile zeigen die polizeilich relevanten psychischen Störungsbilder? ... 132
6.4 Worauf ist im polizeilichen Umgang mit psychisch auffälligen und aggressiven Menschen zu achten? ... 136
6.5 Wie begegnet die Polizei den Gefahren mit einem modernen Bedrohungs-Management? ... 141

Teil 4: Praktische Anwendungen und exemplarische polizeiliche Gesprächsführungen ... 144

1 Einführung ... 144
2 Die deeskalierende Gesprächsführung mit gewaltbereiten Personen ... 146
2.1 Ziele, Maßnahmen, Kompetenzen, Haltungen ... 148
2.2 Lage ... 148
2.3 Schema ... 149
2.4 Gefahren und Ergänzungen für die Lage ... 152
3 Professionelle polizeiliche Gesprächsführung mit Opfern von Gewalt, von Unfällen und Katastrophen: Erste-Hilfe-Kommunikation ... 155
3.1 Erste-Hilfe-Kommunikation der Polizei mit Traumatisierten oder Opfern ... 156
3.2 Gefahren für den Umgang mit traumatisierten Personen ... 159
3.3 Ziele, Maßnahmen, Kompetenzen, Haltungen ... 160
3.4 Lage ... 161
3.5 Schema ... 162
4 Professionelle polizeiliche Gesprächsführung mit suizidgefährdeten Personen ... 165
4.1 Anzeichen im polizeilichen Umgang ... 166
4.2 Ziele, Maßnahmen, Kompetenzen, Haltungen ... 168
4.3 Lage ... 168
4.4 Schema ... 169
4.5 Gefahren und Ergänzungen für die Gesprächsführung ... 175
5 Professionelle polizeiliche Gesprächsführung für die Überbringung von Todesnachrichten ... 179
5.1 Lage ... 181
5.2 Ziele, Maßnahmen, Kompetenzen, Haltungen ... 181
5.3 Schema ... 182
5.4 Gefahren bei der Überbringung der Todesnachricht ... 188

6 Professionelle polizeiliche Gesprächsführung mit Personen mit Anzeichen einer psychotischen Erkrankung 189

6.1 Merkmale des Wahnerlebens 190

6.2 Merkmale des Erlebens von Halluzinationen 190

6.3 Anzeichen einer Schizophrenie 191

6.4 Psychische Erkrankung und Gewalt- oder Delikt-Risiko 192

6.5 Anzeichen im polizeilichen Umgang 193

6.6 Ziele, Maßnahmen, Kompetenzen, Haltungen 195

6.7 Lage 196

6.8 Schema 196

6.9 Gefahren in der Gesprächsführung 200

7 Professionelle polizeiliche Gesprächsführung mit Personen mit Anzeichen für eine Demenz 200

7.1 Anzeichen im polizeilichen Umgang 201

7.2 Ziele, Maßnahmen, Kompetenzen, Haltungen 202

7.3 Lage 202

7.4 Schema 203

8 Professionelle polizeiliche Gesprächsführung mit Personen mit Anzeichen einer antisozialen oder dissozialen Persönlichkeitsstörung 206

8.1 Anzeichen im polizeilichen Umgang 207

8.2 Ziele, Maßnahmen, Kompetenzen, Haltungen 209

8.3 Lage 209

8.4 Schema 210

9 Professionelle polizeiliche Gesprächsführung mit einem suchterkrankten Kollegen 212

9.1 Anzeichen im polizeilichen Umgang 214

9.2 Ziele, Maßnahmen, Kompetenzen, Haltungen 216

9.3 Schema 217

9.4 Gefahren in der Gesprächsführung 221

10 Gestaltung von Trainingseinheiten zur professionellen polizeilichen Gesprächsführung 221

11 Zusammenfassung 223

Literaturverzeichnis 225

Stichwortverzeichnis 231

Abbildungsverzeichnis

Abbildung 1: Kompetenzen und kompetentes Verhalten 34

Abbildung 2: Kompetenzatlas für berufliches Handeln der Polizei 35

Abbildung 3: Kompetenzen für professionelles polizeiliches Arbeiten 36

Abbildung 4: Soziale Kompetenz im polizeilichen Handeln 38

Abbildung 5: Polizeiliche Handlungskompetenzen 39

Abbildung 6: Professionalität im Spannungsfeld zwischen Bürgernähe und hoheitlicher Aufgabenerfüllung 44

Abbildung 7: Die drei Bausteine der professionellen polizeilichen Gesprächsführung 45

Abbildung 8: Die polizeiliche Wippe der professionellen Gesprächsführung 47

Abbildung 9: Die Ziel- und Maßnahmenplanung innerhalb des Drei-Stufen-Modells 48

Abbildung 10: Die Wahrnehmung und Beurteilung der polizeilichen Lage nach Steil 50

Abbildung 11: Die Fortschreibung der aktuellen Lage 51

Abbildung 12: Die Gefahren der schwierigen und komplexen Einsatzlagen 54

Abbildung 13: Das neue Modell der professionellen polizeilichen Gesprächsführung 59

Abbildung 14: Steuerung der inneren Abläufe 63

Abbildung 15: Der erste Eindruck 65

Abbildung 16: Das durchschnittliche Eskalationsniveau 66

Abbildung 17: Erforderliche polizeiliche Kompetenzen für besonders hilflose und unsichere Personen 67

Abbildung 18: Erforderliche polizeiliche Kompetenzen für Personen mit besonders aggressiven und provozierenden Verhaltensweisen 68

Abbildung 19: Erforderliche polizeiliche Kompetenzen für aufgeregte Personen 69

Abbildung 20: Status-Unterschiede 71

Abbildung 21: Erforderliche Kompetenzen für die Einstiegsphase in die Gesprächsführung 73

Abbildung 22: Spannungsfeld erforderlicher Kompetenzen in der Maßnahmenphase 75

Abbildung 23: Spannungsfeld der erforderlichen Kompetenzen für die Abschlussphase des Gesprächs 77
Abbildung 24: Erfordernisse und Kompetenzen der professionellen Gesprächsführung 80
Abbildung 25: Deeskalation 81
Abbildung 26: Eskalationsstufen 85
Abbildung 27: Deeskalation von oben nach unten 85
Abbildung 28: Deeskalation von unten nach oben 86
Abbildung 29: Auf einer Ebene 87
Abbildung 30: Schutz- und Risikofaktoren Gewalt gegen PVB (eigene Darstellung verschiedener Studienergebnisse zusammengefasst nach Ellrich/Baier [2022]) 100
Abbildung 31: Deeskalationstechniken 117
Abbildung 32: Typen von Traumata nach Verursachung 120
Abbildung 33: Traumatische Reaktionen 123
Abbildung 34: Störungsbilder und polizeiliche Maßnahmen und Kompetenzen 130
Abbildung 35: Merkmale und Interaktionsverhalten bei polizeilich relevanten psychischen Störungen (eigene Darstellung) 134
Abbildung 36: Risikoeinschätzung im Umgang mit psychisch auffälligen Personen 137
Abbildung 37: Allgemeines polizeiliches Vorgehen bei auffälligen Personen 138
Abbildung 38: Merkmale des Eskalationsprozesses bei psychisch auffälligen Personen in der Intervention mit Polizeikräften (eigene Darstellung nach Oud/Walter [2009], S. 30 ff.) 140
Abbildung 39: Vorbereitung der Gesprächsführung 144
Abbildung 40: Schema zur Durchführung der professionellen Gesprächsführung 145
Abbildung 41: Nachbereitung der Gesprächsführung 145
Abbildung 42: Gesprächsführung mit Täter häuslicher Gewalt 147
Abbildung 43: Opfer häuslicher Gewalt 156
Abbildung 44: Überbringung der Todesnachricht 180

Teil 1

Theoretische Rahmenbedingungen

Einführung

In der Polizeiwissenschaft nimmt die Diskussion um die kommunikativen Fähigkeiten der Polizei mittlerweile einen bedeutenden Stellenwert ein.
Nicht nur die polizeilich geprägte Wissenschaft, auch die polizeiliche Praxis beschäftigt sich mit Modellen zur polizeilichen Kommunikation. Das Deutsche Polizeiblatt für die Aus- und Fortbildung der Polizeibeamten gab im Jahr 2017 ein Heft zum Themenbereich der Kommunikation und Information heraus, in dem ein breiter Überblick über die verschiedenen Aspekte der Thematik abgebildet wurden. Zentral sind die Fragen nach den Anforderungen an eine polizeiliche Einsatzkommunikation und das Markieren von Kompetenzen zur Durchführung erfolgreicher und damit als professionell zu bezeichnender polizeilicher Kommunikation.
Eine professionelle Gesprächsführung stellt eine der zentralen Grundlagen des gesamten professionellen Handelns für die Polizei dar. Mit Blick auf die Bedeutung der Kommunikation für eine Vielzahl an polizeilichen Aufgaben wird deshalb eine hohe Kommunikationsfähigkeit von Polizeibeamten gefordert.[1] Gesprächsführung ist im polizeilichen Handeln immer eingebunden in eine polizeiliche Lagebewältigung. Kommunikation ist Teil der polizeilichen Alltagsarbeit.
Aber nicht nur die prinzipielle Fähigkeit zu kommunizieren ist hier gefragt. Die vielfältigen und großen Herausforderungen der vergangenen Jahre haben neue Fragen nach dem Zusammenhalt und der Zugehörigkeit zur Gesellschaft aufgeworfen. Diese tangieren auch die polizeiliche Arbeit. Es braucht für die Polizei Gesprächsmodelle, die es vermögen, die zentralen Anliegen demokratischer Verfasstheit in die Gesellschaft hineinzutragen. Gegen die Verrohung von Sprache und Umgangsformen, wie sie zurzeit um sich greifen, muss insbesondere von der Polizei ein gesellschaftlicher Diskurs gepflegt werden, der darauf beruht, sich gegenseitig zuzuhören, Respekt einzufordern und anderen Respekt entgegenzubringen. Um die Interessen anderer zu verstehen, muss auch die eigene Position hinterfragt werden. Hierbei handelt es sich um demokratische Prinzipien, die die Polizei bei der Durchsetzung ihrer polizeilichen Maßnahmen zu berücksichtigen hat.[2] Themen wie Menschenwürde und Bürgerrechte, aber auch Respekt, Anstand und Höflichkeit im Umgang miteinander und gegenüber der Polizei werden neu diskutiert und bieten Orientierung an.[3]
Die Polizei braucht Modelle für die Gesprächsführung mit den Bürgerinnen und Bürgern, die den besonderen hoheitlichen Aufgaben der polizeilichen Arbeit entsprechen, aber in denen sich auch die demokratischen Wertehaltungen des Staates zeigen. Rechtssicherheit ist selbstverständlich eine notwendige Voraussetzung für erfolgreiche Polizeiarbeit, sie nützt aber nur, wenn die Polizei auch über notwendige soziale Kompetenzen und emotionale Stabilität im Einsatzgeschehen verfügt.[4] Hierbei helfen berufsspezifische, methodische und soziale Kompetenzen sowie demokratisch verankerte Haltungen.
Ziel des vorliegenden Buches ist es, einen essentiellen Beitrag zu einer „professionellen polizeilichen Gesprächskultur" vorzulegen, in dem die grundlegenden Kompetenzen professionellen Kommunizierens von Polizeibeamtinnen und Polizeibeamten aufgezeigt werden. Es wird ein Kompetenzmodell vorgestellt, das bei der Verortung von demokratischen Werten

1 Vgl. Röhrig (2017/5), S. 5 ff.

2 Vgl. Bundespräsident Steinmeier in einem Interview am 14.04.2017 in den Zeitungen der Funke Mediengruppe und der französischen Zeitung „Ouest-France".

3 Vgl. Assmann (2018), S. 13.

4 Vgl. Frevel (2019), S. 2.

im Sinne von Haltungen zweckdienlich ist und mit dem sich die Akteure auch selbstorganisiert auseinandersetzen können. Die konsequente Orientierung an berufsspezifischen Kompetenzen soll nicht nur Wissen vermitteln, es sollen professionelle Haltungen geformt werden. Diese zeigen sich beim Gestalten der beruflichen Praxis im Sinne einer Performance. Gespeist werden Haltungen aus biografisch erworbenem Wissen, dem Erlernen und Verstehen von Theorie sowie dem Einüben durch reflektierte Praxiserfahrungen.[5]

Galt Kommunikation lange Zeit nicht nur in der Soziologie (Luhmann, Habermas) als wesentliches Konstrukt, gesellschaftlichen Zusammenhalt herzustellen und zu verdeutlichen, stehen mittlerweile Verteilungskämpfe im Zentrum der gesellschaftlichen Auseinandersetzungen. So beschreibt Assmann (2018) in ihrem Beitrag zu „Menschenrechten und Menschenpflichten“ neue Schlüsselbegriffe für eine humane Gesellschaft. Konkrete Kämpfe um Anerkennung, in denen sich die Auseinandersetzungen um soziale und politische Partizipation zeigen, verweisen auf asymmetrische Machtverhältnisse und Sozialbeziehungen. Polizeiliche Alltagsarbeit ist geprägt durch diese gesellschaftlichen Spannungsverhältnisse. Da auch professionelle polizeiliche Gesprächsführung auf asymmetrischen Interaktionen beruht, erfordern sie als Gegengewicht soziale Kompetenzen, die wie Empathie, Respekt und Zuhören den universalen Wert der Menschenwürde durchscheinen lassen.[6]

In den 1990er-Jahren wurde mit Beginn der interdisziplinären Einsatztrainings in der Aus- und Fortbildung der Polizei, damals noch Verhaltenstraining genannt, auf die Lösung gesellschaftlicher und damit auch polizeilicher Konflikte durch verstärkten Einsatz sozial kommunikativer Kompetenzen gesetzt. Nach den Anschlägen durch terroristische Gruppierungen, der Welle der Migration von Geflüchteten sowie den folgenden Sicherheitsdebatten in Politik und Gesellschaft haben sich auch die polizeilichen Einsatztrainings gewandelt, hin zu noch mehr Sicherheit für Bürger und Polizei. Neben dem Einfordern von Bürgerrechten gegenüber der staatlichen Gewalt steht die Forderung nach respektvollem Umgang mit den Bürgern in alltäglichen polizeilichen Aktionen. In einer zunehmend gewaltbereiten Gesellschaft werden auch Forderungen diskutiert, Polizeibeamte gegen den zunehmenden Verlust an Respekt durch manche Bevölkerungsgruppen zu schützen. In diesem veränderten gesellschaftlichen Klima bekommen die Modelle zur polizeilichen Gesprächsführung, mit denen die Polizei ihre Arbeit den Bürgern angemessen vermitteln kann, eine besondere Bedeutung.

Professionelle polizeiliche Gesprächsführung ist in den Zielen und den Maßnahmen von der psychotherapeutischen sowie der beratenden oder seelsorgerischen Gesprächsführung abzugrenzen. Häufig werden jedoch die Modelle dieser Professionen übernommen und viel zu wenig auf die polizeilichen Arbeitsfelder zugeschnitten. Dies kann zu Verunsicherung und Gefühlen der Überforderung aufseiten der Polizei führen, da sie ja weder Psychotherapeuten noch Seelsorger sind. Auch vonseiten der Bürgerinnen und Bürger sind gegenüber der Polizei berufsspezifische Erwartungshaltungen vorhanden. Unklarheiten in den gegenseitigen Rollenerwartungen führen eher zu Konflikten in der Gesprächsführung, die nicht hilfreich sind. Polizeiliche Gesprächsführung ist kein besonderer Ansatz, der von der Polizei berufsfremde Kompetenzen verlangt. Professionelle polizeiliche Gesprächsführung ist polizeiliche Lagebewältigung. Nur scheinbar künstlich wird hier der kommunikative Aspekt besonders hervorgehoben.

---

5 Vgl. Frevel (2019), S. 19.

6 Vgl. Assmann (2018), S. 151 ff.

In diesem Spannungsfeld müssen sich die Anforderungen an eine moderne professionelle polizeiliche Gesprächsführung verorten lassen.

Das Lehrbuch stellt ein Konzept für den Erwerb notwendiger Kompetenzen für die professionelle polizeiliche Gesprächsführung vor. Es zeigt anhand verschiedener Gesprächssituationen, wie die Polizei in schwierigen Lagen mit psychisch kranken oder psychisch gestörten Personen anhand des neuen Modells zu einer professionellen polizeilichen Gesprächsführung findet. Diese Beispiele werden in Teil 4 mit Gesprächssequenzen vorgestellt.

Das Lehrbuch folgt einer Struktur mit vier Teilen:

Im ersten Teil wird der derzeitige Stand der theoretischen Diskussionen der relevanten sozialwissenschaftlichen und polizeiwissenschaftlichen Forschungen beschrieben und der theoretische Rahmen für das neue Modell der Gesprächsführung aufgespannt.

Im zweiten Teil wird eine systematische Einführung in das neue Kompetenzmodell der professionellen polizeilichen Gesprächsführung unternommen. Hierzu werden die theoretischen Paradigmen verschiedener Kompetenzmodelle und der polizeilichen Handlungsmodelle reflektiert und die notwendige Abgrenzung zur psychotherapeutischen, beratenden oder seelsorgerischen Gesprächsführung vorgestellt.

Einführend für den vierten Teil werden in Teil 3 die Themenbereiche Aggression und Gewalt sowie das Opfererleben ausführlicher beschrieben. Anschließend erfolgt eine Einführung in psychische Störungen.

Teil 4 ist ein Trainingshandbuch, in dem relevante und praxisnahe Sequenzen verschiedener Gesprächsführungen bei polizeilichen Lagen anhand des neuen Kompetenzmodells zur professionellen polizeilichen Gesprächsführung beschrieben werden.

In diesem Lehrbuch wird an verschiedenen Stellen auf die erforderlichen Kompetenzen zur Durchführung der besonderen Gesprächsführungen hingewiesen. Jedes neue Kapitel wird anhand der erforderlichen Kompetenzen zusammengefasst.

Auch die Trainingseinheiten im vierten Teil orientieren sich am Thema des Kompetenzerwerbs. Zu Beginn stehen die notwendigen psychologischen und soziologischen Fach-Kompetenzen, die es braucht, um die Krankheitsbilder und deren Bedeutung für die betroffenen Personen und für das polizeiliche Handeln zu verstehen. Diese Kenntnisse dienen der Bürgernähe und sollen die Empathie für Personen mit solchen Störungsbildern verbessern. Anschließend werden durch die Ziele und Maßnahmen methodische und soziale Kompetenzen beschrieben, die in einer solchen Lagebewältigung wesentlich sind. Schlussendlich werden diese Kompetenzen in den Gesprächssequenzen im Praxisteil genauer platziert. Ergänzend können die Studierenden jeweils die notwendigen rechtlichen Kompetenzen und die polizeitaktischen oder kriminologisch-kriminalistischen Kompetenzen selbstständig zu den Gesprächssequenzen einarbeiten, um zu einer professionellen polizeilichen Lagebewältigung vorzudringen.

Das Buch dient als Lehr- und Trainingsbuch für Studierende und Dozierende, denn die Inhalte entsprechen den Curricula für die Gesprächsführung (Interaktion und Kommunikation sowie Erkennen und Umgang mit psychisch erkrankten Personen) sowie Inhalten der polizeilichen Einsatztrainings an den Hochschulen der Polizei.

Das neue Kompetenzmodell wurde aus der Lehrpraxis an der Hessischen Hochschule für Polizei und Verwaltung heraus entwickelt und in vielen Einsatztrainings mit Polizeipraktikern und Juristen erprobt.

Teil 1: Theoretische Rahmenbedingungen einer professionellen polizeilichen Gesprächskultur

Polizeiliches Handeln im Spannungsfeld moderner gesellschaftlicher Verhältnisse erfordert auch in der Ausbildung der jungen Polizistinnen und Polizisten Reflexionen über die erforderlichen Kompetenzen zum professionellen polizeilichen Gestalten der Beziehungen zum polizeilichen Gegenüber. Diese sind einzubinden in das polizeiliche Modell der Lagebewältigung. Erforderlich ist ein transparentes Modell an Kernkompetenzen, um das Gestalten einer professionellen Beziehungsarbeit zu verdeutlichen.

1 Wozu braucht es Kompetenzmodelle für polizeiliches Handeln?

Zwar werden der Polizei als Institution auch dort, wo keine direkten Erfahrungen vorliegen, Kompetenzen zugeschrieben. Zum einen dient alleine die Uniform als Zeichen von Professionalität und Kompetenz. Die Bürger müssen sich darauf verlassen können, dass der polizeilichen Tätigkeit ein standardisierter Verhaltenskodex zugrunde liegt, der in einer mehrjährigen Ausbildung angeeignet wurde. Erwartet wird auch, dass die Polizei als Institution sich selber kontrolliert und es möglich ist, Kunstfehler zu identifizieren und auch zu sanktionieren.[7] Aber erst durch die Kompetenz in ihrem sozialen Aspekt wird auch auf sozial zugeschriebene Qualitäten geschlossen. Diese lassen sich nur über Kommunikation und Interaktion manifestieren und können nur im direkten Umgang von Bürgern erlebt werden.[8] Die Polizei muss ihre Kompetenz in der Interaktion und Kommunikation mit den Bürgerinnen und Bürgern immer wieder aufs Neue unter Beweis stellen.

Unbestritten braucht es für polizeiliches Handeln Kompetenzen. Denn die gesellschaftliche Transformation der Informationsgesellschaft in eine Wissensgesellschaft bedeutet auch die Weiterentwicklung hin zu einer Kompetenzgesellschaft. Heutzutage werden Kompetenzen eingefordert und Kompetenzentwicklung ist ein wesentlicher Teil der Wissensentwicklung. Beides sind zukunftsoffene, selbstorganisierte Prozesse. Sie sind durch Werte gesteuert und sie generieren Werte.[9]

7 Vgl. Kühl in Kurtz/Pfadenhauer (2010), S. 285.

8 Vgl. Kurtz in Kurtz/Pfadenhauer (2010), S. 9.

9 Vgl. Heyse in Erpenbeck/Heyse (2007), S. 21.

Ein sinnvolles Kompetenzmodell muss deswegen folgende Fragestellungen beantworten können:

- Welche Kompetenzen sind in der polizeilichen Gesprächsführung gefordert?
- Welche theoretischen und praktischen Modelle eignen sich als Rahmenmodelle der professionellen polizeilichen Gesprächsführung?
- Wie muss polizeiliche Gesprächsführung vermittelt werden, damit beruflich relevante Kompetenzen reflektiert und trainiert werden können?
- Wie kann ein Kompetenzmodell möglichst praxisnah für die Lehre und die Ausbildung der Polizei umgesetzt werden?

Hervorzuheben ist, dass die bisherige Literatur die polizeilich relevanten Gesprächsführungen als unzusammenhängende und einzelne polizeiliche Lagen der Gesprächsführung beschreibt. Die gedankliche Einbettung in ein theoretisches Rahmenwerk oder in ein Kompetenzmodell fehlt.

Auch wenn kompetentes kommunikatives Handeln nur teilweise auf Regeln und Prinzipien beruht, braucht es Training und Übung in vielen verschiedenen Situationen, um eine Feinabstimmung auf die jeweilige polizeiliche Situation zu erreichen. „Wer nur mit Regeln und Prinzipien kommuniziert, ist ein Anfänger, der das Spiel zwar mitspielen und so im Spiel bleiben kann, aber er ist nicht wirklich kompetent: er entspricht eher einem Expertensystem als einem Experten."[10] Aber wer gar keine Regeln und Prinzipien kennt, anhand derer er sein Tun verfeinern und einüben kann, wird sich nur schwerlich in den Rang eines Experten hinaufarbeiten können. Das Kommunizieren bleibt intuitiv und privat.

Das vorliegende Kompetenzmodell zielt ab auf eine professionelle polizeiliche Gesprächskultur. Nachfolgend soll der Begriff Kultur somit Bestandteil der Argumentationskette sein, analog der Diskussion um interkulturelle Kompetenzen. Kultur beeinflusst Denken, Wahrnehmen, gemeinsame Werte und das Handeln der Mitglieder. In diesem Sinne strukturiert Kultur Handlungsfelder für die Gruppenmitglieder und gibt Orientierungsrahmen für Handlungsmuster zur Umweltbewältigung. Kultur[11] wird somit als ein universelles Orientierungssystem verstanden.

10 Reichertz in Kurtz/Pfadenhauer (2010), S. 272.

11 Vgl. Thomas in Thomas et al. (2003), S. 1 ff.

2 Welche sozialwissenschaftlichen Modelle können für die professionelle polizeiliche Gesprächsführung herangezogen werden?

Die Suche nach geeigneten Modellen für die Gesprächsführung beschäftigt die Polizei seit vielen Jahren. Im Zentrum der Forschung stehen dazu meist einzelne Personengruppen wie Opfer oder Zeugen. Die Notwendigkeit, die Gesprächsführung zu konzeptualisieren, wurde in diesem Zusammenhang von verschiedenen Forschungsprojekten und Forschungsstellen eingeräumt. Voß (2001) skizziert in seiner Evaluationsstudie zum professionellen Umgang der Polizei mit Opfern die Umrisse einer praxeologischen Theorie polizeilichen Handelns im Kontakt mit Geschädigten und Zeugen.[12]

In den Anfängen der interdisziplinären Trainings zwischen Polizeitrainern und Psychologen an den Fachhochschulen der Polizei wurde der Schwerpunkt noch auf eine Verbesserung der Sprachleistungen der Studierenden gelegt. Die zunehmende Verwissenschaftlichung von polizeilichem Handeln in den letzten Jahren führte dazu, dass die Einsatzlehre sowie die polizeitaktischen Abläufe in standardisierte Abläufe übersetzt und durch passende Kompetenzen professionalisiert wurden. Die Standardisierungen und das Herausarbeiten von Handlungskompetenzen zur Verbesserung der Gesprächsführungen sind jedoch nur vereinzelt systematisiert worden. Häufig wurde dabei auf psychologische Konzepte aus der therapeutischen Arbeit zurückgegriffen, obwohl die polizeiliche Gesprächsführung sich an diesen Standards nicht messen lassen kann.

Mit der professionellen polizeilichen Gesprächsführung soll hier ein neues Kompetenzmodell vorgestellt werden, das als Handlungstheorie dient und damit ein rationales Entscheiden aufgrund von Abwägungen unterschiedlicher Erwartungshaltungen und Interessenlagen der Beteiligten ermöglicht. Es soll die polizeiliche Tätigkeit abbilden sowie Handlungswissen und Handlungskompetenzen vermitteln, die in der jeweiligen Situation polizeilich angemessen und erforderlich sind. Die professionelle polizeiliche Gesprächsführung braucht eine anwendungsorientierte Theorie (Praxeologie), anhand derer sie polizeiliches Handeln angemessen zwischen den Bedürfnissen und Erwartungen eines polizeilichen Gegenübers einerseits („Bürgernähe") und den Erfordernissen der Verfolgung von Straftaten andererseits platzieren kann.[13]

Die Beziehungsstruktur zwischen Polizei und Bürger ist eine besondere. Sie ist anders als die Beziehung zwischen Therapeuten oder Beratern und deren Klientel. Auch wenn die Polizei gerne als Seelsorger oder Kummerkasten benutzt wird, kann vom Polizeibeamten nicht erwartet werden, dass dieser sich auch wie ein Therapeut verhält.

12 Vgl. Voß (2001), S. 7.

13 Vgl. Voß (2001), S. 7.

2.1 Sozialwissenschaftliche Hilfekonzepte

Im sozialwissenschaftlichen Kontext gibt es verschiedene Hilfesysteme, die unterschiedliche Kontexte aufweisen und dadurch jeweils andere Ziele und Handlungskompetenzen voraussetzen. Es können im Wesentlichen fünf Hilfesysteme unterschieden werden: die Erziehung, die Therapie, die Beratung, die Begleitung und die soziale Kontrolle.

2.1.1 Erziehung

Bei der Erziehung lautet das Motto: „Hilf mir, mein Wissen und meine Fähigkeiten zu erweitern.“ Die Umsetzung der Erziehung erfolgt im Sozialisationsprozess. Dieser erfordert eine hohe zeitliche Intensität, die Dauer ist beliebig und erstreckt sich bis weit ins Erwachsenenleben hinein. Häufig wird dieser Prozess als fremdbestimmt erlebt und er wird dort intensiviert und institutionalisiert, wo Entwicklungs- oder Lernstörungen erkennbar sind. Die zentralen Vermittler des Sozialisationsprozesses sind die Eltern, die Familie sowie Kindergarten, Schule und Ausbildung. In den Erziehungsprozessen werden die grundlegenden Regeln, Normen und Kompetenzen erworben, die einen Menschen in die Gesellschaft oder in spezifische Gruppen hineinwachsen lassen. So ist die Ausbildung der Polizei trotz ihrer Akademisierung auch ein Sozialisierungsprozess, in dem neben den methodisch-fachlichen Kompetenzen auch die notwendigen sozialen Kompetenzen für professionelles polizeiliches Handeln vermittelt werden müssen.

2.1.2 Psychotherapie

Bei der Psychotherapie lässt sich die Zielsetzung folgendermaßen zusammenfassen: „Hilf mir, mein Leiden zu beenden“. Es handelt sich hierbei meist um eine schwere Störung im Erleben und Verhalten des Klienten. Sie erfordert eine tiefergehende Arbeit unter der weitgehenden Selbstöffnung des Klienten. Es entsteht ein Arbeitsbündnis zwischen dem Therapeuten und dem Klienten, die Arbeitsweise unterliegt einem festgeschriebenen Regelwerk, wobei der Therapeut der Experte ist. Die Klienten kennen weder die genauen Ursachen ihres Leidens noch wissen sie, wie sie es beenden können. Sie sind auf das Wissen und die Kompetenzen des Therapeuten angewiesen. Die Dauer der Therapie ist vom Heilungsprozess oder der Persönlichkeitsveränderung abhängig. Dieser Hilfeprozess wird nur von besonderen Personengruppen oder in besonderen Institutionen, wie einer psychotherapeutischen Klinik, angewendet. Solange es sich hierbei nicht um eine forensische psychiatrische Klinik oder eine sozialtherapeutische Justizvollzugsanstalt handelt, wird eine solche Behandlung freiwillig aufgesucht und erfordert ein hohes Maß an Motivation. Sie kann auch durch eine Zwangszuweisung durch die Polizei an einen Psychiater in einer Klinik nach dem Gesetz über Hilfen und Schutzmaßnahmen bei psychischen Krankheiten (PsychKG) erfolgen. Hierzu haben verschiedene Bundesländer Gesetze mit unterschiedlichen Titeln erlassen. Sie regeln die Voraussetzungen für die freiheitsentziehenden Maßnahmen, die zu treffen sind, falls eine Person eine Gefahr für andere oder sich selbst aufgrund einer psychischen Krankheit darstellt. Die Motivation für eine Behandlung speist sich aus dem persönlichen Leiden oder dem Leiden des sozialen Umfeldes, das die Betroffenen zu einer Behandlung drängt. Die Beendigung der Behandlung ist jederzeit möglich, meist wird sie in Absprache mit dem Psychotherapeuten getroffen. Bei einer Zwangseinweisung muss ein richterlicher Beschluss für die Beendigung vorliegen.

Die psychotherapeutische Behandlung wurde in den vergangenen Jahren professionalisiert. Die Bezeichnung Psychotherapeut darf im Interesse des Patientenschutzes nur von Ärzten oder psychologischen Psychotherapeuten geführt werden. Die missbräuchliche Verwendung der Berufsbezeichnungen Psychotherapeut oder psychologischer Psychotherapeut steht unter Strafe. Als Voraussetzung für die Berufsausübung wird im Psychotherapeuten-Gesetz seit 1998 der Erwerb einer Approbation (staatliche Zulassung) festgelegt.

2.1.3 Beratung

Bei der Beratung kann man das Ziel mit: „Hilf mir, meine Lage zu verbessern" umschreiben. Die Klienten können aktuelle Probleme benennen und erwarten eine Verbesserung ihrer Bewältigungskompetenzen. Die Ziele liegen bei der Aufklärung, der Kompetenzerweiterung sowie der Entscheidungshilfe in konkreten Problemlagen. Die Beratung soll als Hilfe zur Selbsthilfe angelegt werden. Die Berater sind meist Sozialpädagogen oder sie sind, wie z. B. in der Ernährungsberatung, eine im gefragten Problembereich ausgebildete Person. Die Beratung ist nicht so standardisiert und sie ist nicht approbiert wie die Psychotherapie. Berater kann sich jeder nennen, die Berufsbezeichnung ist nicht gesetzlich geschützt. Berater gibt es zu allen Lebenslagen, wie die Schuldenberatung, die Finanzberatung, die Fitnessberatung oder die Familienberatung. Manche dieser Beratungsleistungen werden im Rahmen von Institutionen angeboten, wie die Beratung für Flüchtlinge und Migranten bei der Caritas. Andere Berater bewegen sich selbstständig im freien Raum, wie z. B. bei der Lebensberatung oder der Energieberatung. Oft wird die Beratung auch in ehrenamtlichen Prozessbegleitungen verwendet.

Der Beratungsprozess ist weitestgehend durch den Klienten eigenbestimmt, da er auf dessen Selbstorganisation der Kompetenzen angewiesen ist. Die Wirkung der Beratung zeigt sich ja erst nach deren Umsetzung in der Praxis. Was aus der Beratung wird, entscheiden letztlich die Beratenen selbst. Die Dauer der Beratung ist auftragsabhängig, meist handelt es sich um einen kürzeren Zeitraum. Und anders als Erziehung setzt Beratung immer Mündigkeit oder Selbstständigkeit oder sogar ein gewisses Expertentum in den eigenen Belangen auf der Seite der Beratungssuchenden voraus. Sie ist Hilfe zur Selbsthilfe, aber keine Erziehung. Auch von der Psychotherapie unterscheidet sie sich, da deren Klienten keine Kontrolle über ihr Leiden haben und kein Wissen, wie sie es beenden können.

2.1.4 Begleitung

Als viertes Hilfekonzept wird die sogenannte Begleitung vorgestellt. Diese steht unter der Prämisse: „Hilf mir, meine Lage zu ertragen." Hierbei wird das Leid zwar thematisiert, aber es wird keine Heilung oder direkte Veränderung erwartet. Die Ziele der Begleitung, auch Krisenintervention genannt, sind die Unterstützung der Betroffenen und der Aufbau stabilisierender Helfersysteme. Ihre Dauer ist beliebig.

Begleitung ist kein speziell psychotherapeutischer Prozess, sie kann von den verschiedensten Professionen (seelsorgerische, krankenpflegerische, ärztliche, rettungsdienstliche, pädagogische, polizeiliche) getätigt werden. Sie ist familiäre, nachbarschaftliche oder einfach mitmenschliche Hilfestellung. Sie ist weniger strukturiert und zeitlich nicht festgelegt. Sie kann direkt nach einer Krise oder erst mit längerem Abstand einsetzen. Sie kann Minuten dauern oder Stunden und Tage. Sicher kommen Elemente der Beratung mit ins Spiel und gezielte Beratung und Therapie kann sich einer ersten Begleitung anschließen, sie muss es aber nicht zwangsläufig, da Selbstheilungsprozesse in Gang gekommen sind oder die betroffene Person nicht in eine Therapie einwilligt.

Am deutlichsten zeigt sich die sogenannte Begleitung bei Todesfällen, gerade in der ersten Zeit der Trauer. Die Familie schließt sich zusammen, sie bietet sich gegenseitig Sicherheit und Halt, sie stützt sich und schirmt sich von der Außenwelt ab. Wenn nötig, werden zusätzliche Helfer geholt, wie die Nachbarn oder auch ein Pfarrer. Nach der Beerdigung verlassen die Teile der Familie nach und nach den sicheren Rahmen und kehren wieder in ihr altes Leben zurück, das durch den Todesfall mehr oder weniger verändert wurde.

Bildlich gesprochen bedeutet Begleitung, jemanden an die Hand zu nehmen, ihn ein Stück des Weges zu begleiten, ihn zu stützen, wo kein innerer Halt mehr vorhanden ist. Dies gelingt gerade bei schweren Traumatisierungen nicht immer. Insbesondere Gewalterleben führt meist zu solch einer schweren existenziellen Bedrohung mit großer Hilflosigkeit und Einsamkeit, dass es zu einer zwischenmenschlichen Entfremdung und einem tiefgreifenden Vertrauensverlust kommt. Viele der Betroffenen sind im Kontakt misstrauisch, beeinträchtigt durch Ängste vor zwischenmenschlicher Nähe und fallen durch ein übersteigertes Kontrollbedürfnis auf, da die notwendigen Ich-Funktionen zerbrochen sind.[14]

Begleitung ist nicht aufdeckend, nicht konfrontativ und sie zielt nicht per se auf Heilung oder Veränderung ab, sondern sie will helfen, den Übergang von der Katastrophe, dem akut erlebten Leid, zum Leben zurück zu meistern, indem ein anderer Mensch einfach da ist, Sicherheit vermittelt, stabilisiert, beruhigt, stützt und zuhört.

Diese Vorstellung deckt sich auch weitgehend mit den Vorstellungen der Krisenintervention, wie sie z. B. von Fischer/Riedesser (1998) als Faustregel formuliert wurden: den Betroffenen möglichst rasch und weitgehend Sicherheit vermitteln, ihnen als empathischer, einfühlsamer Gesprächspartner zur Verfügung stehen, Verständnis haben und sie fördern für die Trauma-Wirkungen und den Prozess der Trauma-Verarbeitung.[15]

In diesem Konzept der Begleitung oder der Krisenintervention geht es um menschliche Nähe und menschlichen Halt. Es lässt sich auch für die polizeiliche Praxis nutzen. Die Grundprämissen zeigen sich im polizeilichen Konzept der Bürgernähe, in den demokratisch verfassten Haltungen von Respekt und Würde gegenüber dem erlebten Leid des Betroffenen. Die Polizei als Freund und Helfer ist für die Gestaltung von Sicherheit und Hilfe zuständig.

2.1.5 Soziale Kontrolle

Das fünfte Hilfesystem ist die soziale Kontrolle. Hierbei lautet die oberste Prämisse: „Beobachte und kontrolliere mich, damit ich mich nicht sozial unangemessen verhalte." Ziel ist die Thematisierung von unerwünschtem oder verbotenem sozialem Verhalten, mit der Aufforderung, sich kooperativ zu verhalten. Soziale Kontrolle bezeichnet Prozesse und Mechanismen, mit deren Hilfe die Gesellschaft versucht, ihre Mitglieder zu sozial akzeptierten

14 Vgl. Huber (2003), S. 87 ff.

15 Vgl. Fischer/Riedesser (1998), S. 187.

Verhaltensweisen zu veranlassen. Hierzu dienen erlernte Verhaltensweisen aus dem Erziehungsprozess und Kontrollmechanismen durch äußere Instanzen. Der Prozess ist fremdbestimmt und erfordert das Umsetzen von Sanktionen und Zwangsmaßnahmen. Die mächtigste Instanz der formellen sozialen Kontrolle ist das Recht. Seine Sanktionsinhalte sind präzise nominiert und kodifiziert. Zur Ausübung dieser Sanktionen steht ein besonderer Erzwingungsstab zur Verfügung. Das Gewaltmonopol wird von den staatlichen Instanzen der Polizei und der Justiz durchgesetzt.

Durch das Vertrauen in die Einheitlichkeit und Kontinuität des Rechts sowie in die Durchsetzungskraft der Rechtsinstanzen wird gewährleistet, dass es eine gewisse Vorhersehbarkeit und Berechenbarkeit des menschlichen Handelns gibt. Durch die förmlichen Verfahrensweisen bei der Rechtsanwendung können rechtsstaatliche Garantien (z. B. Menschenrechte, Verhältnismäßigkeit der Mittel) gewahrt werden, sodass eine Eskalation, die nach traditioneller Einschätzung besonders bei privaten Konfliktregelungen droht, vermieden werden kann.[16] Um der Funktion der sozialen Kontrolle gerecht zu werden, hat der Kontrollierende gegenüber dem Betroffenen einen Abstand zu wahren, er braucht eine professionelle Distanz zu seinem Gegenüber. Kontrolle setzt einen Professionalisierungsprozess voraus, in dem die Regeln und Grenzen der sozialen Kontrolle umschrieben sind und eingeübt werden. Die soziale Kontrolle ist eingebettet in einen komplementären Beziehungsprozess, in dem die Rollen festgelegt sind. Soziale Kontrolle heißt Begrenzung. Es müssen klare Grenzen gezogen werden, innerhalb derer die zu kontrollierende Person sich bewegen darf. Grenzüberschreitungen sind zu sanktionieren.

2.2 Soziale Kontrolle und Begleitung als wesentliche Hilfekonzepte für polizeiliches Handeln

Somit lässt sich moderne Polizeiarbeit am ehesten als eine Kombination von „sozialer Kontrolle“ und „Begleitung/Krisenintervention“ umschreiben. Sicher bietet die Polizeiarbeit bei der Prävention mittlerweile auch verschiedene Beratungsleistungen an, wie z. B. bei der Beratung zur Sicherung der Wohnung vor Einbruchdiebstahl, oder sie ist im Sozialisationsprozess angesiedelt, so bei der Verkehrserziehung von Kindern.

Eine unprofessionelle Vermischung der Ziele und Arbeitsweisen verschiedener oben genannter Konzepte führt in der Regel zu Verunsicherung aufseiten der Betroffenen und zu unklaren Rollenverständnissen und damit nicht zu erfüllenden Erwartungen und Zielen der polizeilichen Arbeit.

Wird ein Verkehrsteilnehmer nach einer Ordnungswidrigkeit gemaßregelt und schulmeisterlich behandelt, fühlt er sich in der Regel wie ein Schulkind behandelt und wird darauf mit Widerstand reagieren.

Wenn ein Polizeibeamter bei der Gesprächsführung mit einer suizidgefährdeten Person als vermeintlicher Psychotherapeut auftritt und sich als Experte für die Heilung in verzweifelten Lebensphasen präsentiert, so kann er sich und das Gegenüber in eine gefährliche Lage bringen. Falls dann z. B. das ganze Leid des Betroffenen thematisiert wird und die Polizei versucht, Vorschläge für Verbesserung und Abhilfe aus der verzwickten Lage zu entwickeln,

16 Vgl. Kerner (2019).

wird dies in der Regel mit Widerstand beantwortet. So können Hilflosigkeit und Verzweiflung eher verstärkt werden.

In solch einer Lage gelten die Ziele des Opferschutzes, die wie bei der Begleitung folgendermaßen umschrieben werden können: Sicherheit herstellen, Hilfe aktivieren und die Opfer beruhigen und stabilisieren. *„Ich bin da, höre zu und vermittle Sicherheit und Beruhigung."* Daneben gelten die Prämissen der sozialen Kontrolle und der Gefahrenabwehr: *„Ich verhindere gefährdende Verhaltensweisen und führe den Betroffenen einer ärztlichen Behandlung zu."* So ergeben sich für das polizeiliche Handeln die angemessenen Ziele und Maßnahmen.

Neben der Etablierung der Hilfekonzepte von Kontrolle und Begleitung in der polizeilichen Gesprächsführung müssen die typischen polizeilichen Tätigkeiten wie die Aufklärung, Beweissicherung und die Umsetzung der erforderlichen polizeilichen Maßnahmen berücksichtigt werden. Die professionelle polizeiliche Gesprächsführung ist ja nichts anderes als polizeiliche Lagebewältigung, nur dass hier der Fokus auf der Gesprächsführung mit besonders schwierigen Personen liegt. Diese muss jedoch polizeilich bewältigt oder abgearbeitet werden. Ein Konzept zur Professionalisierung der Gesprächsführung der Polizei muss diese Arbeitsaufgaben genauso wie die Prämissen der sozialwissenschaftlichen Rahmenkonzepte mit einschließen.

Polizeiliche Arbeit und damit polizeilicher Umgang mit Bürgern ist eingebunden in soziale Austauschprozesse, deren Funktionieren abhängig ist von der Einhaltung der erwarteten Handlungstendenzen, die durch Rollenbilder der beteiligten Parteien vorgegeben sind. Aufseiten der Polizei wird insbesondere durch die Bürgernähe eine Übereinkunft mit den Erwartungen und Bedürfnissen zum polizeilichen Gegenüber hergestellt.

Bürgernähe ist als ein hypothetisches Konstrukt zu verstehen, mit dem eine konkrete Vorgabe zur Übersetzung in Verwaltungshandeln nicht schematisch schon vorgegeben ist. Bürgernähe zeigt sich erst in der Qualität der Beziehung. Damit ist sie Ausdruck von gelungenen Kommunikationsprozessen.

Die polizeiliche Beziehungsgestaltung, in welche die professionelle polizeiliche Gesprächsführung eingebettet ist, ist in einem besonderen Spannungsverhältnis zu betrachten:

Die polizeiliche Beziehung zu Bürgerinnen und Bürgern muss auf der einen Seite durch ihre Bürgernähe die Grundinteressen der Bürgerinnen und Bürger im Blick haben. Auf der anderen Seite steht die Haltung der professionellen Distanz und der Kontrollfunktion als Ausdruck der professionellen Erfordernisse der polizeilichen Arbeit.

Bürgernähe zeigt sich in der Grundhaltung des Erkennens der besonderen Lage des Bürgers, hierzu erforderlich ist eine gewisse Empathie-Fähigkeit vonseiten der Beamtinnen und Beamten.

In der Bürgernähe spiegeln sich die Merkmale, wie sie im Prozess der „Begleitung" thematisiert wurden: *„Sieh meine Interessen, sieh meine Bedürfnisse, sieh mein Leid, sei für mich da und biete mir erste Hilfe an."* Die Idee der Polizei als „Dein Freund und Helfer" zeigt sich hier in ihrer ausdrücklichen Form.

Daneben bestehen aber die Kontrollfunktionen des Staates mit dessen Aufforderung nach sozialer Kontrolle und der weiteren Verhinderung von sozial nicht erlaubtem oder sozial unerwünschtem Verhalten oder mit dem Ziel, Gefahren für Leib und oder Leben abzuwehren. Hierzu erforderlich sind insbesondere die methodischen Kompetenzen der Rechtskenntnisse wie der polizeitaktischen Kenntnisse. Bei den sozialen Kompetenzen sind es die Kompetenzen, konstruktiven Druck ausüben und deeskalierend auf Beteiligte einwirken zu können. Dies gelingt nur mit einer guten Portion Distanz, räumlich und geistig, wie auch im Wissen um notwendige, aber auch unangenehme Maßnahmen.

Die professionelle Distanz zeigt sich in der Freiheit, nicht nur die subjektiv gefärbten Erfordernisse und Bedürfnisse der Bürgerinnen und Bürger wahrzunehmen, sondern die gesellschaftlichen Erfordernisse, wie sie durch gesetzliche Grundlagen manifestiert wurden, zu erkennen und umzusetzen. Dort, wo Strafmaßnahmen drohen, sollten diese mit konstruktivem Druck und der angemessenen Verhältnismäßigkeit umgesetzt werden.

Mit konstruktivem Druck ist ein standardisiertes Vorgehen gemeint. Hierbei soll im ersten Schritt eine konstruktive, das Gesicht und die Würde wahrende Beschreibung des Fehlverhaltens des Gegenübers vorgenommen werden. Im zweiten Schritt folgt die Aufforderung, sich kooperativ zu verhalten. Bei Nichtbefolgen muss im nächsten Schritt der Druck erhöht werden, indem Konsequenzen und Sanktionen angedroht werden. Auch hier wird die Aufforderung zu kooperativem Verhalten eingefordert, die bei Einwilligung mit positiver Verstärkung belohnt wird. Auf einer weiteren Stufe des Drucks müssen angedrohte Konsequenzen und/oder Zwangsmaßnahmen umgesetzt werden.

Zusammenfassend liegt die Bandbreite des polizeilichen Handelns zwischen einem einfachen Bürgergespräch mit dem Schwerpunkt auf der Bürgernähe und einer polizeilichen Gesprächsführung, in der Maßnahmen mit Grundrechtseingriffen notwendig sind, wie z. B. bei einer akuten Suizidgefährdung.

Um ihrer Professionalität und ihrer rechtlich fixierten Kontrollfunktion gerecht zu werden, ist Polizeiarbeit in ein strukturiertes und standardisiertes polizeiliches Vorgehen übersetzt worden. Dieses sogenannte Einsatzmodell liefert den Rahmen für ein professionelles polizeiliches Handeln und somit auch für die polizeiliche Gesprächsführung.

Aus den Prämissen des Hilfesystems der Begleitung, auch Krisenintervention genannt, können die notwendigen Kompetenzen für die polizeiliche Beziehungsgestaltung herangezogen werden. Der Beziehungsprozess zwischen Polizei und Bürgern ist durch seine Kontrollfunktion immer ein komplementäres Beziehungsverhältnis. Trotzdem signalisiert die Polizei Bürgernähe durch das genaue Wahrnehmen und Beurteilen der Lage aller beteiligten Personen. Sie gewährleistet die Sicherheit und sorgt für das Stabilisieren, die Beruhigung der betroffenen Personen und, wo nötig, werden Unterstützungssysteme organisiert.

Polizeiliche Arbeit als Verwaltungstätigkeit bedeutet, dass sie im Kontext der Gesellschaft steht und an gesellschaftlich fixierte Regeln, Gesetze und Strukturen gebunden ist. Der einzelne Polizeibeamte kann diesen Kontext genauso wenig verlassen wie der Bürger seine subjektiv gefärbte Lebenswelt.

Vom Polizeibeamten wird als professionell Handelnder erwartet, dass er eine „gedoppelte" Wahrnehmungsleistung erbringen kann: den Blick auf die subjektive Lage des betroffenen Bürgers sowie den Blick auf die gesellschaftlichen Erfordernisse, die sich aus den rechtlichen Vorgaben herleiten. Hierin zeigt sich die professionelle Distanz der Polizei.

Daneben muss sich die Polizei als professionell Handelnde selbst reflektieren, um die Lage verhältnismäßig, wie durch Bürgernähe, angemessen zu bewältigen. In der professionellen Distanz zeigt sich eine berufliche Kompetenz, die sich aus verschiedenen Teilkompetenzen zusammensetzt. Auch im alltäglichen Leben besteht immer wieder das Erfordernis, eine Balance zwischen Nähe und Distanz herzustellen, ein Kontinuum zwischen zwei Polen, deren Ausgleich oft nur schwer zu gestalten ist. „Es kennzeichnet das Ringen um die eigene Selbstbehauptung als ein abgegrenztes Subjekt auf der einen sowie um gegenseitige Anerkennung von Abhängigkeiten auf der anderen Seite, die Dynamik menschlichen Lebens in nahen persönlichen Beziehungen."[17]

Alle professionell Handelnden sollten hinreichend befähigt sein, Nähe und Distanz zu ihren Adressaten und deren Problemen auf besondere Weise zu verschränken und zu vermitteln. Und zwar nicht nur im Hinblick auf Rollen und Erwartungen, sondern auch auf die Gestaltung einer wechselseitigen Beziehungsstruktur, die keine symmetrische, sondern eine komplementär angelegte Struktur ist.[18] In dieser Beziehungsstruktur zeigt sich ein mehrdimensionaler Spannungsbereich. Aufseiten der Bürgerinnen und Bürger steht das Gefühl, von der Polizei verstanden zu werden, auf die Polizei angewiesen zu sein oder sich bedrängt oder gar bedroht zu fühlen durch polizeiliches Handeln. Aufseiten der professionell Handelnden findet dieser Prozess auch statt, da sie darauf antworten.[19] Der professionell handelnde Polizeibeamte ist immer selber Teil der Situation, die er zu bewältigen hat. Die Einbettung in klare Rahmenbedingungen, von Goffman[20] als Organisationsprämissen betitelt, mit denen Erfahrungen und Handeln zu sinnvollen Einheiten geordnet werden, soll helfen, die Verkettung von Nähe und Distanz im sozialen Austausch zwischen Polizei und Bürgern zu gestalten.

Kontrolle und Begleitung sind selbst zwei Pole eines Kontinuums zwischen Distanz und Nähe der Polizei zum Bürger. Im polizeilichen Handeln zeigt sich dieser Spannungsbogen am ehesten in der Verhältnismäßigkeit des polizeilichen Handelns. Nicht jede rechtmäßig umzusetzende Maßnahme muss auf Biegen und Brechen und mit der ganzen Härte des Gesetzes eingefordert werden, da das Gerechtigkeitsempfinden des Bürgers dem entgegensteht. Ein Zugeständnis an die Bürgernähe ist unter günstigen Umständen angemessen. Das Vorgehen ist gerechtfertigt, wenn es sich an einer Grenze orientiert, an einem inneren Kompass, den man auch die Würde des Menschen nennen könnte, und wenn die gesellschaftlich und staatlich vorgegebenen Normen und Gesetze dies erlauben. Denn: „Die Würde des Menschen ist unantastbar. Sie zu achten und zu schützen ist Verpflichtung aller staatlichen Gewalt."[21]

Hüther (2018) beschreibt die Würde als eine Erfahrung des menschlichen Seins, die jedem Menschen innewohnt. Aus den beiden wichtigsten Grunderfahrungen, der Erfahrung engster Verbundenheit mit einem anderen Menschen einerseits und der Erfahrung eigenen Wachstums und eigener Autonomie andererseits entwickelt sich das Gefühl der eigenen Würde. Wer von anderen Personen benutzt und zum Objekt gemacht wird, fühlt sich in seiner Würde bedroht.[22] Menschen, die hilflos sind, die Opfer geworden sind, sind umso mehr darauf angewiesen, in ihrer Würde nicht weiter verletzt zu werden.

Polizeiliches Handeln zeigt seine Professionalität eben genau in dem Umstand, dass die Polizei die Würde des Menschen stets und nicht nur bei Opfern zu wahren weiß. Im Respekt

17 Dörr/Müller in Dörr/Müller (2012), S. 8.

18 Dörr/Müller in Dörr/Müller (2012), S. 9.

19 Dörr/Müller in Dörr/Müller (2012), S. 9.

20 Vgl. Goffman (1980), S. 274.

21 Grundgesetz der BRD (1949), Artikel 1.

22 Vgl. Hüther (2018), S. 123.

gegenüber dem Anderen, durch das Schützen seiner Würde, zeigt sich die Bürgernähe des professionellen polizeilichen Handelns. Die meisten Menschen haben ein feines Gespür für die eigene Würde wie auch für das würdelose Vorgehen von anderen. Mit der sozialen Empathie wird das Empfinden der Grenzen des Anderen und seiner Würde erlebbar gemacht.

Die wesentlichen Kompetenzen professioneller polizeilicher Gesprächskultur lassen sich zum einen mit den Hilfekonzepten der Begleitung oder Krisenintervention und der sozialen Kontrolle umschreiben: Bürgernähe und professionelle Distanz, Respekt und Würde, Empathie und aktives Zuhören/Beobachten. Die Kompetenzen der sozialen Kontrolle beinhalten den konstruktiven Druck, die Zwangsmaßnahmen, die Kompetenzen der Führungs- und Einsatzmittel und die Kompetenzen zur Deeskalation sowie die notwendigen Rechtskenntnisse.

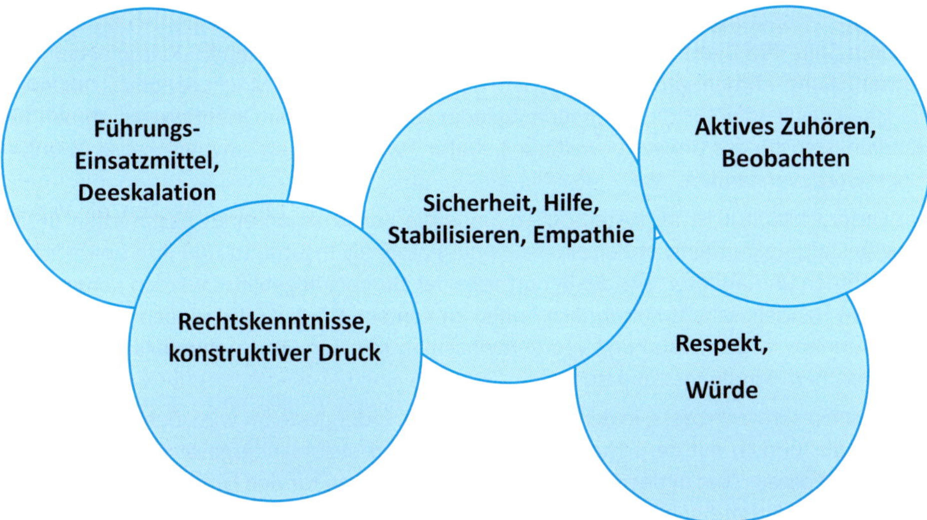

3 Was sind die wichtigen Leitlinien der polizeilichen Kommunikation?

Neben den verschiedenen sozialen Kompetenzen sind die methodischen Kompetenzen zur Kommunikation und Gesprächsführung erforderlich, die einen professionellen Gesprächsaufbau ermöglichen. Sie sollen auf den Grundlagen von erfolgreicher und sinnvoller professioneller Kommunikation aufbauen.

Diese Merkmale lassen sich aus den Leitlinien polizeilichen Handelns ableiten, sie sind gleichermaßen Merkmale professionellen polizeilichen Handelns. Sie grenzen sich ab von den Merkmalen und Prozessen der Psychotherapie oder der sozialpädagogischen Beratung. Damit verweisen sie auf eine spezielle professionelle Gesprächs- und Handlungskultur der Polizei.

Professionelle Gesprächsführung ist die Grundlage des gesamten professionellen Handelns von Polizeibeamten. Eine hohe Kommunikationsfähigkeit der Polizei hat eine große Bedeutung für eine Vielzahl an polizeilichen Aufgaben. Die Polizei wird in der Regel durch den einzelnen Beamten repräsentiert. Der Bürger nimmt nicht die Organisation als solche wahr, sondern den einzelnen Polizisten. Die Vertrauensbildung der Polizei in der Gesellschaft ist deswegen abhängig vom Auftreten und Erscheinungsbild jedes einzelnen Polizeibeamten. Ein offenes und grundsätzlich freundliches Auftreten sind die ersten Schritte, die einen Kreislauf des Vertrauens in Gang setzen. Wechselseitige, positive Signale der beteiligten Interaktionspartner sind die Voraussetzung für gegenseitige Achtung und Respekt.[23]

Polizeiliche Gesprächsführung ist eingebettet in eine „professionelle polizeiliche Gesprächskultur". Mit diesem Begriff ist im systemischen Sinne die Konstruktion einer bestimmten Beziehungsgestaltung gemeint, in der einerseits die polizeilichen Maßnahmen und auf der anderen Seite die Bedürfnisse des Bürgers abgebildet werden können. Kultur beeinflusst Denken, Wahrnehmen, gemeinsame Werte und das Handeln der Mitglieder und strukturiert die Handlungsfelder für die Gruppenmitglieder. Sie gibt so den Orientierungsrahmen für Handlungsmuster zur Umweltbewältigung. Kultur[24] wird somit als ein universelles Orientierungssystem verstanden.

Mit Gesprächskultur ist im systemischen Sinne die Konstruktion einer bestimmten Beziehungsgestaltung gemeint, in der einerseits die Polizei als Institution und ihre polizeilichen Maßnahmen und andererseits die Bedürfnisse des Bürgers abgebildet werden können. Polizeiliches Handeln schafft Kultur nach Außen im Kontakt mit den Bürgerinnen und Bürgern, wie im Innern in der Gestaltung von gemeinsamen sozialen Wahrnehmungsmustern und gemeinsamen Handlungsstandards.

Kultur ist ein aktiver Prozess, in dem Kultur geschaffen oder gestaltet wird. Behr (2006, 2008) hat sich ausführlich mit dem Thema Polizei und Kultur auseinandergesetzt. Er plädiert für eine neue Polizeikultur, in der sich Polizisten als Spezialisten für den Umgang mit Menschen in schwierigen Situationen definieren.[25] Als allgemeines Prinzip beschreibt er den Leitgedanken, dass jeder Polizeibeamte Vertrauen und Akzeptanz schafft, indem er kompetent handelt. Die Polizei handelt nach professionellen Standards, die ständig weiterentwickelt werden.[26] Jede polizeiwissenschaftliche Theorie muss sich an der Praxis der Polizei orientieren.

23 Vgl. Schweer in Lorei (2006), S. 758 ff.

24 Vgl. Thomas in Thomas/Kienast/Schroll-Machl (2003), S. 21 ff.

25 Vgl. Behr (2006), S. 189.

26 Vgl. Behr (2006), S. 190.

3.1 Kommunikation ist kontextgebunden

Jede kommunikative Handlung ist an eine soziale Identität gerichtet und erwartet eine Antwort-Handlung. Um Kommunikation zu verstehen, erfordert es Wissen und Verstehen über den Handlungskontext, in dem die Kommunikation stattfindet.[27] Privates Kommunizieren hat einen anderen Handlungskontext als professionelle polizeiliche Kommunikation. Auch der soziale Kontext von Kommunikation kann das Geschehen stark beeinflussen. Menschen aus verschiedenen sozialen Schichten oder Lebenslagen entfremden sich kommunikativ immer weiter voneinander. Auch Faktoren wie Dunkelheit, enge und unübersichtliche Wohnverhältnisse, die Anwesenheit eines Hundes und eines schreienden Kleinkindes sowie seiner weinenden Ehefrau wird Auswirkungen haben auf die Kommunikation oder Gesprächsführung mit einem tatverdächtigen Mann, der womöglich unter Alkoholeinfluss steht.

Kommunikation findet in miteinander verzahnten Systemen statt.[28] Der Kontext der Kommunikation stellt wichtige Rahmenbedingungen und ist immer mitzureflektieren. Der Polizeibeamte handelt aus seinem beruflichen Kontext heraus, das Gegenüber ist ein Privatmensch mit einer anderen subjektiv gefärbten Kontextgestaltung. Beide müssen sich einen gemeinsamen, verzahnten Kontext schaffen. Trotzdem werden die jeweils unterschiedlichen Kontexte die gemeinsame Kommunikation beeinflussen.

3.2 Kommunikation ist unvermeidlich

Kommunikation ist darüber hinaus auch transaktional und sie ist unvermeidlich.[29] Das heißt, die beteiligten Akteure beeinflussen sich stets gegenseitig. Sie beruhigen sich, sie bestätigen sich gegenseitig oder sie arbeiten gegeneinander und bedrohen und bekriegen sich. Das Verhalten des einen wird vom anderen als Beleidigung empfunden und darauf wird mit einer entsprechenden Reaktion geantwortet. Diese Prozesse sind nicht zu vermeiden, da die Beteiligten der Kommunikation nicht umhinkönnen, miteinander zu kommunizieren. Nach Watzlawick/Beavin/Jackson (2000) haben alle Mittel des Verhaltens, die in einer zwischenmenschlichen Situation benutzt werden, Mitteilungscharakter. Sie beeinflussen immer das Verhalten anderer, sobald sie wahrgenommen werden.[30]

3.3 Beziehungs- und Inhaltsebene

In der Kommunikation werden verschiedene Dimensionen präsentiert, die zwei unterschiedliche Prozesse beinhalten: einerseits die Sachinformationen, die den Inhalt oder das Gesprächsthema der Kommunikation beschreiben. Auf der anderen Prozessebene werden die Beziehungsthemen zwischen den Kommunikationsteilnehmern behandelt. Beide Ebenen sind miteinander verwoben und lassen sich nicht voneinander trennen. Die erste Ebene ist die gegenständliche Ebene der Kommunikation. Nach Watzlawick/Beavin/Jackson (2000) wird damit ein bestimmter Inhalt ausgesagt. Die zweite Ebene ist eine intersubjektive Ebene. Sie beeinflusst die Art der Beziehung der Kommunikationspartner zueinander. Beide

27 Vgl. Delhees (1994), S. 262.

28 Vgl. Hargie (2013), S. 35.

29 Vgl. Hargie (2013), S. 37.

30 Vgl. Watzlawick/Beavin/Jackson (2000), S. 51.

zusammen bilden eine Einheit in der Kommunikation. Ein Widerspruch auf der Inhaltsebene bedeutet, einen sachlichen Widerspruch zu formulieren: Man ist anderer Meinung. Ein Widerspruch auf der Beziehungsebene kann verschiedene Bedeutungen haben: Ich lasse mich von dir nicht unterkriegen, ich habe keine Angst vor dir, ich will mich deinen Aufforderungen nicht unterordnen. Ich respektiere dich nicht![31] Zwischen Inhalts- und Beziehungsebene können verschiedene Störungen auftreten.

3.4 Intimität und Dominanz in der Kommunikation

Neben dem Sachverhalt verhandeln die Beteiligten die Beziehung, in der sie miteinander stehen. Hier sind in der Forschung vorwiegend zwei Dimensionen herausgestellt worden: die Frage nach der Zugehörigkeit oder der Sympathie und die Dimension der Dominanz. Es geht um Statusunterschiede und um Machtverhältnisse. Soziale Kommunikation vollzieht sich immer im Spannungsfeld zwischen Dominanz und Unterwerfung, wobei sich die beiden Dimensionen gegenseitig bedingen. Dominanz fordert Unterwerfung und Unterwerfung lädt zu Dominanz ein. So fordert die Polizei durch dominantes Verhalten von ihrem Gegenüber, sich zu unterwerfen. Trifft die Polizei auf eine Person, die hilflos und schwach ist, wird die Polizei verleitet, sich dominant in Szene zu setzen. Nicht auf jedes dominante Verhalten folgt Unterwerfung und umgekehrt.[32] Um Dominanz auszustrahlen, braucht es die Fähigkeit, die eigenen Interessen oder die polizeilichen Anforderungen überzeugend sichtbar zu machen.

In der Kommunikation geht es immer auch um Sympathie und Ablehnung. Aufgrund von verschiedenen Merkmalen wird das Gegenüber als ähnlich und damit sympathisch oder als anders und fremd wahrgenommen und dann als potenziell bedrohlich erlebt. Menschen mit geringer sozialer Macht zeigen in der Kommunikation mit Menschen, die über einen hohen sozialen Status verfügen und Macht über sie haben, typische und erkennbare Merkmale. Diese werden als implizite Erwartungshaltungen im sozialen Austausch eingefordert. Solche Menschen sind in ihren Äußerungen zurückhaltender, sie benutzen höflichere Anredeformen, sie sprechen selbst weniger, sie suchen weniger Blickkontakt und setzen Berührungen seltener ein, ihnen werden häufiger Fragen gestellt.[33] Werden solche Ausdrucksformen nicht gezeigt, wird dies als Bedrohung bewertet. Gerade im Polizeiberuf haben diese Anzeichen einen großen Sinngehalt. Die Polizei versucht, sich mit Dominanz in eine soziale Situation einzubringen, um auf den hohen sozialen Status zu verweisen. Genauso wird sie das Verhalten des Gegenübers nach Anzeichen von Dominanz und Status bewerten.

Mit Intimität wird der Grad der Bekanntheit und Nähe zwischen Personen beschrieben. Die Intimsphäre einer Person kennzeichnet ihren Eigenbereich, ihre intimen Bedürfnisse, ihre intimen Kontakte. Sie ist das Maß der Abgrenzung einer Person nach außen. Intimität ist Ausdruck von Sympathie und Vertrauen und gegenseitiger Empathie.

Menschen haben grundsätzlich das Bedürfnis, sich mit anderen so auszutauschen, dass eine gewisse Intimität mit anderen Personen hergestellt wird. Die Synchronisierung der Intimitätsgrade in einer Kommunikationssituation stößt auf Schwierigkeiten, wenn ein Teil das notwendige Einfühlungsvermögen für die Intimitätsbedürfnisse des anderen vermissen

31 Vgl. Delhees (1994), S. 15 f.

32 Vgl. Delhees (1994), S. 37 f.

33 Vgl. Hargie (2013), S. 41.

lässt oder wenn aus persönlichen Gründen ein starkes Abwehrverhalten gegen das Eindringen in die Intimsphäre aufgebaut wurde.[34] Die fehlende Selbstöffnung lässt keine Intimität entstehen.

Polizeiliches Handeln erfordert immer eine gewisse professionelle Distanz, die aber vom Gegenüber nicht als zu groß erlebt werden darf, sodass die geforderte Bürgernähe nicht mehr erlebbar wird. „Zu viel Nähe tötet!" ist ein beliebter Spruch der Einsatztrainer. Nähe bedeutet räumliche Nähe und damit das Unterschreiten der Distanz, die zu einem Sicherheitsrisiko werden kann. Sie kann auch ein Zuviel an menschlicher Nähe bedeuten, die das Durchführen von sanktionierenden Maßnahmen erschweren kann. Nähe schafft einerseits Intimität und andererseits macht sie auch verwundbar.

3.5 Höflichkeit und Imagepflege

Kommunikation ist stets darauf gerichtet, ein vermeintlich gutes Bild von sich selbst abzugeben. Jeder arbeitet an seinem Image und wenn es gut geht, sind Gesprächspartner auch darauf bedacht, das Image des Gegenübers nicht zu beschädigen. Dies lässt sich auch mit dem Konzept der Höflichkeit umschreiben, indem Menschen versuchen, soziale Akzeptanz und Anerkennung zu erreichen: Höflichkeitsstrategien sollen dazu dienen, das eigene Gesicht und das des Gegenübers zu wahren. „Die doppelte Wirkung der Regeln von Selbstachtung und Rücksichtnahme besteht darin, dass jemand sich bei einer Begegnung tendenziell so verhält, dass er beides wahrt: sein eigenes Image und das der anderen Interaktionsteilnehmer (...) Ein Zustand, wo jeder temporär die Verhaltensstrategie jedes anderen akzeptiert, ist erreicht. Diese Art der Anerkennung scheint ein grundlegendes strukturelles Merkmal von Interaktion zu sein, besonders der Interaktion von direkten Gesprächen."[35] Auch in der polizeilichen Darstellung ist Höflichkeit ein wesentliches Kennzeichen einer deeskalierenden und professionell ausgebildeten Polizei.

3.6 Anerkennung und Respekt

Assmann (2018) schlägt vor, die Höflichkeitsstrategien in einer modernen Welt, die durch Vielfalt und Differenzen geprägt ist, durch die Begriffe „Anerkennung" und „Respekt" zu ergänzen. Anerkennung ist nicht nur ein Tribut, der aufgrund besonderer Leistungen verliehen wird. In der Moderne beschreibt sie vielmehr eine Forderung nach sozialer und politischer Teilhabe unter den Bedingungen individueller, sozialer und kultureller Diversität.[36] Mit Anerkennung lässt sich eine Haltung beschreiben, die Menschen brauchen, um ein tragendes Selbstbild aufzubauen. Sie ist etwas, was sie sich gegenseitig schulden, aber eben auch verweigern können.[37] Die Aberkennung von Anerkennung verweist auf mangelnde Würdigung, auf den Entzug von Würde, auf Demütigung und aufgezwungene Unsichtbarkeit mit den dazugehörigen Folgen für die Entwicklung von Identität.[38]

34 Vgl. Delhees (1994), S. 37.

35 Goffman (1999), S. 16.

36 Vgl. Assmann (2018), S. 132.

37 Vgl. Assmann (2018), S. 143.

38 Vgl. Assmann (2018), S. 133.

Respekt ist eng mit dem Höflichkeitsbegriff und dem rücksichtsvollen und nachsichtigen Umgang miteinander verwandt. „Respekt setzt immer schon Grenzen. Er beseitigt sie nicht, er hebt sie nicht auf, er hebt sie z. T. sogar hervor, tut das aber auf eine Weise, die eine Anerkennung von Gleichheit oder Haltung der Solidarität durch alle Unterschiede durchscheinen lässt.“[39] Es lässt sich als Leitsatz[40] eines positiven polizeilichen Berufsethos einfordern, dass die Polizei die physische und psychische Integrität derjenigen, die ihr anvertraut sind, respektiert, und zwar auch dann, wenn sie provozieren und Mühe machen. Der respektvolle Umgang der Polizei mit anderen soll als sozialer Respekt bestehende Hierarchien und soziale Ungleichheit ausgleichen oder ihnen entgegenstehen. Sozialer Respekt kann Ungleichheit nicht negieren, soll sie aber durch die zwischenmenschliche Würdigung, die er ausdrückt, erträglicher machen. Sozialer Respekt ist damit das Gegenstück zur Diskriminierung. Respekt und Anerkennung des Staates gegenüber seinen Bürgerinnen und Bürgern wird vermittelt durch polizeiliches Handeln, und dieses bezieht sich auf den universellen Wert der Menschenwürde. Es soll nicht als Nächstenliebe verstanden werden.

Im Gegenzug erwartet die Polizei als Vertretung der Staatsgewalt den sozialen Respekt der Bürger. Assmann[41] bezeichnet diese Form des Respektes als Statusrespekt, der einseitig von unten nach oben gerichtet ist und die soziale Hierarchie anerkennt. Kraft des Amtes soll der Polizei als Vertretung des Staates und als Amtspersonen per se Respekt entgegengebracht werden.

Zusammenfassend lässt sich formulieren, dass der Kommunikation und der Interaktion eine besondere und weitreichende Bedeutung im sozialen und beruflichen Leben sowie in der Gestaltung von professionellen Beziehungen zukommt.

Aber nicht nur im Berufsleben lässt sich mit guter Kommunikation ein Vorteil erzielen. Die Fähigkeiten und Kompetenzen, die es braucht, um erfolgreich mit anderen Menschen zu kommunizieren, machen Menschen auch widerstandsfähiger, insbesondere wenn Krisen oder Stressoren hinzukommen. Als wichtige Mechanismen für den Aufbau tragfähiger zwischenmenschlicher Beziehungen dienen die sozialen Kompetenzen. Wer sozial kompetent kommunizieren kann, ist auch glücklicher, da gute mitmenschliche Kommunikation das Leben bereichert und persönliche Befriedigung schafft.

Wie beschrieben ist Kommunikation mehr als das Austauschen von Informationen, sie schafft soziale Beziehungen, sie ist identitätsbildend und sie bildet eine gemeinsame Kultur der Beteiligten ab.

Mit Gesprächskultur ist im systemischen Sinne die Konstruktion einer bestimmten Beziehungsgestaltung gemeint, in der einerseits die Polizei als Institution und ihre polizeilichen Maßnahmen und andererseits die Bedürfnisse des Bürgers abgebildet werden können. In der Polizeiarbeit gab es in den vergangenen Jahren verschiedene Paradigmenwechsel, die sich in der Polizeikultur niederschlagen, zum einen die Hinwendung zur präventiven Arbeit mit der Ausweitung von Beobachtungs- und Kontrollbefugnissen. Als zweites Element lässt sich die interne Debatte um ein neues Leitbild der Polizei mit stärkerer Bürgerorientierung

39 Vgl. Assmann (2018), S. 146.

40 Vgl. Behr (2006), S. 190.

41 Vgl. Assmann (2018), S. 146 f.

und der Hinwendung zu mehr Serviceorientierung nennen und damit zu mehr sozialen Kompetenzen in der polizeilichen Arbeit.

Als drittes Element zeigt sich eine Hinwendung zum Opfer in der polizeilichen Praxis. Das polizeiliche Gegenüber wird zum Subjekt, dessen Interessen es zu schützen gilt. Die Polizei gestaltet aktiv Beziehungsarbeit, das Opferschutzgesetz erfordert polizeiliche Fürsorgearbeit und damit Schutz von Opfern und Wegweisung von Tätern. Kompetenzen wie das aktive Zuhören, die Entwicklung von Empathie-Fähigkeit sowie das Erlernen kompetenter Deeskalationsstrategien rücken in den Fokus polizeilicher Ausbildung, wobei der Umgang mit Respektlosigkeit und Provokation immer noch eher stiefmütterlich behandelt wird.[42]

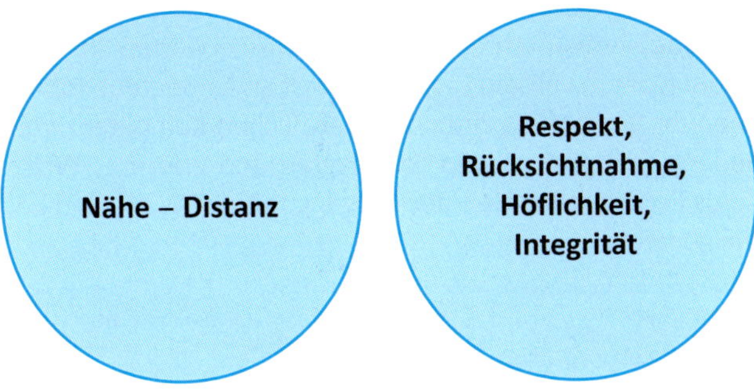

42 Vgl. Behr in Ohlemacher/Werner (2012), S. 189.

4 Welche Bedeutung haben Kompetenzen für das polizeiliche Handeln?

Mit Kompetenzen[43] werden Fähigkeiten und Fertigkeiten einer Person bezeichnet, mit denen ein bestimmtes Ziel erreicht werden kann. Kompetenzen sind auch „Fähigkeiten zur Selbstorganisation". Sie sind besonders wichtig in komplexen Situationen. Die Kompetenz ist kein Garant für kompetentes Verhalten in allen Situationen. Sie ist eher als Disposition zu verstehen, die über mehrere Situationen hin zu erwarten ist, da Handelnde prinzipiell diese verfügbare Kompetenz besitzen.

Das kompetente Verhalten bezeichnet ein spezifisches Verhalten in einer konkreten Situation. Von der Polizei kann beides erwartet werden. Durch ihre Ausbildung ist der Erwerb berufsspezifischer und sozial erwünschter Kompetenzen zu erwarten. Ihr Verhalten soll in verschiedenen Situationen der jeweiligen Lage angepasst als kompetent erscheinen, auch wenn Umgebungsfaktoren ihr Verhalten stören. Zur beruflichen Kompetenz von Polizeibeamten gehören verschiedene Fertigkeiten und Fähigkeiten und erlerntes Wissen, wie z. B. die Rechtssicherheit. Als Fertigkeiten seien der Umgang mit der Waffe und anderen Führungs- und Einsatzmitteln genannt.

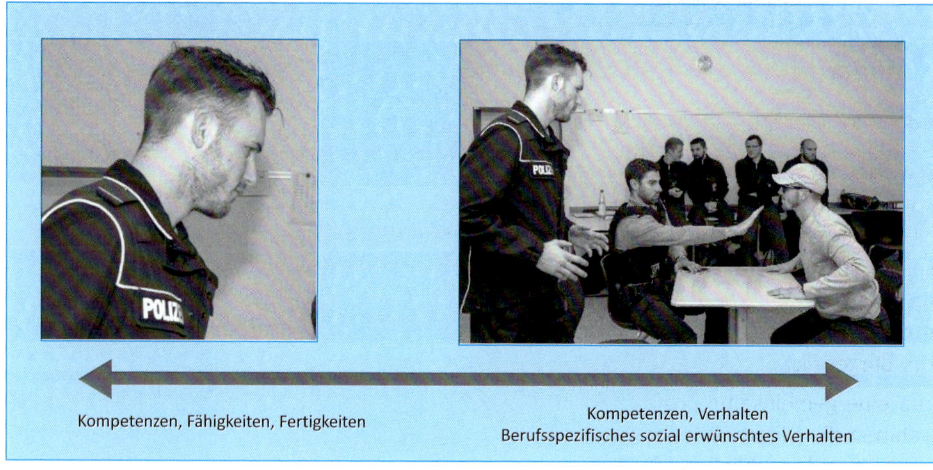

Abbildung 1: Kompetenzen und kompetentes Verhalten

Kompetenzen können auch als ein „effektives Funktionieren"[44] des Individuums bezeichnet werden. Als effektiv ist ein Verhalten dann zu bewerten, wenn es dazu dient, positive Konsequenzen für die Handelnden zu maximieren bzw. negative zu minimieren. Kompetenzen geben Menschen die Fähigkeiten, sich in neuen, offenen und unüberschaubaren, komplexen und dynamischen Situationen selbst organisieren zu können. Das bedeutet, sie können sich aus sich selbst heraus zurechtfinden und handeln.[45] Im beruflichen Kontext sind Kompetenzen ein Bündel an Fähigkeiten zur Bewältigung beruflicher Anforderungen. Diese richten sich nach den Erwartungen an die Erfordernisse eines bestimmten Arbeitsplatzes oder Auf-

43 Vgl. Kanning (2009), S. 13.

44 Vgl. Kanning (2009), S. 12.

45 Vgl. Erpenbeck/Heyse (2007), S. 8.

gabenbereiches. Kompetentes Verhalten kennzeichnet konkretes Verhalten in spezifischen Situationen.[46]

Kompetenzen werden im europäischen Forschungsraum als Fähigkeiten zum kreativen und selbstorganisierten Handeln aufgefasst. Sie sollen Handlungsfähigkeiten oder Handlungspotenziale schaffen. Unternehmen oder Organisationen entwerfen Kompetenzmodelle für ihre Mitarbeiterinnen und Mitarbeiter, in denen notwendige Handlungsfähigkeiten festgelegt werden, die erforderlich sind, um damit die wirtschaftliche, kulturelle und politische Zukunftsfähigkeit zu sichern.

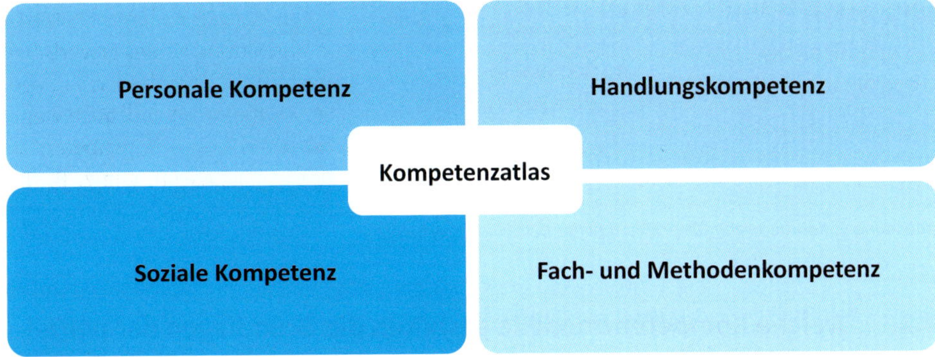

Abbildung 2: Kompetenzatlas für berufliches Handeln der Polizei

Das Schema zeigt, in welchen Handlungsfeldern Kompetenzen der Polizei geschult werden können. Für die professionelle polizeiliche Gesprächsführung sollen neben den Fach- und Methodenkompetenzen vor allem die besonderen Handlungskompetenzen und die berufsspezifischen sozial kommunikativen Kompetenzen trainiert werden. Hier wären die Kompetenzen zu nennen, die einerseits eine sichere Durchsetzungsfähigkeit der jungen Polizistinnen und Polizisten garantieren und andererseits die Fähigkeiten verbessern, die Interessen der Bürger nicht aus dem Blick zu verlieren.

Um eine gemeinsame professionelle Identität und Kultur zu etablieren, werden in Unternehmen die Mitarbeiter anhand von unterschiedlich gelagerten Kompetenzmodellen ausgewählt und anschließend für ihre besonderen Erfordernisse geschult.

Ähnliches wird im sogenannten Anforderungsprofil für Polizeibeamte definiert. Dieses Anforderungsprofil legt den Grundstein der Lern- und Kompetenzziele, wie sie in den einzelnen Modulplänen für das Bachelor-Studium der Hochschulen der Polizei festgelegt sind. Als wesentliche Bausteine des polizeilichen Handelns in einem demokratischen Rechtsstaat werden Kompetenzen gefordert, die ein professionelles, bürgernahes, flexibles und zielführendes Arbeitsverhalten ermöglichen.

46 Vgl. Kanning (2009), S. 13.

Anforderungsprofil	Methodische Kompetenzen	Soziale/personale Kompetenzen
Lern- und Kompetenzziele für • professionelles • zielorientiertes • bürgernahes • rechtlich abgesichertes Verhalten	• Recht • Psychologie • Polizeitaktik • Ethik • Einsatzlehre • Kriminalistik • Soziologie- und Politikwissenschaft	• Empathie und Bürgernähe • Aktives Zuhören • Durchsetzungsfähigkeiten • Rhetorische Kompetenzen • Selbstkontrolle • Flexibilität • Neutralität • Dominantes Auftreten • Bürgernahes Auftreten • Deeskalationsstrategien

Abbildung 3: Kompetenzen für professionelles polizeiliches Arbeiten

4.1 Welche Kompetenzmodelle gestalten die Grundlagen der polizeilichen Praxis?

Die Besonderheiten eines polizeilichen Kompetenzmodells werden in den aufgabenspezifischen Besonderheiten des beruflichen Handelns gesehen, die durch den verfassungsrechtlichen Rahmen und durch eine berufsethische Werteorientierung geprägt sind. Im Studium sollen dazu berufsspezifische Fach-, Methoden- und Sozialkompetenzen vermittelt werden. So werden die besonderen berufsspezifischen Kompetenzen in folgenden Spannungsfeldern gesehen:

- Beachtung und Wahrung der Menschen- und Bürgerrechte bei gleichzeitiger Legitimation zu weitreichenden Eingriffen in die Grundrechte.
- Gesetzmäßiges Handeln unter Berücksichtigung verfassungsrechtlicher Grundlagen im freiheitlich-demokratischen Rechtsstaat europäischer Prägung.
- Verantwortlichkeit gegenüber Bürgern.
- Vielfältigkeit der Aufgabenwahrnehmung, der im Team und unter Berücksichtigung strategischer Ziele und hierarchischer Strukturen begegnet werden muss.
- Einsatzsituationen, die häufig fremdbestimmt, unvorhersehbar, vielfältig, oft neuartig und im Einzelfall durch eine hohe Eigengefährdung gekennzeichnet sind.
- Gefahrenlagen, die trotz Informationsdefiziten wegen der besonderen Dringlichkeit akuten Handlungsdruck erzeugen.
- Vielgestaltige Kommunikationsbeziehungen.
- Besondere Belastungen aufgrund häufiger Konfrontation mit Ausnahmesituationen.[47]

Bewerber für die Polizei werden in allen Bundesländern gezielt dafür ausgewählt.

47 Vgl. Beamtenring (2019).

Staller (2/2015) beschäftigt sich im Weiteren mit der Kompetenz, die eigene Unversehrtheit von Polizeibeamten im Rahmen der Verhältnismäßigkeit zu schützen, und bezeichnet diese als Kompetenz zur Selbstverteidigung.[48] Mit dem von ihm vorgestellten „motorisch-kognitiven Anforderungsregler"[49] für das polizeiliche Einsatztraining soll das Training gezielt zu einer Optimierung motorischer Handlungen und zu optimalen Wahrnehmungs- und Entscheidungsprozessen führen, die im Zentrum der Kompetenzentwicklung zur Abwehr von Angriffen auf Polizeibeamte stehen. In dem vorgestellten Strukturmodell stehen „Was-Entscheidungen" als Summe der kognitiven Anforderungen neben „Wie-Entscheidungen". Die „Was-Entscheidungen" beinhalten die kognitiven Parameter, die Frage nach der angemessenen Taktik und Technik. Die „Wie-Entscheidungen" geben Auskunft über die Art und Weise der motorischen Handlungsausführungen.[50]

4.2 Welchen Stellenwert haben die sozialen Kompetenzen für das polizeiliche Handeln?

Bei den notwendigen Fähigkeiten für die Polizei werden immer wieder die sozialen Kompetenzen hervorgehoben. So bezeichnet Behr[51] etwa die Fähigkeiten zur Empathie oder Ambiguitätstoleranz als Merkmale der sozialen Kompetenz und als Bestimmungsgrößen einer neuen Polizeikultur.

Die Thematisierung und das Trainieren von sozialen Kompetenzen nehmen beim Gelingen von sozialer Interaktion einen breiten Raum ein. Je größer die Differenzierungen in der Gesellschaft werden, je höher die Anforderungen an kooperatives Agieren sozialer Institutionen sind, umso größer wird der Anspruch an sozial akzeptiertes Verhalten aller Akteure. Die zentrale Grundlage des sozial kompetenten Verhaltens bildet die soziale Kompetenz. „Dabei handelt es sich nicht um eine singuläre Eigenschaft, sondern um einen Oberbegriff für Wissen, Fähigkeiten und Fertigkeiten einer Person, welche sie in einer konkreten Situation dazu in die Lage versetzen, sozial kompetentes Verhalten zu zeigen."[52] Als sozial kompetentes Verhalten wird das Verhalten bezeichnet, das in einer spezifischen Situation dazu beiträgt, die eigenen Ziele zu verwirklichen, wobei gleichzeitig die soziale Akzeptanz des Verhaltens gewahrt wird.

Sozial kompetentes Verhalten stellt einen gelungenen Kompromiss zwischen Anpassung und Durchsetzung dar. Akteure verhalten sich sozial kompetent, wenn sie ihre eigenen oder beruflich erforderliche Ziele und Interessen verwirklichen, ohne dabei die Interessen der Interaktionspartner grundlegend zu verletzten. Soziale Kompetenz verweist somit auf soziale Interaktionen, denn nur in solchen lassen sich die Merkmale sozial kompetenten Verhaltens messen. Die eigenen Interessen durchzusetzen gelingt langfristig nur demjenigen, der auch den Interessen der Interaktionspartner genügend Raum lässt.[53] Die soziale Akzeptanz des Verhaltens ist ein wesentliches Merkmal des sozial kompetenten Verhaltens. So lassen sich

48 Vgl. Staller (2/2015), S. 25.

49 Vgl. Staller (2/2015), S. 25.

50 Vgl. Staller (2/2015), S. 26.

51 Vgl. Behr (2006), S. 181.

52 Kanning (2009), S. 15.

53 Kanning (2009), S. 15.

den polizeilichen Maßnahmen immer auch soziale Aspekte abgewinnen, auch wenn das jeweilige Gegenüber, das womöglich von sanktionierenden Maßnahmen betroffen ist, diesen sozialen Charakter nicht akzeptiert. Das transparente Offenlegen der Bezugspunkte, hier z. B. der rechtlichen Grundlagen, entscheidet mit darüber, ob das Verhalten sozial akzeptabel und damit als sozial kompetent zu bezeichnen ist oder nicht. Transparenz schafft Vertrauen.

Professionelle Ziele und soziale Akzeptanz des sozial kompetenten Verhaltens müssen in den jeweiligen Situationen überprüfbar sein und in den richtigen beruflichen wie sozialen Kontext eingearbeitet werden. Als soziale Kompetenz wird dementsprechend auch die „Gesamtheit des Wissens, der Fähigkeiten und Fertigkeiten einer Person, welche die Qualität eigenen Sozialverhaltens – im Sinne sozial kompetenten Verhaltens – fördert“[54] verstanden.

Abbildung 4: Soziale Kompetenz im polizeilichen Handeln

4.3 Worin zeigen sich polizeiliche Handlungskompetenzen?

Das Erkennen von geeigneten psychologischen und polizeilich wie rechtlich erforderlichen Zielen und Maßnahmen in der jeweiligen Lage wird als wichtige Handlungs- und Aktivitätskompetenz für polizeiliches Handeln angesehen.

Zur professionellen Bearbeitung der polizeilichen Lagen wird auf das Drei-Stufen-Modell der Einsatzlehre zurückgegriffen. Die Umsetzung dieses Modells dient dem Zweck des konsequenten, deeskalierenden und sicheren polizeilichen Einschreitens. Bewegt sich die Polizei in diesem Modell, zeigt sie professionelle Situationsbeherrschung und polizeiliche Handlungskompetenz. Das Drei-Stufen-Modell ist durch die Vorbereitung, die Durchführung und die Nachbereitung der polizeilichen Lage gekennzeichnet.[55]

Die Vorbereitung dient zur Herstellung einer hilfreichen ersten Lageeinschätzung. Dazu müssen alle zur Verfügung stehenden grundsätzlichen und anlassbezogenen Informationen eingeholt werden, damit die folgerichtigen polizeilichen Maßnahmen geplant werden können. In der Durchführung kommt es zum Einsatz der geplanten Maßnahmen. Diese werden dann in der Nachbereitung analysiert und bewertet.

Eine optimale Vorbereitung wird allgemein als wichtiges Kennzeichen eines professionellen Polizeieinsatzes bezeichnet.[56]

54 Kanning (2009), S. 15.

55 Vgl. Schmidt/Neutzler (2010), S. 110.

56 Vgl. Kleinschmidt/Rückheim (2009/1), S. 5.

Die Planung der polizeilich erforderlichen Maßnahmen entsteht in einem Wechselspiel zwischen der lagegerechten Beurteilung, den zur Verfügung stehenden Informationen und den subjektiven Bildern und Erwartungen der beteiligten Polizeibeamten. Aufseiten der Polizei können fehlende Kompetenzen, z. B. fehlende polizeiliche Handlungssicherheit oder unzureichende Rechtskenntnisse, zu einer unzureichenden Maßnahmenplanung führen.

Das Drei-Stufen-Modell ist eine wesentliche methodische Kompetenz, welche die Grundlage und die Struktur für professionelles polizeiliches Vorgehen kennzeichnet. Es wird an späterer Stelle in die Struktur und die methodischen Kompetenzen für professionelle polizeiliche Gesprächsführung eingebaut, ergänzt durch die sozialwissenschaftliche Struktur der Gesprächsführung.

Hier eine Übersicht zu den erforderlichen Kompetenzen für lageangepasste Handlungskompetenzen für die Polizei:

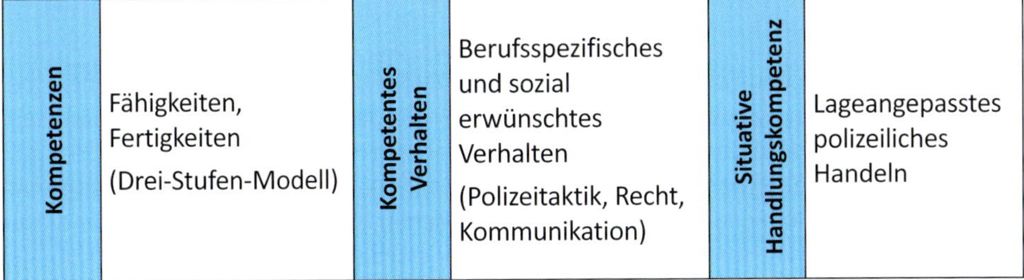

Kompetenzen	Fähigkeiten, Fertigkeiten (Drei-Stufen-Modell)	Kompetentes Verhalten	Berufsspezifisches und sozial erwünschtes Verhalten (Polizeitaktik, Recht, Kommunikation)	Situative Handlungskompetenz	Lageangepasstes polizeiliches Handeln

Abbildung 5: Polizeiliche Handlungskompetenzen

4.4 Worin zeigt sich die Professionalität im polizeilichen Handeln?

Im allgemeinen Sprachgebrauch wird Professionalität mit besonderen beruflichen Anforderungen erklärt, die über den allgemein zu erwartenden Anforderungen liegen. Um als Profi bezeichnet zu werden, muss eine Person über besonders herausragende Kenntnisse, Fertigkeiten und Fähigkeiten verfügen. Daneben werden eine besondere Problemlösungskompetenz und/oder eine ausgeprägte „professionelle Distanz" zum beruflichen Handlungsfeld erwartet. Im beruflichen Alltag müssen sich Polizeibeamte an den beiden Fragen messen lassen: „Dürfen sie das?" und „Können sie das?"[57], wobei das „Dürfen" nicht nur im rechtlichen Sinne zu bewerten ist. Fallen beide Komponenten auseinander, wird die Zuschreibung von Kompetenz verweigert.

Die Akademisierung des Polizeiberufs soll zu seiner steten Professionalisierung beitragen und trotz verschiedener Hindernisse hat sich die Polizeiwissenschaft in der Forschungslandschaft etabliert.

Behr[58] fordert eine Polizeiwissenschaft, die einen kategorialen Rahmen des Reflexionswissens im modularen Studium der Polizeiausbildung verankert. Ziel könnte das Reflektieren neuer Handlungsfelder im Zusammenhang mit institutionellen Rahmenbedingungen sein. Praxisprobleme könnten auf diese Weise mit Distanz, Skepsis und Methodenwissen reflek-

57 Kühl in Kurtz/Pfadenhauer (2010), S. 275.

58 Vgl. Behr (1/2015), S. 36.

tiert werden.[59] Im Prozess der Professionalisierung wird auch in den polizeilichen Wissenschaften zudem eine verstärkte Ausrichtung auf die Gesellschaft betont.

Der Prozess der Professionalisierung geschieht von innen, also aus sich heraus durch Standards, Anforderungsprofile und systematische Ausbildung, und hat Auswirkungen auf das gesamtgesellschaftliche Handeln. Professionelles Handeln ist stets eingebettet in das Ausfüllen und Reflektieren von Rollenerwartungen, die durch fachlich-methodische sowie personale und sozial kommunikative Kompetenzen gekennzeichnet sein sollen. Hierzu gehört auch das Forschen an konkreten Kompetenzmodellen für die Ausbildung an den Hochschulen der Länder.

In den sozialen Berufen ist Kommunikationsfähigkeit ein zentrales Merkmal professionellen Handelns und umfasst weit mehr als miteinander reden, denn es ist Beziehungsgestaltung. Professionelles Handeln gestaltet Beziehungen in asymmetrischen, komplementären Strukturen.

Professionell zu sein schließt den Anspruch mit ein, das berufliche Handeln hinsichtlich seiner Bedingungen und Folgen systematisch reflektieren zu können.[60] Dies umso mehr bei der Polizei, da ihre polizeilichen Gegenüber keine Profis der Kommunikation sind und sein müssen. Es sind Privatpersonen und als solche konfrontieren sie die Polizei mit ihrer persönlichen Lebenswelt. Häufig handelt es sich dabei um emotionsgeladene Situationen, bei denen die Polizei mit dem individuellen Schicksal von Menschen konfrontiert wird. Manche dieser Schicksale sind durch Krisen, Konflikte und Probleme erschwert. Die Polizei ist nicht Mitglied dieser Lebenswelt. Als Profi bleibt die Polizei unabhängig von Bestätigung, Lob und Kränkung ihrer Leistung durch die Adressaten, da sich ihre Arbeit nach professionellen Standards richtet.[61] Dies erfordert ein ständiges Reflektieren des eigenen polizeilichen Handelns durch die Polizei selbst. Professionelles Handeln heißt, Nähe und Distanz angemessen reflektieren zu können. Für die Bürger zeigt sich darin, ob sie sich durch polizeiliches Handeln verstanden, bedroht oder ausgeliefert fühlen. Hierin lässt sich die Bürgernähe der Polizei festmachen. Aufseiten der Polizei als professionell Handelnde geschehen ähnliche Prozesse, da die Polizei auf diese Gefühle antwortet.

Nachdem sich polizeiliches Handeln in den vergangenen Jahren zunehmend in Richtung einer „engagierten Fürsorge“[62] entwickelt hat, verändert sich notwendigerweise auch die Kommunikation der Beteiligten. Das Wechselspiel von Hilfe und Kontrolle führt dazu, dass die Kernfragen polizeilicher Arbeit nicht mehr nur bürokratisch oder eindeutig zu beantworten sind. Deeskalation wird als „Bestandteil des bürgerorientierten, situationsgerechten Verhaltens sowie der rechtlich geforderten Verhältnismäßigkeit und dem Grundsatz des geringsten Mittels angesehen.“[63]

Der Bürger kann von der Polizei professionelles soziales Handeln erwarten. Der Polizeibeamte erwartet vom Bürger genau solche Verhaltensmuster, die es ihm erlauben, im Rahmen der

59 Vgl. Behr (1/2015), S. 37.

60 Vgl. Dörr/Müller in Dörr/Müller (2012), S. 9.

61 Vgl. Thiersch in Dörr/Müller (2012), S. 32.

62 Behr (1/2015), S. 36.

63 Hücker (2017), S. 36.

rechtlichen und verhältnismäßig angemessenen Gegebenheiten die erforderlichen polizeilichen Maßnahmen umzusetzen.

Die Polizei ist in ihrem Organisationsgefüge aber auch eine bürokratische Organisation im Sinne von Max Weber. Sie speist ihre Herrschaft aus der legalen Verortung von Gesetzen in dieser bürokratischen Organisation mit klaren Regeln und hierarchischer Ordnung. Die Grundlagen sind Berechenbarkeit, Unpersönlichkeit, Sachlichkeit und Verlässlichkeit im Handeln. Weber sieht hierin die Grundprinzipien legaler Herrschaft, wie sie in einer Bürokratie zum Ausdruck kommen. Das Wesen der Bürokratie zeigt sich in der Herrschaft eines Verwaltungsstabes, dessen Zweck darin besteht, in einem größeren Sozialsystem die Autorität einer Sache, eines Zweckes durchzusetzen.[64] Hierbei handelt es sich um idealtypische Formen von Verwaltungshandeln. Es zeigt in der Praxis Abweichungen zum reinen Handeln nach Verordnungen und Regeln auf. Nicht alle konkreten Sachbearbeitungen lassen sich rein bürokratisch lösen.

Ziel polizeilichen Handelns ist das Handeln nach vorgegebenen Handlungsleitlinien, Verordnungen und Gesetzen im Sinne von Amtshandeln von Beamten, die sich nach dem Prinzip der Gleichbehandlung und der Legalität zu richten haben.

Berechenbarkeit, Verlässlichkeit, Selbstreflexion

Bürgernähe, Sachlichkeit, professionelle Distanz

Gesetzestreue, Gleichbehandlung, Neutralität

64 Vgl. Weber (1972), S. 125.

4.5 Wieso sind Bürgernähe und Deeskalationsgebot bedeutende Merkmale für Professionalität im polizeilichen Handeln?

Zu modernem Verwaltungshandeln gehören neben der Effizienz ein moderner Servicegedanke und damit ein bürgernahes Handeln. Seit Mitte der 1980er-Jahre zeigen sich die neuen Anforderungen durch eine „Verschlankung" bürokratischer Strukturen. „New Public Management" bezeichnet ein Bündel verwaltungspolitischer Reformstrategien, die überwiegend von einer betriebswirtschaftlichen Interpretation des Verwaltungshandelns geleitet werden. Das Reformmodell des „New Public Management" bietet kein geschlossenes, kohärentes Theoriegebäude, es lassen sich aber wesentliche Kernelemente herausfiltern. Unter anderem sollen dezentrale Führungs- und Organisationsstrukturen, die Einführung von Kontraktmanagement, von dezentraler Ressourcen- und persönlicher Ergebnisverantwortung und vor allem eine größere Bürgernähe erreicht werden.[65] Präventives Arbeiten der Polizei durch Hilfeleistungs- und Dienstleistungsfunktionen bekommt einen höheren Stellenwert.[66] Die Interessen der Bürgerinnen und Bürger geraten stärker ins Blick- und Handlungsfeld. Sie erfordern erweiterte kommunikative und emotionale Fähigkeiten der Polizei. Einfühlungsvermögen, aktives Zuhören und Verständnis entwickeln für das polizeiliche Gegenüber treten neben die Fähigkeiten der rechtlichen Bewertung, der Verhältnismäßigkeit und der Gleichbehandlung.

Das Deeskalationsgebot als polizeiliche Verpflichtung in jedwedem polizeilichen Einsatzhandeln ist ein weiteres Grundprinzip moderner polizeilicher Arbeit. Deeskalation wird als „Bestandteil des bürgerorientierten, situationsgerechten Verhaltens sowie der rechtlich geforderten Verhältnismäßigkeit und dem Grundsatz des geringsten Mittels angesehen".[67] Am Bürger orientiertes deeskalierendes Handeln wird zum Idealbild. Die Polizei hat sich hierzu Leitbilder geschaffen. So spricht das Leitbild der Hessischen Polizei von Respekt, Höflichkeit, Aufgeschlossenheit und Toleranz im Umgang mit Bürgerinnen und Bürgern.[68] In die Anforderungen an deeskalierendes Verhalten werden viele verschiedene Stränge eingearbeitet, es unterliegt keinem einheitlichen theoretischen Modell. Es werden unterschiedliche Anforderungen zu einem Bündel gefasst, die das moderne Verhaltensrepertoire der Polizei insgesamt beschreiben.

Die moderne Polizei will sich als eine Institution präsentieren, die objektiv, unvoreingenommen, vorbildlich und vor allem kompetent arbeitet. Dem Polizeibeamten wird eine besondere Vorbildfunktion zugesprochen. Diese orientiert sich vorwiegend an den kommunikativen Fähigkeiten der Polizei, die durch freundliches Auftreten signalisieren soll, dass sie dem Gegenüber aufmerksam zuhört, dessen Bedürfnisse wahrnehmen und Verständnis zeigen kann. Durch die Interaktion mit dem einzelnen Bürger wird auch stets das übergeordnete Interesse der Gesellschaft nach Gewährleistung und Wiederherstellung der öffentlichen Sicherheit durch die polizeilichen Maßnahmen repräsentiert.[69]

---

65 Vgl. Oschmiansky (2010).

66 Vgl. Mensching (2008), S. 72.

67 Hücker (2010), S. 36.

68 Vgl. Maus (2016).

69 Vgl. Szymenderski (2012), S. 37.

Szymenderski (2012) beschreibt die Spannbreite der Erwartungen mit Neutralität, Sachlichkeit, Gewissenhaftigkeit und Rationalität sowie durch die konsequente Orientierung an den Bedürfnissen des Bürgers. Diese Bürgernähe verlangt vom einzelnen Polizisten Einfühlungsvermögen und einen entsprechenden Umgang, den man auch interaktive Arbeit nennen könnte.[70]

Kooperation mit dem Bürger ist die Zielvorgabe für eine kommunikative, interaktive Polizeiarbeit. Die Polizei muss dabei drei Beziehungsebenen berücksichtigen:

1. Die geschäftliche Ebene mit den gesetzlichen Ansprüchen des Staates und das dienstliche Verhältnis des Beamten zu seiner Behörde. Über die gesetzlich bestimmte Neutralität soll der Bürger zu einer bestimmten Handlung bewegt werden.
2. Zur professionellen Ebene gehören die Ansprüche der Bürger, die Professionalität und kompetentes Handeln erwarten.
3. Auf der persönlichen Ebene zwischen den einzelnen Personen zeigt sich das notwendige Einfühlungsvermögen.[71]

Polizeiliche Kommunikation wird auch hier als sozialer Austausch zwischen der Polizei und dem jeweiligen Bürger aufgefasst. Hier treffen Personen aufeinander mit ihren persönlichen Geschichten und Eigenschaften. Zwar werden die Bürger in ihrer offiziellen Funktion als Beschuldigte, Verdächtige, Zeugen oder Opfer angetroffen und müssen als solche angesprochen werden. Sie sind aber auch gleichzeitig Privatpersonen und konfrontieren die Beamten mit einem individuellen Schicksal. Diese individuellen Faktoren müssen von der Polizei berücksichtigt werden. Die Gesprächsführung der Polizei bewegt sich daher immer wieder in einem Spannungsfeld zwischen Bürgernähe, Empathie, Verständnis und Rechtmäßigkeit sowie der Gesetzestreue in der Durchführung der polizeilichen Maßnahmen. Sobald der Eindruck entsteht, dass die Polizei rein bürokratisch und nur nach dem Prinzip der Rechtmäßigkeit handelt, führt dies zu Vertrauensverlusten und dem Eindruck, dass hier der sozialen Gerechtigkeit zu wenig Beachtung geschenkt wird. Der Bürger fühlt sich nicht genügend wertgeschätzt und widersetzt sich der geforderten Kooperation.

---

70 Vgl. Szymenderski (2012), S. 37.

71 Vgl. Rastetter (2008), S. 48.

Die polizeiliche Wippe zeigt den Grad und das Spannungsfeld der Professionalität der Polizei an.

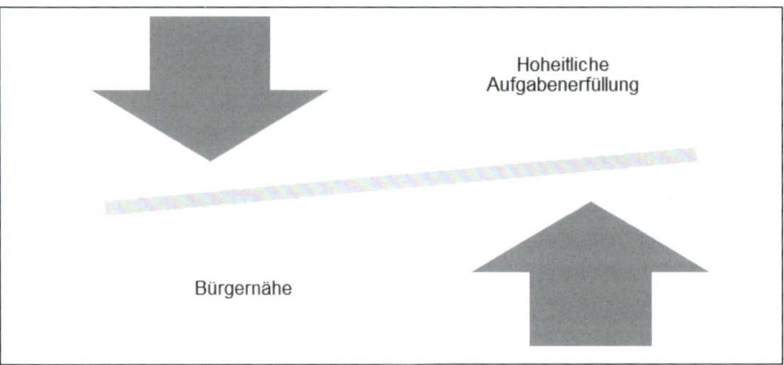

Abbildung 6: Professionalität im Spannungsfeld zwischen Bürgernähe und hoheitlicher Aufgabenerfüllung

Auf der anderen Seite darf das Spannungsfeld nicht zu sehr in Richtung Bürgernähe geraten, wenn dabei die Grundsätze der Gleichbehandlung oder zu große Zugeständnisse bei der Durchsetzung erforderlicher Maßnahmen akzeptiert werden müssten. Ein Ermessensspielraum führt automatisch dazu, dass die polizeilichen Maßnahmen eine persönliche und damit individuelle Ausprägung bekommen. Hierbei ist zu gewährleisten, dass die polizeilichen Maßnahmen rechtmäßig bleiben und keine Ermessensfehler vorliegen.

Der Polizeibeamte als professioneller Gesprächsführer der polizeilichen Maßnahme ist verantwortlich für die Steuerung der Inhalte sowie für die Gestaltung einer angemessenen Beziehung, die von der Lage, den Maßnahmen und dem jeweiligen polizeilichen Gegenüber abhängen.

5 Wie passt die professionelle polizeiliche Gesprächsführung in die polizeiliche Lagebewältigung?

Professionelle polizeiliche Gesprächsführung ist eingebunden in die klassische polizeiliche Lagebewältigung. Sie ist deren wesentlicher Baustein, da ohne verbale und nonverbale Kommunikation keine polizeiliche Lagebewältigung möglich ist. Die wesentlichen Bausteine für eine professionelle polizeiliche Gesprächskultur lassen sich in drei ineinandergreifenden Teilen beschreiben.

Das Bearbeiten der polizeilichen Maßnahme erfolgt in einem strukturierten Vorgehen, dies stellt den ersten Baustein dar. Dem folgt die Planung der Ziele und Maßnahmen für die polizeiliche Lage. Der dritte Baustein ist die angemessene Beziehungsgestaltung.

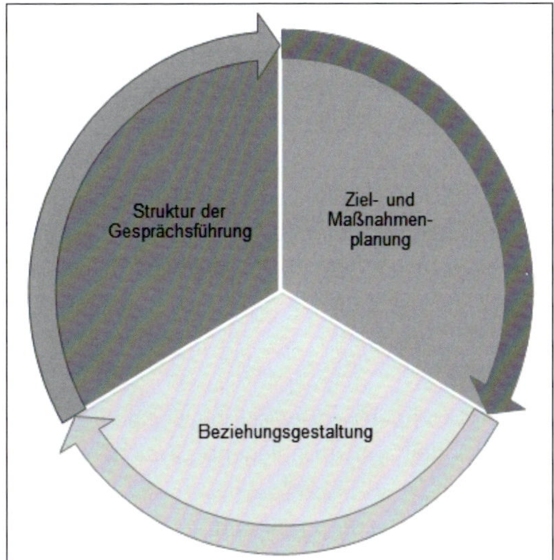

Abbildung 7: Die drei Bausteine der professionellen polizeilichen Gesprächsführung

Ein konsequent strukturiertes Vorgehen ist ein erstes wesentliches Kennzeichen für professionelle polizeiliche Gesprächsführung als Teil der polizeilichen Lagebewältigung.

Das Drei-Stufen-Modell aus der Einsatzlehre ist für die polizeiliche Arbeit das strukturierte Vorgehen, um Professionalität im polizeilichen Handeln zu gewährleisten.

Auch außerhalb der polizeilichen Lagebewältigung ist Gesprächsführung stets eingebunden in eine festgefügte Struktur, und zwar unabhängig von der Profession oder der besonderen Kommunikationssituation. Diese Struktur ist allseits bekannt unter dem Drei-Schritt der Einleitung, dem Hauptteil und dem Schluss, wie im wissenschaftlichen Arbeiten, oder sie wird ergänzt durch die Vorbereitung und Nachbereitung wie in der professionellen Gesprächsführung. Es existieren verschiedene Begrifflichkeiten für die einzelnen Teile der Struktur. So wird die Einleitung auch als Kontaktaufnahme, Eröffnungsphase oder als Aufwärm- oder Einstiegsphase bezeichnet. Der Hauptteil wird auch Inhaltsphase oder Maßnahmenphase genannt. Der Schluss wird meist als Verabschiedungs- oder Abschluss-Phase bezeichnet. Im letzten Schritt folgt die Nachbereitung der Gesprächsführung.

Im Gegensatz zu einfachen Gesprächen wie dem Small Talk unter Freunden wird ein professionelles Gespräch gezielt vorbereitet und nachbereitet. Es beinhaltet eine Planung, eine Zielrichtung, in der die Richtung für die Gesprächsführung festgelegt wird.

5.1 Neues Modell der professionellen Gesprächsführung für die Polizei

Im vorliegenden Modell werden die drei Phasen der Gesprächsführung: die Eröffnungsphase, die Maßnahmenphase und die Abschlussphase, mit dem klassischen Modell der Einsatzlehre gekoppelt: Vorbereitung, Aktion und Nachbereitung. Die Aktion, also die Umsetzung der eigentlichen Maßnahme, wird im Folgenden unterteilt, in die Eröffnungsphase als Beziehungsaufbau und die kurze Phase der Transparenz der Lage, also der Eröffnung des Anlasses oder die Benennung des Grundes für die polizeilichen Maßnahmen.

Der Hauptteil soll als Maßnahmenphase zur Durchführung der polizeilichen und psychologischen Maßnahmen dienen, gefolgt von der Abschlussphase als der Beendigung der polizeilichen Lage.

Für die einzelnen Phasen werden jeweils besondere Kompetenzen erforderlich, die einen speziellen Einfluss auf das interaktive Geschehen haben. Gibt es bereits in der Eröffnungsphase Unklarheiten im Beziehungsaufbau, wird es umso schwerer, anschließend polizeiliche Maßnahmen kooperativ durchzusetzen.

5.1.1 Was- und Wie-Entscheidungen

Ähnlich dem Konzept von Staller (1/2015)[72] zur Kompetenzentwicklung der polizeilichen Selbstverteidigung werden im vorzustellenden Modell zwei grundlegende Weichenstellungen eingeführt, die „Was- und Wie-Entscheidungen".[73]

Die Was-Entscheidungen geben die Richtung vor bei der Beschreibung und Einschätzung der polizeilichen Lage. Sie umfassen die wichtigsten psychologischen, rechtlichen und polizeitaktischen Ziele und Maßnahmen. Sie entsprechen somit den methodisch-fachlichen Kompetenzen, z. B. ob es sich um eine polizeiliche Lage mit dem Gesprächsschwerpunkt zum Opferschutz bei einer häuslichen Gewalt handelt oder um eine Gesprächssituation mit dem Schwerpunkt der Abwehr von akuter Gefahr wie bei der Gesprächsführung mit einem Suizidanten. Entsprechend werden jeweils unterschiedliche Maßnahmenbündel und soziale Kompetenzen in der polizeilichen Arbeit erwartet.

Diese fachlichen Kompetenzen allein gewährleisten allerdings noch keine professionelle Gesprächsführung. Eine solche ergibt sich erst aus der Beziehungsgestaltung und unter Einbeziehung der personalen und sozial kommunikativen Kompetenzen der Polizeibeamten.

Hierzu bedarf es der Wie-Entscheidungen. Welche Wahrnehmung hat der Beamte von der Lage und dem polizeilichen Gegenüber? Wie ist die Beziehungsebene zu gestalten, damit die erforderlichen Maßnahmen umgesetzt werden können und die berechtigten Interessen des polizeilichen Gegenübers gewahrt werden? Wie beeinflusst der Beamte das interaktive Geschehen? Erst mit diesen Fragen lässt sich zu einer professionellen Gesprächsführung

72 Vgl. Staller (2/2015), S. 24 ff.

73 Vgl. Staller (2/2015), S. 26 ff.

vordringen. Dabei gilt es, die fachlich-methodischen Kenntnisse, die zur Beschreibung der polizeilichen Lage, also der Lage des betroffenen Bürgers notwendig sind, mit passenden inneren personalen Faktoren anzureichern. Wenn z. B. ein Beamter zwar weiß, dass erlebte Traumata zu Suizidversuchen führen können, heißt dies noch lange nicht, dass er bereit ist, die emotionale Not und Verzweiflung oder die Perspektiv- und Hoffnungslosigkeit des aktuellen polizeilichen Gegenübers wahrzunehmen oder zu verstehen. Doch ohne diese weichen Faktoren bleibt die Gesprächsführung womöglich auf der rationalen Ebene und klammert so aus, was Polizeiarbeit eigentlich ausmacht.[74]

Hierzu lassen sich die Spannungsfelder wieder in Form einer Wippe darstellen, da sie in der Waage gehalten werden müssen und sich auch gegenseitig in ihrem Gewicht beeinflussen.

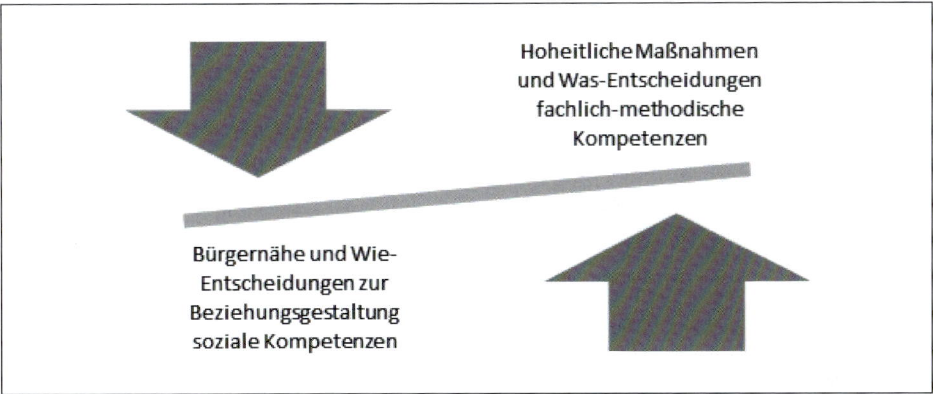

Abbildung 8: Die polizeiliche Wippe der professionellen Gesprächsführung

5.1.2 Was sind Ziele und Maßnahmen der Gesprächsführung?

Um professionell zu handeln, müssen zunächst die obersten Ziele und die wesentlichen Maßnahmen für die jeweilige Lage erkannt werden. Sie sind die Leuchttürme des Handelns für die gesamte polizeiliche Lagebewältigung oder die polizeiliche Gesprächsführung. Als solche dienen sie während des Gespräches als Zielpunkte für die Gesprächsführung und gleichzeitig sind sie wie ein Kompass, mit dem gemessen werden kann, ob und welche Ziele und Maßnahmen umgesetzt wurden. Falls dies nicht gelingt, muss die Richtung im Gespräch geändert werden.

Dieses Wissen (Was-Entscheidung) um die fachlichen, die psychologischen und die taktischen Grundziele schafft Raum für subjektive und auf die spezifische Lage bezogene Wie-Entscheidungen, also das Bereitstellen der sozialen und personalen Ressourcen, mit denen eine polizeiliche Lage an den Bürger angepasst bearbeitet werden kann.

74 Vgl. Behr (1/2015), S. 37.

Im vorliegenden Kompetenzmodell der Gesprächsführung werden die einzelnen Maßnahmen zur Vereinfachung standardisiert. Hierzu werden Schwerpunkte für die Kompetenzen in den jeweiligen Phasen gebildet.

Die hier vorgestellten kommunikativen Maßnahmen sind alle eingebunden in das klassische Einsatzmodell: Vorbereitung, Aktion und Nachbereitung. Es dient der professionellen polizeilichen Situationsbeherrschung und zeugt von polizeilicher Handlungskompetenz. Die Umsetzung dieses Modells folgt dem Zweck des konsequenten, deeskalierenden und sicheren polizeilichen Einschreitens. Die Vorbereitung dient auch zur Herstellung einer ersten Lageeinschätzung. Dazu müssen alle zur Verfügung stehenden und anlassbezogenen Informationen eingeholt werden, damit die folgerichtigen polizeilichen Maßnahmen geplant werden können.

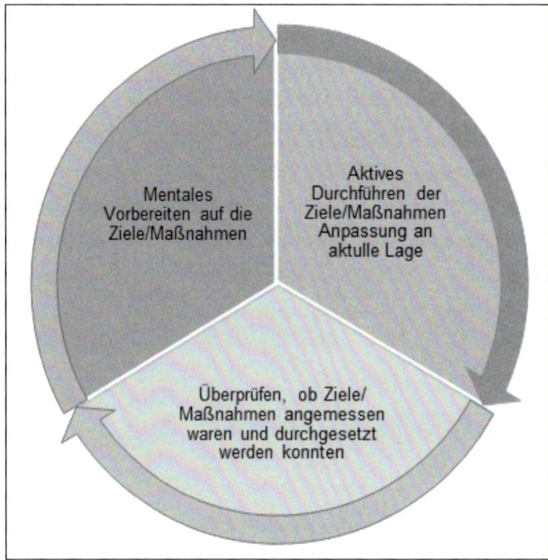

Abbildung 9: Die Ziel- und Maßnahmenplanung innerhalb des Drei-Stufen-Modells

In der mentalen Vorbereitung werden diese Maßnahmen durchgespielt und mit eventuell auftretenden Gefahren zu Lösungsmöglichkeiten verdichtet. Dann müssen die Absprachen im Team klar festgelegt werden, um die individuelle Verantwortlichkeit der Beteiligten zu festigen.

Eine optimale Vorbereitung wird allgemein als wichtiges Kennzeichen eines professionellen Polizeieinsatzes bezeichnet.[75] Die „Beurteilung der Lage" beruht auf dem Grundsatz, Wesentliches von Unwesentlichem zu trennen. Zeitnot und Dringlichkeit können dazu führen, dass die systematische „Beurteilung der Lage" entweder stark verkürzt oder durch intuitive und auf Erfahrung beruhende Entscheidungen ersetzt wird.[76] Die Lageeinschätzung ist kein vorab feststehendes Kartenbild, sie ist die Konstruktion von Polizeibeamten, in der sich neben den allgemeinen polizeilich relevanten Daten und Fakten subjektive Einschätzungen und persönliche Erfahrungen sowie Erwartungen widerspiegeln. Es kommt auf die persön-

75 Vgl. Kleinschmidt/Rückheim (1/2009), S. 5.

76 Vgl. Kleinschmidt/Rückheim (1/2009), S. 7.

lichkeitsstrukturbedingten Faktoren des Entscheidungsträgers an, die den einzelnen Argumenten ihr Gewicht verleihen und damit zur jeweils individuellen Lagebeurteilung und zum Entschluss führen.[77] Die Planung der polizeilich erforderlichen Maßnahmen entsteht somit in einem Wechselspiel zwischen der lagegerechten Beurteilung der zur Verfügung stehenden Informationen und den subjektiven Bildern und Erwartungen der beteiligten Polizeibeamten. Je größer der Entscheidungsdruck aufgrund äußerer Faktoren ist, wie z. B. bei mangelnden Informationen, Unübersichtlichkeit, einer großen Anzahl an Beteiligten oder aufgrund von inneren Faktoren aufseiten der Polizei wie Angst und Unwissenheit, desto mehr steigt die Gefahr von falschen Beurteilungen. Es kann zu einer unangemessenen Planung der durchzuführenden Maßnahmen der polizeilichen Aktion kommen.

Die Psychologie beschreibt dieses Phänomen der Komplexität unter dem Blickwinkel ihrer Auswirkungen auf die Wahrnehmung, das Denken, das Fühlen und das Entscheiden von Menschen.[78] Aber für das Entscheiden und Handeln sind nicht die objektiven Daten entscheidend, sondern das Erleben. Komplexität ist aus dieser Perspektive subjektiv und erfahrungsabhängig.[79]

Die angemessene Wahrnehmung der Lage bildet die Grundlage der professionellen, lageangepassten und verhältnismäßig richtigen Maßnahmenplanung. Diese beinhaltet jedoch nicht nur die objektiven Daten, Fakten und die auszuwertenden Informationen, sondern auch die subjektiven Einschätzungen aufgrund des Ausbildungsstandes oder der subjektiv zur Verfügung stehenden Kompetenzen und Fähigkeiten. Die Schulung der Analysefähigkeiten und der nachbereitenden Betrachtung der Lagebewältigung soll zu größerer Handlungssicherheit führen. Das wird in den Ausbildungen der Polizei durch die interdisziplinären Trainingseinheiten, getragen durch Polizeitrainer, Psychologen und Rechtswissenschaftler, bei komplexen polizeilichen Lagen trainiert.

5.1.3 Wie gelingt die angemessene Beziehungsplanung für die polizeiliche Lage?

Die Analysestruktur, auch WIBR-Modell nach Steil[80] genannt, wird in manchen Einsatztrainings als Grundlage benutzt, um die Kompetenzen zur Analyse und Gestaltung der Beziehungen der polizeilichen Lagen zu schulen. Nach Steil hängt der Prozess des Wahrnehmens neben dem Beobachten auch eng mit dem Hören und Zuhören zusammen. Er beschreibt vier Hauptaspekte des Wahrnehmens: erstens die Fähigkeit wahrzunehmen, was bedeutet, dass etwas gehört werden muss, etwas im Gesichtsausdruck abgelesen oder durch Körpersprache zu begreifen ist, was gerade kommuniziert wird. Auf der zweiten Ebene liegt die Fähigkeit zu interpretieren und zu verstehen, worüber kommuniziert wird. Als dritte Fähigkeit muss der Inhalt auch bewertet werden, um über seine Bedeutung für das Handeln entscheiden zu können. Als vierte Fähigkeit braucht es das Reagieren, indem in angemessener Weise widergespiegelt wird, was wahrgenommen wurde.[81]

77 Vgl. Kleinschmidt/Rückheim (1/2009), S. 7.

78 Vgl. Hofinger in Strohschneider (2003), S. 4.

79 Vgl. Hofinger in Strohschneider (2003), S. 4.

80 Vgl. Steil/Summerfield/DeMare (1986), S. 24.

81 Vgl. Steil/Summerfield/DeMare (1986), S. 27.

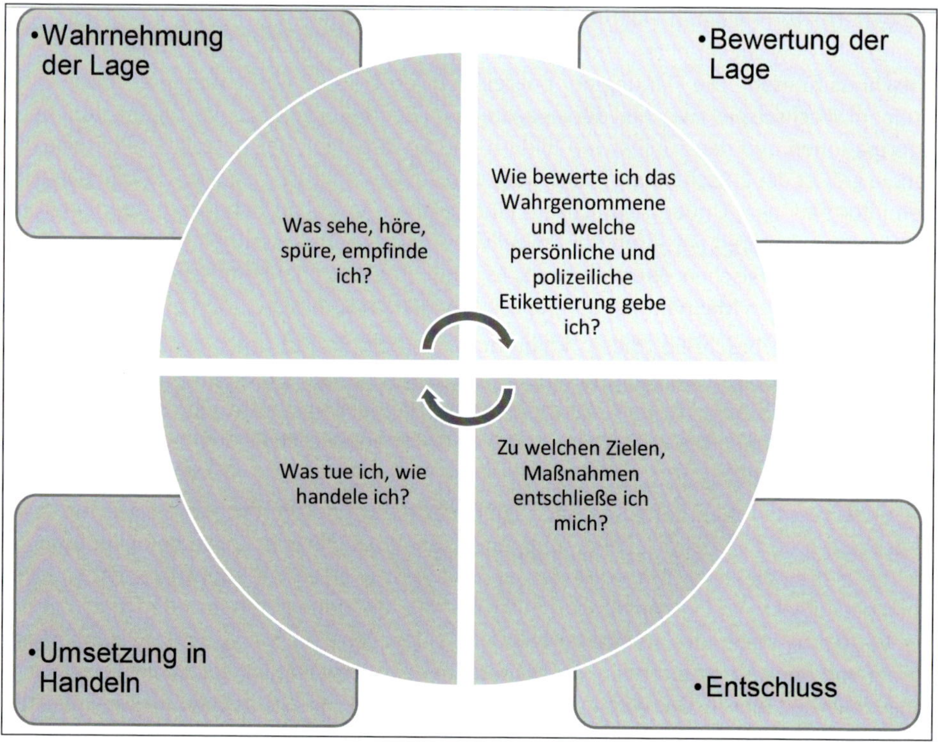

Abbildung 10: Die Wahrnehmung und Beurteilung der polizeilichen Lage nach Steil[82]

Dieses Schema soll fortgesetzt werden für die Nachbereitung der Lage:

1. Was hatte ich wahrgenommen?
2. Welche Bewertung der Lage hatte ich vorgenommen?
3. Was wollte ich tun?
4. Was habe ich in der Lage davon umgesetzt?

Das vorgestellte Schaubild zeigt hier nur einen Fokus der polizeilichen Lagebewältigung auf. Der Blick auf das polizeiliche Gegenüber liegt noch im Halbdunkel. Erst die Erweiterung des Blickwinkels hin zum polizeilichen Gegenüber bringt Licht in die Komplexität der polizeilichen Lagebewältigung.

82 Entnommen den losen Seminarunterlagen zum Einsatztraining an der HfPV Kassel, 2017.

Die sogenannte Fortschreibung der Lage macht das Geschehen deutlicher:

Abbildung 11: Die Fortschreibung der aktuellen Lage

Beide Kreisläufe sind miteinander verflochten. Das polizeiliche Handeln ist vorwiegend Beziehungsgeschehen, Beziehungsgestaltung, eingebettet in die lageangepassten Handlungsmuster sowie die rechtlich und taktisch notwendigen Maßnahmen und Informationen. Beides muss zusammen wahrgenommen und in passende Handlungsmuster umgesetzt werden. Gerade für junge Polizeibeamte sind diese komplexen Anforderungen nicht immer einfach. Die objektiven Informationen sind häufig durch zu viele subjektive Bewertungen eingefärbt.

Es ist wichtig, die einzelnen Faktoren, die objektiv notwendigen und die subjektiv auf die Beziehungsgestaltung bezogenen Faktoren, in die Vorbereitung einzubeziehen, um so die Analysefähigkeit zu schulen und mehr Übersichtlichkeit herzustellen. Die antizipierende Beschreibung passender Ziele ist für den Verlauf und die Überprüfung des Erfolges von professioneller polizeilicher Gesprächsführung entscheidend. Ziele sind die Leuchttürme des polizeilichen Handelns. Sie müssen so aufgestellt sein, dass sie im Nachhinein auch überprüft werden können.

5.2 Was tun bei hoher Komplexität in der polizeilichen Lagebewältigung?

Der Polizeiberuf ist wie nur wenige andere gekennzeichnet durch eine große Anzahl von beruflichen Belastungsfaktoren, die sich in der Summe zu höchst komplexen Anforderungen verdichten können und dann mit großem Einsatzstress verbunden sind. Zunehmende Gewalt, auch gegen Polizeibeamte, die große Präsenz öffentlicher und privater Medien, in denen polizeiliches Handeln stattfindet, erfordern erweiterte Ausbildungskonzepte, die die Komplexität der Lagen berücksichtigen.

In der Forschung zum Handeln in komplexen und kritischen Situationen wird überall dort von komplexen Situationen gesprochen, wo folgende Kernmerkmale auftreten:

- Großer Umfang des Problems, aber auch viele Informationen, deren Zuverlässigkeit und Relevanz nicht eindeutig sind.
- Vernetzt sein im Sinne von gegenseitiger und z. T. unvorhergesehener Beeinflussung beteiligter Personen/Elemente und dadurch eine soziale Abhängigkeit mit intransparenten Handlungsweisen.
- Eigendynamik, und zwar durch die vorher beschriebenen Abhängigkeiten.
- Irreversibilität, was bedeutet, dass die soziale Situation nicht umkehrbar ist oder nicht in den Anfangszustand zurückversetzt werden kann.
- Entscheidungen müssen unter Unsicherheit und unter Zeitdruck gefällt werden. Die Handlungen haben Nebenwirkungen, die schwer vorhersehbar sind.[83]

Auch in der polizeilichen Lagebewältigung wird von komplexen Situationen gesprochen. Diese erfordern komplexe Verhaltensmuster unter Einbeziehung umfangreicher Kenntnisse, Fähigkeiten und Fertigkeiten aus den Bereichen Taktik und Eigensicherung, aus dem Wissen um Kommunikation und Stressbewältigung sowie den rechtlichen Kenntnissen zum Eingriffsrecht sowie den taktischen Eingriffstechniken.

Daneben zeigen manche polizeiliche Handlungsfelder auch die typischen Kennzeichen von sogenannten kritischen Situationen.[84] Allgemeines Kennzeichen einer kritischen Situation ist der Entscheidungsbedarf. Die Situationen müssen entschieden werden und das meist unter Risiko und Gefahr sowie unter Zeitdruck und Stress. Polizeiliches Handeln bedingt die Festlegung auf eine konkrete Lageeinschätzung, manchmal ohne zuvor genügend Informationen darüber einholen zu können. Zeitdruck, Gefahr und Wichtigkeit setzen Menschen unter Stress. Um in kritischen Situationen passend reagieren zu können, sind insbesondere solche Kompetenzen erforderlich, mit denen die Stressreaktionen in Grenzen gehalten werden können, um trotz aller Belastungen ruhig agieren zu können.[85]

Menschen haben in komplexen Situationen, die sie nicht genau einschätzen können und die ihnen nicht kontrollierbar erscheinen, ein großes Bedürfnis, Unsicherheit zu verringern und

83 Vgl. Hofinger in Strohschneider (2003), S. 5.

84 Vgl. Hofinger in Strohschneider (2003), S. 6.

85 Vgl. Hofinger in Strohschneider (2003), S. 7.

Kontrolle herzustellen. Dieses Bedürfnis rangiert neben dem sachlichen Wunsch nach einer schnellen Lösung der Situation. Für einen sinnvollen Umgang mit komplexen Aufgaben bedarf es vor allem Kompetenzen im Umgang mit sich selbst, den sogenannten Selbstmanagementkompetenzen. Dazu zählen vor allem das Aushalten von Unbestimmtheit, die Zähmung des Kontrollbedürfnisses, das Bewältigen von Stress, die Verteilung von Aufmerksamkeit sowie ein guter Umgang mit den eigenen Gefühlen.

Fehlen hilfreiche Ressourcen, kann es schnell zur kognitiven Notfallreaktion kommen, auch Notfallreaktion des kognitiven Systems genannt. Dörner, Reh und Stäudel (1983) beschreiben die kognitive Notfallreaktion wie folgt: „Wenn sich das Individuum einer nicht bewältigbaren Situation gegenübersieht, wird das gesamte Handlungssystem auf schnelle Reaktionsbereitschaft umgestellt".[86]

Die Notfallreaktion des kognitiven Systems hat dann den Sinn, das Kompetenzempfinden des Individuums zu schützen oder aber wenigstens vorzutäuschen, das Individuum hätte noch eine gewisse Kontrolle über die Situation, könne das Geschehen also noch wirksam beeinflussen. Die kognitive Notfallreaktion dient nunmehr vorwiegend der Selbstregulation, dem Selbstschutz. Sie dient weniger dem angemessenen Handeln in schwierigen Situationen. Zwar wird schnell reagiert, aber das Handeln ist weniger durch Zielplanung und bewusstes Denken gesteuert, sondern geschieht vorwiegend als direkte emotionale Reaktion auf Außenreize.

Im Unterschied zu normalen Stressreaktionen ist die „Notfallreaktion des kognitiven Systems" (NRK) als eine genetisch vorgegebene Reaktion auf unspezifische Gefahrensituationen zu betrachten. Ihr Zweck ist die Herstellung einer Bereitschaft für schnelle und allgemeine Reaktionen. Der hier beschriebene, mit Unlust einhergehende Kontrollverlust wird abhängig gemacht von der aktuellen Kompetenz des Individuums, mit einer schwierigen Situation umzugehen.[87]

Die Effekte der NRK werden als dramatisch beschrieben. Sie zeigen sich in der Absenkung des intellektuellen Niveaus, das sich im Absinken der Selbstreflexion, dem Absinken von Absichten und Vornahmen, einer Stereotypisierung und dem Absinken realisierter Absichten zeigt. Es steigt die Tendenz zu schnellem Handeln, die wiederum zu einer Erhöhung der Risikobereitschaft, erhöhten Regelverstößen und erhöhten Fluchttendenzen führt. Die Kompetenz zur Hypothesenbildung wird verringert, es werden globale Hypothesenbildungen bevorzugt, die nicht sicher überprüfbar sind und damit Stereotypen Vorschub leisten. Die NRK zeigt in besonderer Weise die Notwendigkeit, kognitive, motivationale und emotionale Aspekte der Problembearbeitung simultan zu verfolgen. Problemlösen ist eben nicht nur pure Kognition, sondern erzeugt als Begleiterscheinung starke Emotionen, die ihrerseits wiederum auf das kognitive Geschehen verändernd zurückwirken.[88]

86 Vgl. Dörner/Reh/Stäudel in Dörner et al. (1983), S. 427.

87 Vgl. Betsch/Funke/Plessner (2011), S. 171.

88 Vgl. Betsch/Funke/Plessner (2011), S. 172.

Damit gehen oft Stress-Symptome einher wie erhöhter Puls, emotionale Ausbrüche und kognitive Verengung, was zu einer weiteren Verringerung der Steuerungsfähigkeit führen kann. Stress- und Selbstmanagement sind wesentliche Kompetenzen für das angemessene Handeln in kritischen Situationen.[89]

Die Konfliktgefahren bei fehlender Antizipation in schwierigen Einsatzlagen lassen sich wie folgt aufzeigen:[90] Bei fehlender Antizipation der komplexen Lage findet keine ausreichende taktische und mentale Vorbereitung auf eine mögliche Eskalation statt. Der Überraschungseffekt durch die Gefahrensituation führt zu ungünstigen Emotionen aufseiten der Polizei und damit wächst die Gefahr einer unangepassten Gefahrenprognose, was wiederum zu einer ungünstigen emotionalen Selbstinduktion führt. Die polizeilichen Reaktionen werden emotional, statt sachlich und an Zielen orientiert zu sein.

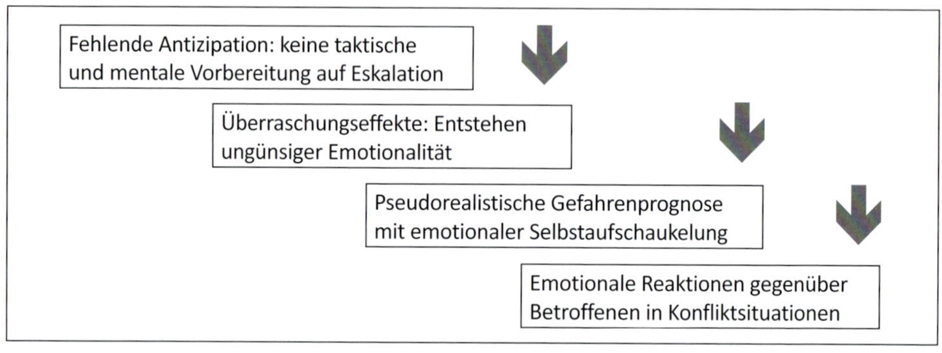

Abbildung 12: Die Gefahren der schwierigen und komplexen Einsatzlagen

Mit den Fähigkeiten der Selbstreflexion, der Selbstkorrektur und der Handlungsstabilisierung kann dem Prozess entgegengearbeitet werden. Polizisten müssen Kompetenzen erlernen, die es ihnen ermöglichen, die eigene Emotionalität zu erkennen und dann steuernd so zu intervenieren, dass es zum Abbau emotionaler Spannungen kommt. Mit der Kompetenz der Handlungsstabilisierung sollen die polizeilichen Maßnahmen jederzeit durchsetzbar sein, auch in kritischen und komplexen Situationen. Maßnahmen sollen konzeptionell so angelegt sein, dass sie der weiteren Deeskalation des Geschehens dienen.

Eine verbesserte Selbstregulation und mentale Stärke, Zielplanungen für das eigene Handeln und Ressourcen im Team sind weitere wichtige Kompetenzen. Nettelnstroth (2014)[91] nennt nicht nur die Kommunikationsfähigkeit als unabdingbar für die Anforderungen an polizeiliches Handeln, sondern ergänzt diese durch eine weitere Schlüsselqualifikation, die auf die innere Grundhaltung und auf die Auseinandersetzung mit der eigenen Person abzielt. Diese Merkmale werden als kommunikative Qualifikation zusammengefasst. Sie gehören wie die Merkmale Einfühlungsvermögen, Kooperation oder Durchsetzungsfähigkeit und die rhetorischen Fähigkeiten zu den Schlüsselqualifikationen der sozialen Kompetenz. Sprachliches Vermögen als reine rhetorische Fähigkeit reicht nicht aus, um die Anforderungen an die

89 Vgl. Hofinger in Strohschneider (2003), S. 8.

90 Vgl. Hücker (2017), S. 108.

91 Vgl. Nettelnstroth in Lorei/Hallenberger (2014), S. 9 f.

Polizei im Umgang mit den Bürgerinnen und Bürgern zu erfüllen. Bürgernähe und Vertrauensbildung setzen tiefgehende Prozesse voraus.

Mit dem Drei-Stufen-Modell der klassischen Einsatzlehre wird versucht, durch modellhaftes Handeln eine ganzheitliche Strukturierungshilfe für die Planung und Durchführung unterschiedlichster Einsatzanlässe zu schaffen.[92] Dadurch lässt sich zwar die Komplexität der Lage nicht verringern, aber wiederkehrende Strukturen in den Abläufen helfen bei der Einsatzbewältigung, da die kritischen und die wesentlichen Elemente der Einsatzbewältigung in das Einsatzmodell übertragen wurden.[93]

Zusammenfassend lassen sich die Grundlagen von „gutem Entscheiden" in Form eines professionellen Entscheidens in kritischen Situationen wie folgt beschreiben:

Sie sind an Zielen orientiert, wobei die Ziele als Leuchttürme des Handelns fungieren.[94] Sie beinhalten ein Informationsmanagement mit der Beschaffung und der Bewertung der Informationen. Bei der Modellbildung oder Hypothesenbildung sollen diese Informationen zu einem hilfreichen inneren Bild verknüpft werden, das der Planung im Sinne eines inneren Probehandelns dienen soll. Durch Selbstreflexion soll das eigene Vorgehen reflektiert, womöglich verändert und im Nachhinein überarbeitet werden.[95]

Das vorliegende Kompetenzmodell für die professionelle polizeiliche Gesprächsführung ist an diese Anforderungen angelehnt. Es nimmt zum einen das klassische Einsatzmodell als Grundlage polizeilich komplexer Gesprächssituationen. Dann bezieht es die Anforderungen an kritische Entscheidungssituationen mit ein. Jede Gesprächssituation wird modellhaft zunächst an den wesentlichen polizeilichen und psychologischen Zielen orientiert. Die Planung erfolgt anhand der Bewertung der vorliegenden Informationen und mündet in eine sinnvolle Bündelung der notwendigen Maßnahmen im Sinne eines Probehandelns. Die Bewertung der Lage wird neben den Maßnahmen auch in die aktive Gestaltung der Beziehungskonstellation eingebettet.

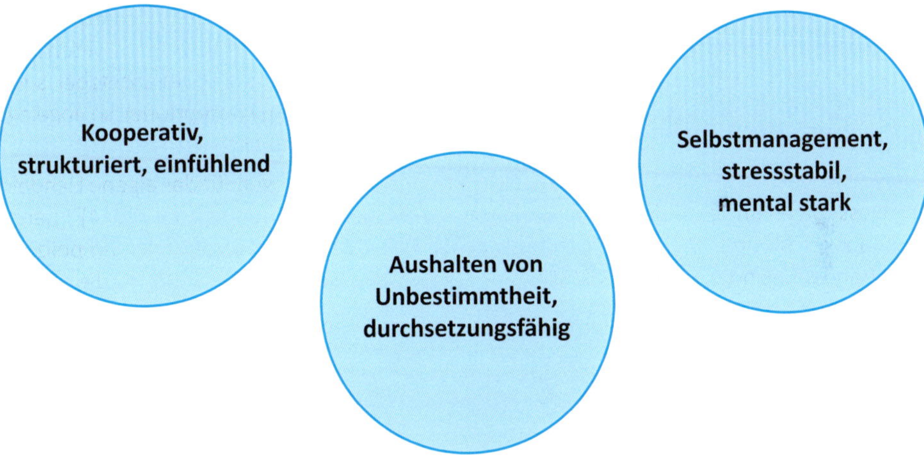

92 Vgl. Zeitner (2021), S. 49.

93 Vgl. Zeitner (2021), S. 48.

94 Vgl. Hofinger in Strohschneider (2003), S. 8.

95 Vgl. Hofinger in Strohschneider (2003), S. 9.

Teil 2

Polizeiliche Gesprächsführung

Teil 2: Das neue Modell der professionellen polizeilichen Gesprächsführung

1 Welche Merkmale kennzeichnen das neue Modell der professionellen polizeilichen Gesprächsführung?

Im vorliegenden Kompetenzmodell der professionellen polizeilichen Gesprächsführung werden die einzelnen Maßnahmen der Gesprächsführung standardisiert. Für die jeweiligen Phasen werden Schwerpunkte bei den Kompetenzen für Polizeibeamte gebildet, wohlwissend, dass die Sach- und Beziehungsebene im sozialen Handeln nur in gegenseitiger Verschränkung erlebt und gestaltet werden kann.

Das Kompetenzmodell der professionellen polizeilichen Gesprächsführung lässt sich wie folgt beschreiben:

Was	Wie
Vorbereitung, Ziele und Maßnahmen Identifizieren der obersten Ziele zur erfolgreichen Bearbeitung der Lage (fachlich-methodische Kompetenzen) Deskription der notwendigen psychologischen, taktischen, rechtlichen Maßnahmen (fachlich-methodische Kompetenzen)	Vorbereitung auf die Lage mit einer ersten motivationalen Bewertung der Lage (soziale/personale Kompetenzen)
Einstiegsphase	Beziehungsgestaltung und Einleitung in die Gesprächsführung als Einstiegs-Phase (sozial-kommunikative und personale Kompetenzen: Wie trete ich auf? Wie soll und will ich wahrgenommen werden? Wie nehme ich das Gegenüber wahr?)
Transparenz der Lage Dem polizeilichen Gegenüber eröffnen (fachlich-methodische Kompetenzen: Um was geht es?)	Der Lage angepasste Beziehungsgestaltung

Was	Wie
Maßnahmenphase Hauptteil und Durchführung der Maßnahmen als Maßnahmenphase mit: Erläuterung der geforderten Maßnahmen, belehren, aufklären, befragen, informieren und beobachten (fachlich-methodische Kompetenzen: Was soll polizeilich umgesetzt werden?)	Die angemessene Gestaltung der Beziehung: (sozial-kommunikative und personale Kompetenzen: Wie mache ich es?) Dem Bürger Gelegenheit geben, sich zu äußern, den eigenen Standpunkt darzustellen, sich einzubringen. Für ein kooperatives Verhalten und für eine reibungslose, durch Kooperation geprägte Beziehungsgestaltung sind die wichtigsten erforderlichen Kompetenzen aufseiten der Polizei: empathisches Auftreten, aktives Zuhören, gepaart mit Anerkennung und Respekt dem Bürger gegenüber. Führung herstellen und behalten und das eigene Verhalten reflektieren sowie ein passendes Maß zwischen professioneller Distanz und menschlicher Nähe herstellen.
	Bei Widerstand und Eskalation: Neben den oben genannten Techniken werden die besonderen Kompetenzen gefordert wie kooperativen Druck aufbauen können (Druck durch Sanktionen, Konsequenzen sowie den Einsatz kongruenter nonverbaler Merkmale und dann zur Kooperation auffordern), das komplementäre Verhältnis der eskalierenden Situation anpassen und die Kontrolle behalten oder wiedererlangen, Selbstkontrolle und Aggressionshemmung stärken. Die professionelle Distanz zur Sicherheit der Polizei und des Gegenübers vergrößern. Bei den personalen Kompetenzen sind insbesondere nonverbale Kompetenzen zu schulen, wie polizeilich festgelegte Körperhaltung und die stimmlichen Merkmale.
Abschluss-Phase Ende (Abschlussphase) mit konkreten Vereinbarungen und der Verabschiedung	Welchen Eindruck will die Polizei hinterlassen? Sozial-kommunikative und personale Kompetenz
Nachbereitung: Die Was- und die Wie-Entscheidungen werden reflektiert und überprüft.	Das eigene Erleben (Stresserleben, Beziehungsgestaltung) wird reflektiert, die Teamkompetenz wird überprüft.

Abbildung 13: Das neue Modell der professionellen polizeilichen Gesprächsführung

Das neue Kompetenzmodell beinhaltet die standardisierte polizeiliche Struktur der Lagebewältigung sowie die sozialwissenschaftliche Struktur der Gesprächsführung. Es nimmt die Bedürfnisse des Bürgers auf wie auch die lageangepassten polizeilichen Ziele und Maßnahmen. Durch das strukturierte und an Zielen und Maßnahmen orientierte Vorgehen ist das Modell per se deeskalierend angelegt.

Zusammenfassend lässt sich die Gesprächsführung als Teil der menschlichen Kommunikationsprozesse beschreiben. Gleichzeitig ist der Mensch das Produkt fortlaufender Kommunikationsprozesse. „Kommunikation ist Gespräch, Diskussion, Streit, geselliger Umgang, Dialog, Begegnung, Austausch."[96] Die soziale Kommunikation ist ein äußerst komplexer Prozess, der eine Betrachtung und Untersuchung aus verschiedensten Perspektiven zulässt. Deswegen haben Kommunikationsforscher versucht, allgemeingültige und pragmatische Regeln menschlicher Kommunikation zu formulieren. Hier sind immer noch die Arbeiten von Watzlawick, Beavin und Jackson (2000) von besonderer Bedeutung, da sie Axiome menschlicher Kommunikation erarbeitet haben, die wie pragmatische Universalien zu verstehen sind.

Durch zwischenmenschliche Kommunikation wird nicht nur Verständigung erzielt, sondern es geht auch darum, dass dem Gegenüber etwas Bestimmtes mitgeteilt wird, um eigene Interessen zu realisieren oder zu wahren. Für die Polizei sind das die notwendigen polizeilichen Maßnahmen, die sie umsetzen muss.

Das 2. Axiom lautet: „Jede Kommunikation hat einen Beziehungs- und einen Inhaltsaspekt".[97] Jede Kommunikation findet auf zwei Ebenen statt, auf denen Informationen ausgetauscht werden. Auf der Inhaltsebene werden Sachinformationen, also Daten und Fakten, vermittelt. Auf der Beziehungsebene wird etwas über die Art der Beziehung zwischen Sender und Empfänger ausgedrückt. Diese Mitteilung wird in der Regel nicht direkt angesprochen, sondern nonverbal übermittelt. Der Sender gibt auf diese Art wieder, wie das Verhältnis zwischen ihm und dem Empfänger der Botschaft definiert ist und wie dieser die Information auffasst oder versteht.[98]

Beide Ebenen bilden eine untrennbare Einheit, wobei der Beziehungsaspekt die Sachinformation überlagert.

Im Allgemeinen kann man davon ausgehen, dass bei spontaner und gelungener Kommunikation die Definition der Beziehung in den Hintergrund rückt. Die Kommunikation fühlt sich gut an, man fühlt sich verstanden und ernst genommen. Konfliktreiche Beziehungen sind durch wechselseitiges Ringen um die Beziehungsdefinition gekennzeichnet, wobei der Inhaltsaspekt fast völlig an Bedeutung verliert.[99]

Die Erörterung von Sachfragen scheint zunächst der Hauptbestandteil bzw. der Anlass eines Gespräches zwischen zwei Menschen zu sein. Daneben steht aber die Beziehungsdefinition zwischen den beiden Gesprächspartnern im Vordergrund. Gerade im polizeilichen Alltag ist die Beziehungsfrage die wesentliche Grundlage jeder Gesprächsführung. Nur die Polizei als Vertreter des Staates darf den Bürger z. B. in der Verkehrskontrolle auf der Straße anhalten und nach bestimmten Informationen befragen oder bestimmte Handlungen abverlangen. Mit dem Einstieg: *„Guten Tag, Polizei"*, wird die Befugnis deutlich gemacht und die Dominanz der komplementären Beziehungsstruktur eingeführt.

Jede polizeiliche Aktion ist so eingebettet in eine polizeiliche Gesprächsführung, die ihre Grundlage in dieser komplementären polizeilichen Beziehungsebene hat.

Die Einstiegsphase wird durch eine Zielplanung in der Vorbereitung des Einsatzes vorbereitet.

96 Delhees (1994), S. 11.

97 Vgl. Watzlawick/Beavin/Jackson (2000), S. 61 ff.

98 Vgl. Birkenbihl (1992), S. 19.

99 Vgl. Watzlawick/Beavin/Jackson (2000), S. 55.

1.1 Wie gelingen Vorbereitung und Zieldefinition?

Fragt man Polizeibeamte, was sie sich unter mentaler Vorbereitung auf einen polizeilichen Einsatz vorstellen, bekommt man als Antworten manchmal recht diffuse Vorstellungen. Mentale Vorbereitung wird meist so verstanden, dass alle Schwierigkeiten der bevorstehenden Situation sowie die möglichen Aktionen eines unbekannten Gegenübers vorgestellt werden. Im zweiten Schritt werden dann die angemessenen eigenen Reaktionen darauf geplant.

Geht die Polizei jedoch mit einer solchen inneren Vorbereitung in einen Einsatz, kann es dazu kommen, dass sie schon zu Beginn der Aktion mit einem stark angespannten Muskeltonus (wegen des drohenden visualisierten Stress), mit eingezogenen Schultern und damit einhergehend mit einem verkürzten und flachen Atem startet. Der Körper befindet sich im Stresszustand, bevor stresserzeugende Reize in der Außenwelt erkennbar sind.

Diese Idee von mentaler Vorbereitung auf einen polizeilichen Einsatz steht einer zielführenden und hilfreichen mentalen Vorbereitung eher entgegen. Sie verwirrt und vermeidet eine zielorientierte Vorgehensweise. Mal angenommen, jemand denkt morgens intensiv darüber nach, was ihm auf dem Weg zur Arbeit alles passieren könnte. Dann wird die Motivation, aufzustehen und loszugehen, eher gering sein. Die Überlegungen sind auch wenig hilfreich, um sicher zur Arbeit zu kommen. Mögliche Gefahren sollten nicht ausgeblendet werden, aber auch nicht zu sehr im Fokus stehen.

Denkt die Person aber darüber nach, auf welchem Weg sie am sichersten oder schnellsten oder am umweltschonendsten zur Arbeit kommt, kann sie sich einen genauen Plan zurechtlegen, der den Arbeitsweg sicher und übersichtlich gestaltet. Dabei wird die Person bei ihrer Planung auf verschiedene Kenntnisse zurückgreifen. Am wichtigsten ist das Wissen darüber, wo sie genau hinwill, also welches konkrete Ziel sie hat. Hat die Person bestimmte Werte, die sie in ihren Handlungen umsetzen möchte, wie ökonomische oder ökologische Werte oder Schnelligkeit, dann wird sie bei ihrer Planung auch Informationen über das Straßenverkehrsnetz, ökologische Zusammenhänge, den öffentlichen Nahverkehr oder die Zeitplanung mit einbeziehen. Vielleicht aber folgt sie nur einer immer gleichen Gewohnheit und steigt ins Auto. Jetzt kann auf dem Weg zur Arbeit immer noch Überraschendes passieren, ein Unfall oder eine Straßensperrung vielleicht. Dann muss das Handeln der neuen Lage angepasst werden. Für eine schnelle oder sichere Umleitung müssen weitere Kenntnisse oder Informationen herangezogen werden.

Professionelle Vorbereitung sollte genauso ablaufen. Aufgrund der polizeilich relevanten Informationen und Kenntnisse werden die jeweiligen polizeilichen Lagen vorher durchgeplant, und zwar als zielführende Planung im Sinne eines Leuchtturms des Handelns. *Wo will/muss ich aufgrund der spezifischen Erfordernisse der Lage und den erforderlichen polizeilichen Maßnahmen ankommen?* Gerade für junge und noch nicht erfahrene Polizisten sind diese Planungen umso wichtiger, da sie nicht nur die Richtung vorgeben, sondern auch als Kompass anzeigen, wie weit sie in der Bearbeitung der Lage vorangeschritten sind. Gerade im Stress ist es hilfreich zu wissen, dass die wichtigsten Schritte schon abgearbeitet wurden und nur noch die Abschlussmaßnahme zu erfolgen hat. Routinierte Beamte können diese innere Vorbereitung verkürzen. Sie handeln nach ihren Gewohnheiten oder ihren einstudierten Routineabläufen für bestimmte Standardsituationen. Wenn Änderungen oder Unvorhersehbarkeiten auftreten, müssen aber auch sie ihre Handlungen anpassen.

Polizeiliches Handeln erfordert eine gewisse mentale und muskuläre Anspannung, die als aufmerksame innere und äußere Haltung erkennbar ist. Der Übergang von einer Stufe der Anspannung in die nächste erfolgt aufgrund von Entscheidungen. Und diese können zu der Entscheidung führen, die Anspannung zu verstärken oder auch etwas abzuschwächen, abhängig von der polizeilichen Betrachtung der „Gesamtlage". Das Trainieren von Selbstregulation und der angemessenen Betrachtung der polizeilichen Lage ist hierfür besonders hilfreich.

Im Fokus der Vorbereitung soll eine konkrete Lageeinschätzung mit einer Zielplanung und einer Maßnahmenplanung stehen, die hilfreich ist, die Lage positiv zu bewältigen. In einer ausführlichen Betrachtung könnten die vorbereitenden Vorgänge folgendermaßen aufgeschlüsselt werden:

Kognitive Ebene	Affektive Ebene
Welche Zielplanung haben wir für den Einsatz? Welche polizeilichen, rechtlichen, psychologischen Handlungsschritte und Maßnahmen sind notwendig? Was weiß ich über mein Gegenüber? Welche Informationen sind für meine subjektive Bwertung der Lage bedeutsam? Welche weiteren Informationen brauche ich für ein verlässliches Handeln? Welche Vorerfahrungen habe ich? Welche kognitiven Bilder entstehen dabei in meinem Kopf? Sind diese hilfreich für mein Handeln?	Welche Gefühle löst der Einsatzbefehl in mir aus? Wie kann ich starke und hilfreiche Gefühle (innere Bilder) in mir produzieren? Was hilft, mich kompetent und aufnahmefähig zu fühlen?
Körperliche Ebene	**Konative Ebene**
Selbswahrnehmung der Körperhaltung im Sinne von Kompetenz und Vertrauenswürdigkeit. Wie kann ich meinen Atem kontrollieren? Welche Atemtechnik hilft mir?	Welches Körperschema werde ich für die jeweilige Lage zum Ausdruck bringen? Wie soll mein erster Eindruck auf das polizeiliche Gegenüber wirken? Welche Eingriffs- und Führungstechniken können hier zum Tragen kommen? Wenn die oben beschriebenen Schritte eingeübt wurden, kann schon vorhandenes und für den jeweiligen Einsatz geplantes Wissen und Handeln gezielt ablaufen. Der Körper verfügt über ein Körpergedächtnis, das automatisierte Abläufe wiedergeben kann, solange diese nicht durch zu viele Zweifel oder störende Gedanken irritiert werden.

Abbildung 14: Steuerung der inneren Abläufe

Ein wichtiges Element der inneren Steuerung ist der Atemrhythmus. Die Steuerung des Atems verhilft zu einer Verbesserung der emotionalen, kognitiven und körperlichen Präsenz. Die richtige Atemtechnik kann sogar heilen. Sie kann Schmerzen lindern, Verdauungsstörungen beheben und das Gehirn stärken. Je besser nämlich die Zellen mit Sauerstoff versorgt sind und je effektiver der Abtransport von Giftstoffen vollzogen wird, desto stärker und gesünder fühlen wir uns, sowohl körperlich als auch geistig. Gerade in einem stressigen Alltag kann der richtige Atemrhythmus zu einer verbesserten Energieversorgung und widerstandsfähigeren Gesundheit führen.

Stress zerstört den natürlichen Atemfluss. Er führt zu einer unregelmäßigen und gestörten Atmung. Das Resultat sind negative Emotionen wie z. B. Sorgen, Ängste, Unsicherheit und Anspannung. Weil die Atmung unbewusst funktioniert und sich dem individuellen Lebensrhythmus anpasst, atmen viele Menschen oberflächlich und verkrampft. Denn andauernder Stress und Ängste können zu einer Atemfrequenz führen, die eigentlich nur in Fluchtsituationen erforderlich ist. Erst wenn Angst und Stress uns förmlich „die Luft abschnüren" oder uns „vor Schreck der Atem stockt", erkennen wir, wie hoch der Einfluss äußerer Umstände auf unsere Atmung ist.

Es wird abschließend eine Entscheidung getroffen, mit welchem Eskalationsniveau, mit welcher Einstellung zum Gegenüber und mit welchen polizeitaktischen, rechtlichen, psychologischen Zielen und Maßnahmen in die jeweilige Lage eingestiegen werden soll.

1.2 Wie gelingt die Einstiegsphase oder der erste Eindruck?

Die Einleitung eines Gespräches ist immer geprägt von der aktiven Gestaltung der Beziehungsebene. Zu Beginn einer jeden polizeilichen Aktion wird mit der Gestaltung der Beziehung begonnen: *„Guten Tag, Polizei"*. Diese Aussage hat mehrere Bedeutungen. Sie definiert eindeutig die Beziehung als eine formale und dienstliche Beziehung und gibt so schon eine Auskunft darüber, dass Befugnisse gegenüber den Bürgerinnen und Bürgern eingefordert werden können.

Abbildung 15: Der erste Eindruck

Bei der polizeilichen Kommunikation handelt es sich immer um eine formale Beziehung. Der Anlass ist nicht privat, sondern ein dienstlicher und die Inhalte bestehen in der Regel aus rechtlich und polizeitaktisch festgelegten Maßnahmen. Die Beziehungsebene wird durch die Eröffnung: *„Guten Tag, Polizei"*, somit passend hergestellt. Sie ist eine Höflichkeitsformel, die den allgemein gültigen Konventionen entspricht, und sie zeigt eine neutrale Haltung an. Zum anderen wird durch den Begriff *Polizei* der dienstliche und formale Rahmen hergestellt. Hier steht auch nicht der einzelne Polizeibeamte im Fokus, sondern die Institution Polizei, vertreten durch ihre Repräsentanten. Die einzelnen Personen treten erst im Verlauf der polizeilichen Handlung in Erscheinung: in der Art und Weise, wie jeder Beamte durch sein individuelles Handeln die dienstlich vorgegebenen Maßnahmen umsetzt oder erläutert. Aus der Uniform zeigt sich dann ein Stück weit die Person als Subjekt, ohne den dienstlichen Beziehungsrahmen allzu weit zu verlassen. Die Polizei kann im Dienst ihre Uniform nicht ausziehen, sie kann etwas menschlich werden, aber sie kann nicht als Privatmensch handeln.

Je nach polizeilicher Lage wird von der Polizei verlangt, dass sie die Beziehung vom ersten Moment an aktiv so gestaltet, dass sie der Durchsetzung der erforderlichen Maßnahmen dient. Es wird eine Festlegung über das Eskalationsniveau getroffen, mit dem in eine Lage eingestiegen wird. Dies wird sofort durch die räumliche Distanz zum Gegenüber deutlich wie auch in der Betonung der Körperhaltung und der Stimme.

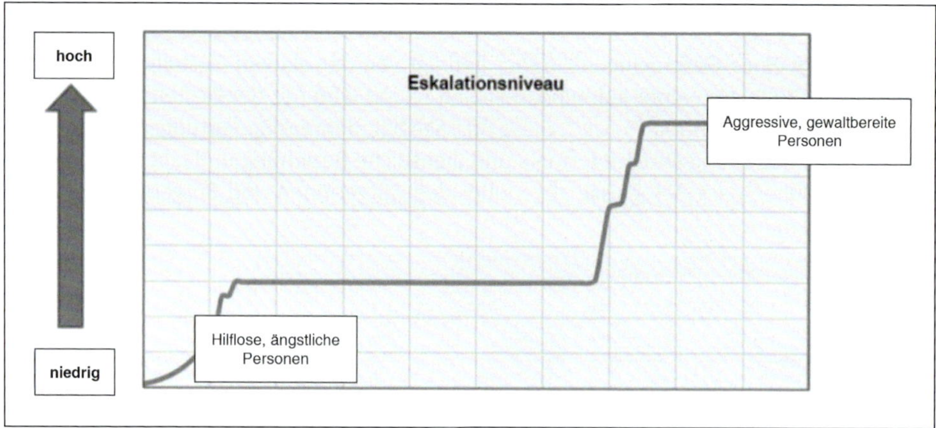

Abbildung 16: Das durchschnittliche Eskalationsniveau

Das Schema stellt den durchschnittlichen Verlauf des Eskalationsniveaus bei polizeilichen Lagen dar. Auch wenn das Gewalt- und Aggressionspotenzial zugenommen hat in den vergangenen Jahren, werden die meisten der polizeilichen Lagen auf einem unteren bis mittleren Eskalationsniveau liegen. Dabei kann es sicher bei jeder Lage zu einem kurzzeitigen Anstieg des Eskalationsniveaus kommen, insbesondere bei der Ankündigung oder Durchführung von Maßnahmen mit Zwangscharakter.

Die Polizei muss recht schnell wahrnehmen, ob sich das polizeiliche Gegenüber außerhalb des durchschnittlich zu erwartenden Niveaus befindet. Das heißt, das Gegenüber ist entweder unter oder über dem durchschnittlich zu erwartenden Eskalationsniveau. Es befindet sich rechts oder links außen auf der Skala einer Gauß'schen Normalverteilung.

1.2.1 Erster Eindruck bei hilflosen, unsicheren, ängstlichen Personen

Diese Gefühlslage kann einhergehen mit Gefühlen von großer Not, Hilflosigkeit und Ohnmachtsgefühlen aufgrund von Traumatisierung oder Erkrankung.

Die sichtbarsten Anzeichen für die ängstlichen, unsicheren, hilflosen Personen sind:

- Klagen, Weinen, Jammern, Seufzen, Selbstanklagen bis hin zu Selbstverletzungen.
- Leises und monotones Sprechen, unzusammenhängendes Reden, viele Versprecher oder Sprechen nur auf besondere Aufforderung.
- Kaum Blickkontakt, Kopf und Schultern hängen, fehlende Muskelspannung, machen sich klein, beanspruchen kaum Raum um sich, sitzen lieber anstatt zu stehen.
- Eventuell stiller Schockzustand, kaum ansprechbar.

Als polizeilich notwendige Kompetenzen wird von diesen Personen Hilfe und Trost gefordert. Die polizeiliche Lage erfordert die Kompetenzen, den Personen Sicherheit zu vermitteln oder sie in Sicherheit zu bringen, die Lage zu beruhigen, aufzuklären, was passiert ist, und Unterstützung zu organisieren. Von der Polizei wird in solchen Lagen etwas mehr Betonung auf den Kompetenzen Empathie und Bürgernähe liegen, ein bisschen mehr Menschlichkeit erwartet. Die komplementäre polizeiliche Beziehungsstruktur verlangt nach Polizisten, die Ruhe ausstrahlen, die mit ihrer Übersicht und der nötigen Sicherheit notwendige Hilfe gewährleisten und eine Stabilisierung der Person herbeiführen.

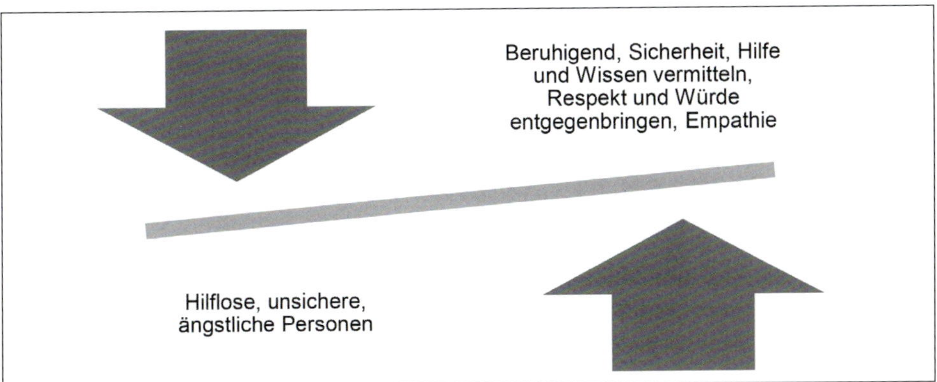

Abbildung 17: Erforderliche polizeiliche Kompetenzen für besonders hilflose und unsichere Personen

Diese unsicheren Gefühlslagen können im Extremfall chaotisch werden und sich zu so großer Verzweiflung steigern, dass sie, wenn noch weitere Faktoren wie Trennungen, Schulden, Arbeitsplatzverlust dazukommen, zu plötzlichen aggressiven Verhaltensweisen führen. Aus solchen prekären Affekten kann es unter Umständen zu Amoklagen oder Geiselnahmen kommen. Dann wechseln diese Personen zu den aggressiven und gewaltbereiten Personen.

1.2.2 Erster Eindruck bei aggressiven, gewaltbereiten Personen

Auf der rechten Seite der Skala befinden sich die Personen, die sich oberhalb des durchschnittlich zu erwartenden Eskalationsniveaus befinden, also Personen, die unter starkem Stress stehen oder aggressiv und sogar gewalttätig sind. Sie schimpfen, provozieren, leisten Widerstand und verletzen die Grenzen des Anstands, der guten Kommunikation und gesetzlich fixierte Grenzen.

Die sichtbarsten Anzeichen sind:

- Schimpfen, Drohen, Provozieren, Beleidigen.
- Hohe und laute Stimme, schnelles Sprechen, Versagen der Stimme, starker und lauter Redefluss, der nicht zu unterbrechen ist.
- Aufrechte Körperhaltung mit viel Gestik, Körperspannung ist erhöht, Oberkörper kommt nach vorne, stehen lieber anstatt zu sitzen, nehmen viel Raum ein und unterschreiten die persönliche Distanz zum Gegenüber, verstecken ihre Hände.
- Blick wirkt starr und fixierend.

Für solche Personen sind die polizeilichen Kompetenzen notwendig, die ein durchsetzungsstarkes Auftreten ermöglichen, wie die Kompetenzen, konstruktiven Druck aufbauen zu können, das sichere Handhaben der Einsatz- und Führungsmittel, alle Techniken der Deeskalation. Die methodischen Kompetenzen der rechtlich und verhältnismäßig notwendigen Sanktionen sind besonders im Blick zu behalten. Es sind besondere rhetorische Kompetenzen erforderlich und der Polizeibeamte muss seine körperliche Fitness der Bedrohung des

Gegenübers entgegensetzen. Hier wird weniger „gemenschelt", sondern die komplementäre Beziehungsstruktur in Richtung Druck und Dominanz verschärft.

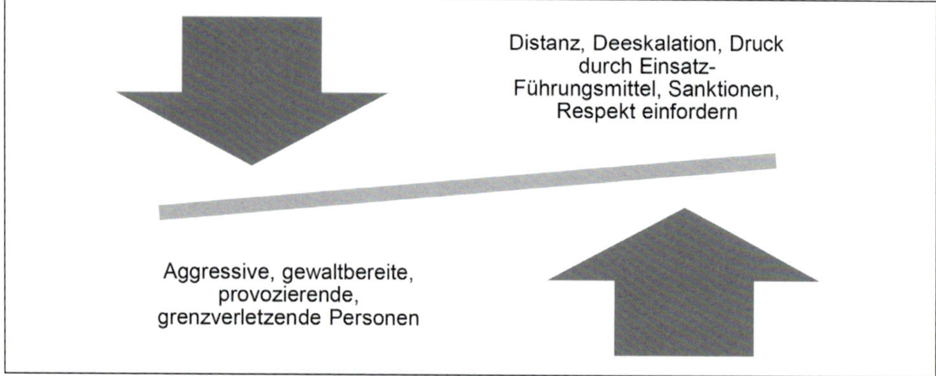

Abbildung 18: Erforderliche polizeiliche Kompetenzen für Personen mit besonders aggressiven und provozierenden Verhaltensweisen

1.2.3 Erster Eindruck bei aufgeregten Personen

Schwierig sind die aufgeregten Personen. Sie lassen sich nur schwer einordnen, da ihr Zustand ambivalent und mehrdeutig ist. Die Aufregung kann sich aus der Verunsicherung heraus entwickeln wie auch aus der Verärgerung. Sie wechseln in Stimmung und Verhaltensweisen. Ihr Zustand kann schwanken zwischen Angst, Verwirrung und Wut. Die Aufgeregtheit ist in der Regel ein Anzeichen von Überforderung und zu viel Komplexität oder zu viel Stimulation.[100]

Mögliche Anzeichen sind:

- Abfällige Bemerkungen, Beschimpfungen, ausufernder Redefluss mit z. T. wirren Inhalten, kein roter Faden erkennbar, verbale Ausbrüche, unter Umständen sind Anzeichen von Wahn erkennbar.
- Viel Bewegung, Hin- und Herlaufen, Aufspringen und Hinsetzen.
- Stimmlage und Lautstärke wechseln.
- Person wirkt angespannt und erregt oder auch verkrampft.
- Blickkontakt wird immer wieder unterbrochen.
- Plötzliche tätliche Angriffe.

Bei diesen Personen zielt die erste polizeiliche Intervention auf Beruhigen und Stabilisieren, Zuhören und Verstehenwollen, in welcher inneren Haltung sich das Gegenüber befindet. Die Lage kann sich jedoch jederzeit in eine Lage mit akuter Gefahr entwickeln, denn es muss mit plötzlichen tätlichen Angriffen gerechnet werden. Eine große räumliche Distanz zu aufgeregten Personen ist ganz besonders wichtig.

100 Rupp (2003), S. 102 ff.

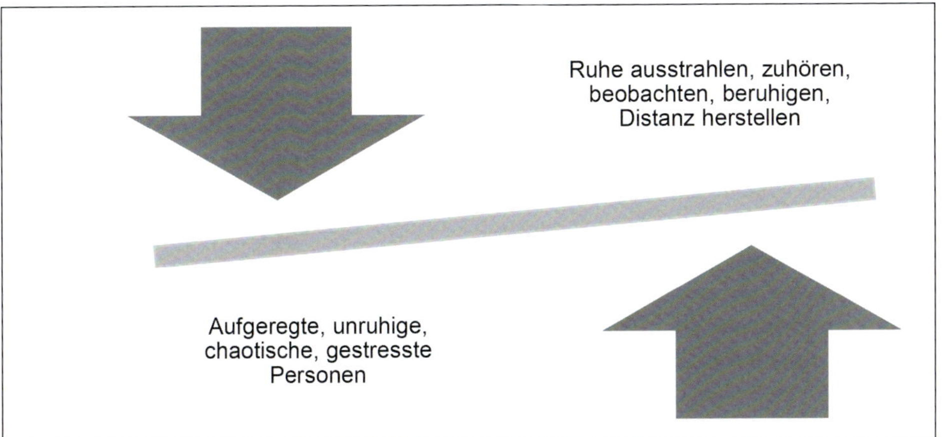

Abbildung 19: Erforderliche polizeiliche Kompetenzen für aufgeregte Personen

Grundsätzlich verhindert die komplementäre Beziehungsstruktur zwischen Bürgern und Polizei, dass sich die Polizei mit dem Bürger auf eine Stufe stellt. Weder will der Bürger einen ebenso hilflosen und weinenden Beamten wie einen aufgebrachten und aggressiven. Die Polizei bleibt in ihrer professionellen und formalen Diensthaltung, die die jeweiligen Erfordernisse der Bürger im Blick behält, aber nicht spiegelt, deswegen die Darstellung in Form einer Wippe. Die komplementäre polizeiliche Beziehung bedingt sich gegenseitig. Je aufgeregter die Person ist, umso mehr Ruhe hat die Polizei auszustrahlen.

1.3 Was prägt den ersten Eindruck in der polizeilichen Gesprächsführung?

Die erste Phase der Gesprächsführung dient insbesondere zur Herstellung eines ersten Eindrucks, und zwar von beiden Seiten. Die Polizei braucht einen sicheren ersten Eindruck vom polizeilichen Gegenüber. Genauso scannt der Bürger den Polizeibeamten hinsichtlich des ersten Eindrucks, den dieser abgibt.

Für einen ersten Eindruck braucht es nur eine Zehntelsekunde. Wie verschiedene Studien zeigen, ist dieser sogar meist korrekt. Das heißt, dass der erste Eindruck von einer Person oft mit den Eigenschaften übereinstimmt, die die Person selbst von sich angibt. Es macht keinen großen Unterschied, ob man eine Person nur wenige Sekunden sieht oder ob die polizeiliche Maßnahme länger andauert. Der erste Eindruck verändert sich in dieser Zeit in der Regel nicht bedeutend.

Was sich verändert, ist lediglich die Sicherheit, mit der das Urteil gefällt wird. Die Zeit nach dem ersten Eindruck wird benutzt, um die Zu- oder Abneigung zu untermauern, zu rechtfertigen und zu rationalisieren. Alexander Todorov von der Princeton University hat diese Effekte erforscht und stellt fest: Auch wenn man länger Zeit hat, bleibt der erste Eindruck prägend für den weiteren Umgang.[101]

101 Vgl. Todorov/Oosterhof (2008).

1.3.1 Sympathie

Ausschlaggebend für den ersten Eindruck, den sogenannten Primäreffekt, sind Gerüche und Körpersprache. Unser Gehirn verschafft sich aufgrund von nonverbalen Signalen zuerst einen Eindruck, ob die Person vertrauenswürdig und sympathisch oder aber aggressiv und hinterhältig erscheint.[102] Dieser Eindruck wird von anderen Personen ähnlich wahrgenommen. Hat der eine Polizeibeamte eine Wahrnehmung, so wird der Teamkollege mit großer Wahrscheinlichkeit diesen Eindruck auch ohne Absprache teilen.

Dies ist aus evolutionärer Sicht für das Überleben entscheidend und für die Polizei natürlich äußerst hilfreich. Das Gehirn verarbeitet automatisch alle verfügbaren Informationen über unbekannte Personen, auch ohne bewusste Anstrengung.

Dabei werden manchmal die normalen Verarbeitungswege umgangen. So wird die Amygdala oft früher eingebunden als sonst. Sie ist für schnelle emotionale Urteile zuständig und so kommt das intuitive Gefühl zustande, das sich dann rational nicht unbedingt genau begründen lässt.

1.3.2 Sozialer Status

Die zweite Einschätzung, die im ersten Eindruck blitzschnell gewonnen wird, zielt auf den sozialen Status des Gegenübers. Ist mir der Unbekannte überlegen, ist er stark, ist er dominant und vor allem, wirkt er kompetent? Laut den Forschungen von Todorov werden für die Kompetenz beide Dimensionen, die Stärke und die Vertrauenswürdigkeit, miteinander kombiniert.[103] Für das polizeiliche Gegenüber sind diese gewonnenen Einschätzungen auch entscheidend, um eine Einschätzung über die Kompetenz, die Vertrauenswürdigkeit und die Dominanz der Polizei zu treffen.

Die Polizei hat die Aufgabe, diesen ersten Eindruck aktiv durch Körpersprache zu gestalten. Hierbei gibt es unbewusste und nicht weiter zu kontrollierende Faktoren und es gibt Faktoren, auf die die Polizeibeamten Einfluss haben und die sie trainieren können. Der erste Eindruck soll Professionalität und damit auch Amtsautorität ausdrücken, er soll Aufmerksamkeit erzeugen, aber auch Empathie für das Gegenüber ausdrücken. Er soll eine erste neutrale, höfliche, Sachlichkeit ausstrahlende Grundhaltung widerspiegeln. Ein erster professioneller polizeilicher Eindruck ist nichts anderes als eine gute Performance. Polizeiarbeit ist ähnlich wie die Arbeit des Schauspielers auf der Bühne. Im schlimmsten Fall stehen viele Zuschauer um das polizeiliche Geschehen herum und bewerten, ob die Darstellung gelungen ist und einer professionellen und kompetenten Arbeit entspricht.

Diese Darstellung muss stimmig sein. Insbesondere muss sich die Polizei durch ihren ersten Auftritt schnell Raum verschaffen. Menschen mit einem hohen sozialen Status lassen sich sofort dadurch identifizieren, dass sie eine größere Distanz zu anderen Menschen herstellen. Menschen mit hohem sozialem Status fordern mehr Platz für sich als Menschen mit geringerem sozialem Status. Dies wird unterstützt durch Absperrungen, Bodyguards, Management. Die Distanz zu anderen Menschen wird immer groß gehalten, sowohl im öffentlichen Raum, im beruflichen Leben und Arbeiten, aber auch im Privatleben. Dazu dienen nicht nur der

102 Vgl. Hücker (5/2017), S. 2.

103 Vgl. Todorov/Oosterhof (2008).

direkte Abstand, sondern z. B. auch ein großes Grundstück, eine sehr große Villa, die Anstellung von Personal, das den Umgang mit der Öffentlichkeit regelt, sowie ein großer, abgedunkelter Wagen mit Chauffeur.

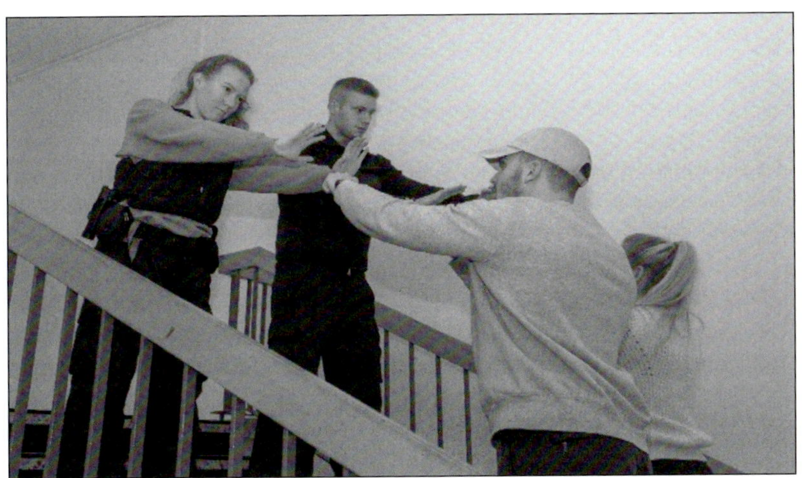

Abbildung 20: Status-Unterschiede

Auch die Polizei besitzt einige Merkmale, die auf einen hohen sozialen Status hindeuten: die Uniform, die Führungs- und Einsatzmittel, den Dienstwagen, den Funkkontakt. Darüber hinaus muss der persönliche Auftritt der Beamtinnen und Beamten durch Körperhaltung und Bewegungen so sein, dass Raum um sie entsteht. Und zwar so viel, dass dadurch Status im Sinne von Amtsautorität eingefordert wird, aber nicht zu weit entfernt vom Gegenüber, sodass Bürgernähe und Empathie erlebt werden können.

Das ist ein wichtiger Bestandteil jeder Beziehungsgestaltung und kennzeichnet die erste Phase der Gesprächsführung.

1.3.3 Wie gelingt die Gestaltung einer komplementären Beziehungsstruktur?

Zu Beginn einer kommunikativen Maßnahme werden ebenfalls Sachinhalte ausgetauscht. Auch die Rollenzuschreibungen sind ein wichtiger Bestandteil dieser ersten Phase der Gesprächsführung. Rollenzuschreibungen definieren die Struktur einer Beziehung.

Aber es muss zuerst aktiv eine Beziehungsstruktur hergestellt werden, die der polizeilichen Arbeitsbewältigung dient. Dies ist immer eine komplementäre Beziehungsstruktur.

Das 5. Axiom nach Watzlawick[104] beschreibt, dass Menschen entweder symmetrisch oder komplementär miteinander kommunizieren können. Die symmetrische Kommunikation findet dort statt, wo Menschen sich auf gleicher Ebene begegnen, sie sind gleichberechtigt und haben dieselben Möglichkeiten zu kommunizieren. Ihr Verhalten ist spiegelbildlich. Die Beziehungsstruktur zeigt eine Gleichheit der Kommunikationspartner. Bei Gleichheit erteilt

104 Vgl. Watzlawick/Beavin/Jackson (2000), S. 69 f.

jeder jedem Ratschläge, übt Kritik und ergreift die Initiative. Verhält sich der eine rücksichtsvoll, wird der andere dies wahrscheinlich erwidern, kritisiert ein Partner den anderen, wird dieser sich aller Voraussicht nach ähnlich verhalten. Symmetrische Beziehungen kreisen um Kompetenz- und Machtfragen.

Verhalten sich zwei Menschen unterschiedlich, indem sie sich gegenseitig ergänzen, wird von komplementärer Kommunikation gesprochen. Hier liegt teilweise ein Über- oder Unterordnungsverhältnis vor, aber nicht zwangsläufig. Es sind sich ergänzende Interaktionsstrukturen, die einander bedingen. Dieses Interaktionsgefälle ist wertungsfrei zu betrachten, es ist weder gut noch schlecht, sondern ergibt sich aus kulturell oder gesellschaftlich vorgegebenen Rollenzuweisungen. In vielen Interaktionen sind sich ergänzende Rollen gefragt, im Sinne von Führen und Geführtwerden, wie beim Tanzen.

Die Polizei strukturiert in ihrer Außenwirkung polizeiliche Kommunikation als komplementäres Beziehungsgeschehen, was nicht ein autoritäres Auftreten bedeutet. Professionelle polizeiliche Kommunikation hat zwei hohe Anforderungen zu gewährleisten, das konsequente Einschreiten gegen Störer und Straftäter sowie das sensibel an den Bedürfnissen der Bürgerinnen und Bürger orientierte Verhalten, das sozial als angemessen wahrgenommen wird.[105]

Das Nichtakzeptieren der komplementären Beziehungsstruktur aufseiten des polizeilichen Gegenübers ist immer ein Anzeichen für eine kommunikative Störung. Entweder hat der Polizeibeamte seine Beziehungsdefinition nicht deutlich genug präsentiert oder das polizeiliche Gegenüber verweigert diese Beziehungsgestaltung und will seine eigene Beziehungsdefinition durchsetzen, wobei es zu einer symmetrischen Eskalation um die Deutungshoheit über die Gestaltung der Beziehung kommen kann. Diese wird begleitet von Widerstandshandlungen.

Zusammenfassend können die Aufgaben der ersten Phase so beschrieben werden:

Zuerst wird die Vorbereitung zur Einschätzung der Lage getroffen und die passenden Ziele werden definiert. Im nächsten Schritt wird ein erster, körpersprachlich passend gestalteter Auftritt der Polizei aktiv herbeigeführt. Dieser soll Professionalität und Vertrauenswürdigkeit mit einer polizeilich notwendigen Dominanz und Distanz zum Gegenüber andeuten, eingebettet in eine komplementär gestaltete Beziehungsstruktur. Die genaue Feingestaltung ist lageabhängig. Entweder liegt der Schwerpunkt mehr auf der Vertrauenswürdigkeit, wie beim Umgang mit Opfern, oder eher auf der Dominanz, wie bei der Festnahme von Straftätern.

105 Vgl. Zeitner (2021), S. 47.

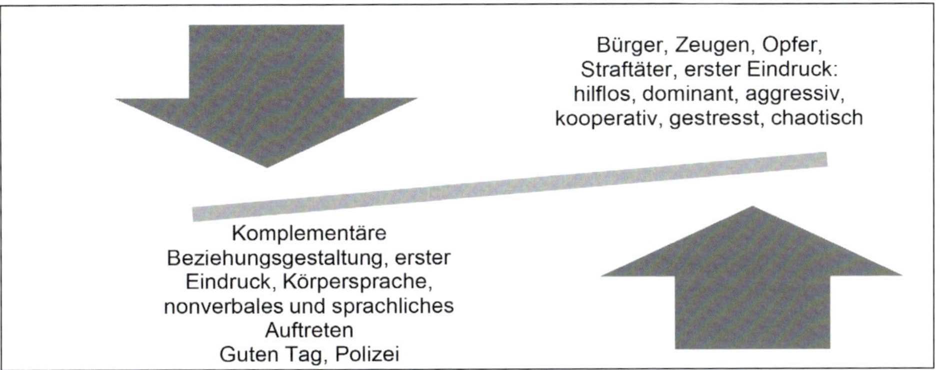

Abbildung 21: Erforderliche Kompetenzen für die Einstiegsphase in die Gesprächsführung

Professionalität und Kompetenz im ersten Eindruck sind vor allem durch körpersprachliche Merkmale gekennzeichnet wie das äußere Erscheinungsbild der Uniform, dazu die freundliche, aber bestimmte Mimik und eine aufrechte Körperhaltung bei deutlich sichtbaren Händen vor dem Körper, ein offener Blickkontakt und das Ausstrahlen von Präsenz und Aufmerksamkeit. Das Einhalten einer Distanz zum Gegenüber ist ein wichtiger Faktor. Menschen mit hohem sozialem Status haben in der Regel große Distanz zum Gegenüber. Um Vertrauenswürdigkeit herzustellen, kann diese Distanz nach Aufforderung etwas verringert werden.

Die stimmlichen Signale und der Standardgruß *„Guten Tag, Polizei"* sind weitere wichtige Faktoren für einen ersten professionellen Eindruck.

Im Allgemeinen ist ein neutraler und damit formal gestalteter Auftritt mit einer gewissen Amtsautorität ein guter erster Eindruck, der für viele polizeiliche Handlungslagen passend ist.

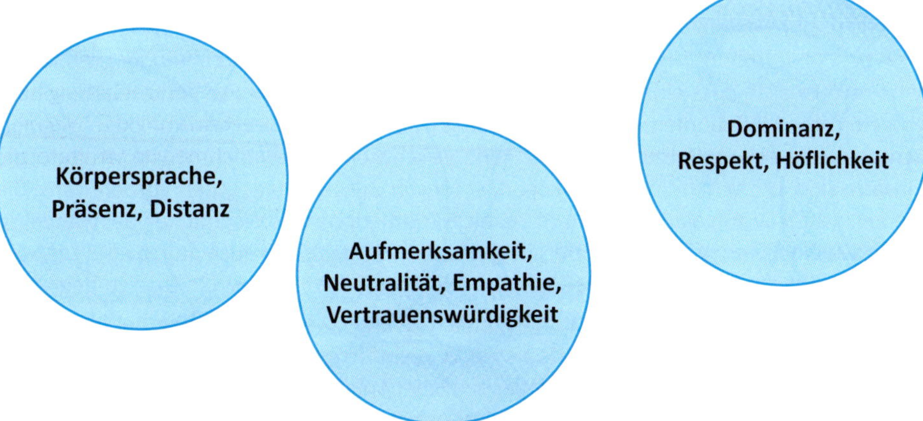

Im Übergang von der ersten Einstiegs- oder Eröffnungsphase zum Hauptteil, der durch die Maßnahmen geprägt ist, liegt der passende Zeitpunkt für die Herstellung der Transparenz der Lage.

1.4 Was versteht man unter Transparenz der Lage?

Mit der Transparenz der Lage ist die polizeiliche Begründung für das Ansprechen, also der Anlass für die polizeilichen Maßnahmen, deutlich zu machen. Transparenz schafft Vertrauen und fördert die Akzeptanz beim polizeilichen Gegenüber. Jeder hat ein Anrecht darauf zu wissen, warum er von der Polizei angesprochen oder aufgesucht wird, und er hat das Recht, sich zu verteidigen oder Sachverhalte richtigzustellen.

Polizeiliche Maßnahmen müssen nicht gerechtfertigt werden, solange sie rechtmäßig begründet sind. Sie sind zu erklären und damit verständlich zu machen. Transparenz schafft die Voraussetzung für Vertrauen und legt die Basis für eine vertrauensvolle Zusammenarbeit. Wird diese Transparenz zu spät hergestellt, ist manchmal schon Vertrauen verspielt worden. Der Bürger fragt mehrmals nach dem Grund der Maßnahme und bekommt keine befriedigende oder gar keine Antwort, dann besteht aus Sicht der Bürgerinnen und Bürger auch keine Begründung, sich selbst vertrauensvoll und damit kooperativ zu verhalten. Die Formulierung sollte den Anlass der polizeilichen Maßnahme verdeutlichen, sie muss rechtlich untermauert sein und dem Gegenüber die Möglichkeit eröffnen, sich dazu zu positionieren.

1.5 Wie gelingt die Maßnahmenphase?

In der Maßnahmenphase geht es im Wesentlichen um die Umsetzung der jeweils erforderlichen polizeilichen Maßnahmen, die sich an der Lagevorbereitung orientieren. Wenn in der Eröffnungsphase die Beziehungsgestaltung passend gelungen ist, können die polizeilichen und psychologischen Maßnahmen meist ohne größere Widerstände umgesetzt werden. Bei Schwierigkeiten muss in dieser Phase die Beziehungsgestaltung zum Gegenüber immer wieder „passend zur Lage gemacht“ werden.

In dieser Phase werden alle Sachverhalte abgearbeitet. Es werden Fragen gestellt, Informationen gegeben und zugehört. Es wird belehrt, Beweise gesammelt und die Überprüfung der Lageeinschätzung vorgenommen. Manchmal muss eine Änderung oder Fortschreibung der Lage vorgenommen werden und weitere Maßnahmen müssen durchgeführt werden.

Jetzt zeigt es sich, dass eine gute Vorbereitung hilfreich ist. Die in der Vorbereitungsphase vorgedachten Maßnahmen werden abgearbeitet. Sie dienen als Leuchttürme oder Wegmarken, an denen sich die Polizei orientieren kann. Je schwieriger Gesprächssituationen oder die Einsätze sind, umso hilfreicher sind kognitive Muster in Form einer guten Vorbereitung. Sie dienen in affektiv aufgeladenen und stressreichen Situationen als Wegmarken des Handelns. Sie geben die Richtung und die Entfernung zum Ziel an. Sie zeigen auch an, ob eine Lage beendet werden kann. Wenn alle Maßnahmen durchgearbeitet sind, ist die Lage zu beenden.

Dabei sollten die einzelnen Maßnahmen zeitlich getaktet werden. Zu lange bei einer Maßnahme zu verharren und diese zu diskutieren, zu rechtfertigen oder mehrmals einzufordern, führt eher zu Eskalationen. Ein zu geringer zeitlicher Spielraum führt beim polizeilichen Gegenüber meist zu Widerständen, da der Bürger sich in seiner Sichtweise zu wenig beachtet fühlen wird. Sinnvoll ist es, sich in einem mittleren zeitlichen Korridor zu bewegen, der beiden Seiten genügend Spielraum und Freiheit lässt. Beide Seiten, Polizei wie Bürger, brauchen genügend Zeit, um sich in der Lage zurechtzufinden. Ansonsten entsteht auf beiden Seiten Stress, der die kognitiven Verarbeitungsmöglichkeiten einschränken kann. Die Betroffenen fühlen sich unter Stress bedroht und leisten Widerstand. Ist zu viel Zeit vorhanden, besteht die Gefahr, dass alles zerredet wird und die Positionen sich verfestigen. Das führt eher zu Eskalationen und damit zu Konflikten.

Eine sehr schnelle Durchführung polizeilicher Maßnahmen ist in Form eines Überraschungsangriffs der Polizei zur Einschränkung der Gegenwehr des Gegenübers bei geeigneter Lage notwendig.

Bei Menschen in akuten Schockzuständen oder in schwierigen Lagen werden das Tempo und die Dauer des Gespräches dem Gegenüber angepasst. Da die Betroffenen meist aufgrund ihres Zustandes kognitiv eingeschränkt sind, muss mit einer längeren Gesprächsdauer gerechnet werden.

Verbleibt eine Seite zu stark an einer Maßnahme oder an einer Sicht auf die Maßnahme, geht für die Polizei leicht die professionelle Distanz verloren. An einer einzelnen Maßnahme „festzuhängen" bedeutet, dass die Personen emotional verhaftet sind. Das Aufgeben der Position wird immer schwieriger, je länger der Zustand andauert.

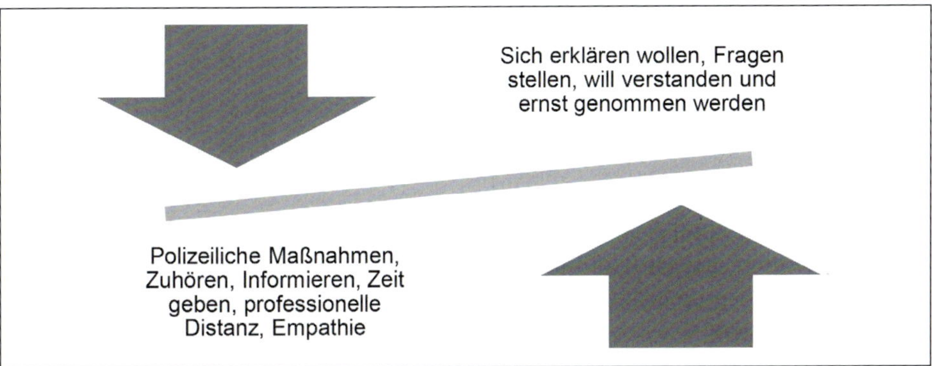

Abbildung 22: Spannungsfeld erforderlicher Kompetenzen in der Maßnahmenphase

Auch eine zu dominant strukturierte Gesprächssituation in dieser Phase kann das Gelingen der Kommunikation erschweren. Das polizeiliche Gegenüber muss genügend Zeit und Gelegenheit bekommen, Bedenken gegen polizeiliche Aktivitäten zu äußern, Einwände zu formulieren und eigene Vorschläge zur Problemlösung einzubringen.[106] Das Ziel sind Abläufe, die rechtlich und verhältnismäßig begründet, aber auch an den Erfordernissen der Bürgerinnen und Bürger orientiert sind. Polizeiliche Handlungen müssen einem allgemeinen sozialen Frieden dienen oder dem Gerechtigkeitsempfinden der Bürger entsprechen, um sozial anerkannt zu sein.

106 Vgl. Röhrig (5/2017), S. 7.

Hier gilt es, ein gutes Bündel an Gesprächstechniken und rhetorischen Kompetenzen zur Verfügung zu haben, das es der Polizei gestattet, das Gegenüber einzubinden und Vertrauenswürdigkeit und Verstehen zu vermitteln.

1.6 Wie gelingt die Abschlussphase?

Zum Schluss werden Vereinbarungen festgelegt, Sanktionen oder Konsequenzen noch einmal kurz aufgezeigt oder Zusagen bekräftigt. Der konstruktive Druck, der während einer polizeilichen Maßnahme gegenüber dem Bürger aufgebaut wurde, muss nun bei dem Bürger gelassen werden. Er muss diesen Druck über die Maßnahme hinaus spüren. *„Können wir uns darauf verlassen, dass Sie sich für die nächsten zwei Wochen von der Wohnung Ihrer Ex-Frau fernhalten? Sie wissen, dass Ihnen ansonsten die Ingewahrsamnahme droht!"*

Oder die Hilfestellung, die die Polizei dem Bürger gegenüber getroffen hat, wird noch einmal zusammengefasst oder betont: *„Ich hoffe, Sie haben alle nötigen Informationen bekommen. Denken Sie daran, uns sofort zu kontaktieren, falls noch weitere Fragen auftauchen sollten. Wir als Polizei sind immer für Sie da! Wir hoffen, dass wir Ihnen weiterhelfen konnten!"*

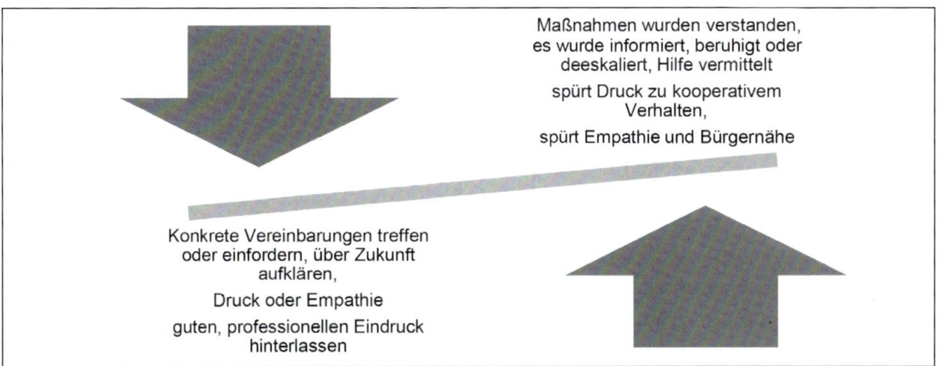

Abbildung 23: Spannungsfeld der erforderlichen Kompetenzen für die Abschlussphase des Gesprächs

Der Abschluss der Gesprächssituation oder des polizeilichen Einsatzes ist wiederum geprägt von einem guten und professionellen Eindruck, den die Polizei hinterlässt. Bei niedrigem Eskalationsniveau und im Umgang mit Opfern ist der Schwerpunkt, wie schon in der Eröffnungsphase, auf Empathie, Bürgernähe und Menschlichkeit zu legen. Bei einem höheren Eskalationsniveau muss der letzte Eindruck mit Durchsetzungsstärke, Amtsautorität und Druck enden.

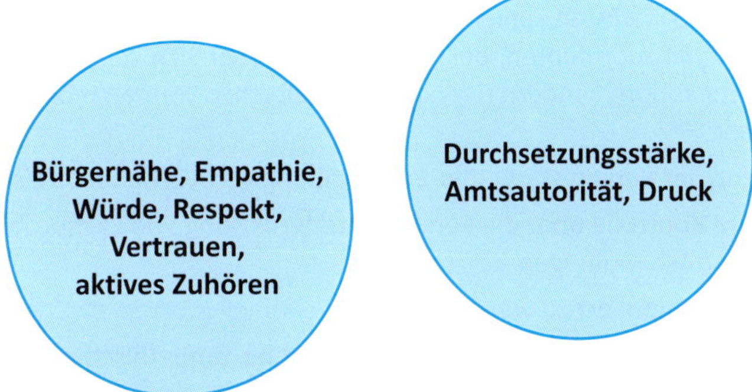

1.7 Wie gestaltet sich die Nachbereitung der polizeilichen Lage?

Auf eine recht vereinfachte Formel gebracht wird von der Polizei bei der Durchführung ihrer Maßnahmen erwartet, dass diese schon beim ersten Auftreten einen guten und damit professionellen Eindruck macht und einen ebensolchen am Ende der Maßnahme beim Bürger und in der Öffentlichkeit hinterlässt. Hierbei ist immer wieder die Gratwanderung zwischen lageangepasster Bürgernähe, die auch mit einer adäquaten Beziehungsgestaltung umschrieben werden kann, und der anlassbezogenen Maßnahmenverfolgung zu beachten. Die adäquate Beziehungsgestaltung hat im Erleben des polizeilichen Gegenübers die größere Wirkung. Sie ist die Grundlage einer professionellen polizeilichen Maßnahmengestaltung und darf deswegen im konzeptionellen Betrachten der schwierigen Gesprächssituationen nicht unterschlagen werden.

In der Nachbereitung müssen beide Stränge betrachtet werden:

Waren die angedachten Ziele und Maßnahmen die richtigen? Wurden sie alle umgesetzt?

Ist eine lageangepasste Beziehungsgestaltung gelungen? Waren die eingesetzten sozialen Kompetenzen angemessen?

Zur Verbesserung der Selbstkontrolle und der Selbstreflexion dient die Frage: Wie ist das eigene Stresslevel nach dem Einsatz?

1.8 Zusammenfassung wichtiger Merkmale im neuen Modell der professionellen polizeilichen Gesprächsführung

Das vorgestellte Modell zur professionellen polizeilichen Gesprächsführung orientiert sich an der Struktur der polizeilichen Arbeitsweise. Es verbindet diese mit den sozialwissenschaftlichen Grundlagen zur professionellen Gesprächsführung. Es fokussiert zum einen die lageangepasste und zielorientierte Maßnahmenbeschreibung und zum anderen die Gestaltung einer passenden komplementären Beziehungsstruktur, die aufseiten der Polizei durch Professionalität geprägt ist und dem Bürger das Vertrauen vermittelt, ernst genommen und wahrgenommen zu werden. Das geschieht durch Kompetenzen im Wissen (Recht, Psychologie, Ethik) sowie durch soziale und personale Kompetenzen zur Gestaltung einer lageangepassten Beziehung zum Gegenüber.

Nach Gibb[107] sind die stärksten Fehler bei der Gesprächsgestaltung diejenigen, die zu einer defensiven Kommunikation führen, bei der das Gegenüber sich so stark angegriffen fühlt, dass es nicht mehr zuhört, sondern nur noch sein Selbstbild wahren möchte. Hierzu zählen folgende Auslöser:[108]

- Die Bewertung der Person statt einer Beschreibung von Verhaltensweisen.
- Die scheinbare Kontrolle über die Person statt der Lösung von Sachproblemen, wie bei willkürlichen Amtshandlungen.
- Der Eindruck, manipuliert zu werden.
- Eine psychologische Distanz zum Gegenüber, ohne empathisch wahrgenommen zu werden.
- Demonstration von Überlegenheit.
- Dogmatische statt differenzierter und problembezogener Argumentation.

Daraus lassen sich die wichtigsten Grundsätze einer konstruktiven Kommunikation entwickeln. Der Bürger muss das Gefühl haben, dass er vom Polizeibeamten fair betrachtet wird. Der Standpunkt des Bürgers muss zur Kenntnis genommen werden, auch ohne diesen unbedingt zu billigen. Die Polizei sollte Fehlverhalten direkt so ansprechen, dass nicht vorschnell Widerstand provoziert wird.[109]

107 Vgl. Gibb (1961), S. 145.

108 Vgl. Füllgrabe (5/2017), S. 128.

109 Vgl. Füllgrabe (5/2017), S. 129.

Man könnte auch von taktischer Kommunikation sprechen. Treczakat beschreibt diese als „zielgruppenorientiertes Ansprechen von Einzelpersonen oder Personengruppen, um Maßnahmen oder Entscheidungen zu erläutern, Verhalten zu beeinflussen sowie Abläufe zu steuern, insbesondere bei Einsatzanlässen, die durch hohes Personenaufkommen oder die Teilnahme konflikt- oder gewaltbereiter Personen bezeichnet wird."[110]

Zwar sei diese von der sogenannten Basiskommunikation oder der Einsatzkommunikation abzugrenzen. Die Grundsätze, die für die taktische Kommunikation herausarbeitet wurden, haben sich jedoch auch für die allgemeine Einsatzkommunikation längst eingebürgert.

Als grundlegend für die polizeiliche Aufgabenerfüllung werden auch hier die Vorgaben für eine versammlungsfreundliche oder bürgernahe Verfahrensgestaltung sowie die Kooperationsvorgabe mit dem Ziel der Deeskalation genannt.[111]

Auch die Erfolgskriterien, die sich in vielen Beschreibungen zur erfolgreichen Einsatzkommunikation finden, dienen einer konstruktiven Kommunikation:

1. Sie soll der Schaffung einer positiven Kommunikationsbeziehung dienen. Dabei wird ein neutrales Verhalten gegenüber den Beteiligten als vertrauensfördernd beschrieben.
2. Sie ist vorzubereiten und es ist ein lageangepasstes Kommunikationskonzept zu erstellen.
3. Die Botschaften müssen einfach, klar, verständlich, aktuell und verifiziert sein.
4. Verbale und nonverbale Kommunikation müssen übereinstimmen.
5. Zu vermeiden sind: Unehrlichkeit im Inhalt, amtliche Phrasen, der Gebrauch von Reizwörtern.[112]

Auch andere Polizeipraktiker nennen Anforderungen an die polizeiliche Einsatzkommunikation.[113] Sie muss an einem Ziel orientiert sein und sie soll transparent und zielführend vorbereitet sein. Transparenz in der polizeilichen Kommunikation wird immer wieder als vertrauensbildende Maßnahme gegenüber dem Bürger beschrieben. Gefordert wird in der polizeilichen Kommunikation eine funktionale Transparenz, die so viele Informationen wie nötig zur Vertrauensbildung preisgibt, ohne dabei die polizeiliche Arbeit zu gefährden.[114]

Die professionelle polizeiliche Gesprächsführung hat sich an Erfordernissen der Rechtsstaatlichkeit, dem Demokratieprinzip und dem Deeskalationsgebot zu orientieren.[115] Wie oben beschrieben müssen dabei z. T. divergierende Interessen umgesetzt und berücksichtigt werden.

110 Treczakat (5/2017), S. 19.

111 Vgl. Treczakat (5/2017), S. 20.

112 Vgl. Treczakat (5/2017), S. 22 f.

113 Vgl. Röhrig (5/2017), S. 5.

114 Vgl. Kubera (5/2017), S. 17.

115 Vgl. Kubera (5/2017), S. 16 ff.

Kognitive Kompetenzen	Methodische Kompetenzen	Soziale/personale Kompetenzen
Rechtswissen Psychologisches Wissen Taktische Kenntnisse Kriminalistische Kenntnisse Hilfe- und Sicherheits-systeme kennen Deeskalationskonzepte	Struktur der Gesprächsführung kennen aus: Einsatzlehre aus: Gesprächsführung Lageangepasste Ziele und Maßnahmen kennen Fremdsprachen	Empathie zeigen Aktiv zuhören Beobachten Sicherheit und Hilfe vermitteln Stabilisieren Konstruktiven Druck aufbauen Deeskalieren

Abbildung 24: Erfordernisse und Kompetenzen der professionellen Gesprächsführung

Da polizeiliches Handeln stets polizeiliche Interessen gegen andere Personen durchsetzen muss und die Deeskalation zur Kernkompetenz des professionellen polizeilichen Handelns zählt, wird diese genauer untersucht. Hierbei wird insbesondere die Kompetenz, auf andere Menschen konstruktiven Druck ausüben zu können, beschrieben. Aus der Perspektive der Bürgerinnen und Bürger werden die Techniken der Empathie und des aktiven Zuhörens vorgestellt.

2 Mit welchen Kompetenzen gelingt die Deeskalation in der Gesprächsführung?

Die Deeskalation ist keine eigenständige polizeiliche Lage, sie ist auch keine alleinige Technik oder Kompetenz für besonders schwierige Lagen. Sie ist eher als Leitbild und Grundidee polizeilichen Handelns zu verstehen. Sie soll sich in Form eines Leitfadens in jedes polizeiliche Handeln einweben lassen und ist wie ein festes Garn, das die polizeiliche Aufgabe zusammenhält und ihr die deeskalierende und damit eine professionelle Struktur verleiht.

Das deeskalierende Einsatzmodell ist für die Polizei eine unverzichtbare Handlungsleitlinie und Richtschnur im Polizeialltag. Sie soll sich in der Sprache, dem Verhalten, dem Auftreten sowie im gesamten Handeln der Polizei manifestieren.[116] Die Deeskalation entspricht in vielen Teilen den schon beschriebenen Merkmalen und Kompetenzen zum professionellen Auftreten und Handeln der Polizei.

116 Vgl. Jung (5/2011), S. 25.

Abbildung 25: Deeskalation

In den polizeilichen Wissenschaften wird die Deeskalation als fester Bestandteil der Polizeiaufgabe beschrieben. Sie ist durch ein bürgerorientiertes und situationsgerechtes Verhalten geprägt und zeigt ein polizeiliches Handeln, das an der rechtlich geforderten Verhältnismäßigkeit und dem Grundsatz des geringsten Mittels orientiert ist. Im interaktiven Prozess der polizeilichen Lagebewältigung sollen Eskalationsanreize vermieden werden. Alles polizeiliche Handeln, das aus dem Verhältnismäßigkeitsgrundsatz[117] hergeleitet wird, soll aktiv gewaltmindernd wirken.

Polizeibeamte gelten im Bereich der deeskalierenden Kommunikation als Experten. Da die Polizei als Aufgabe im Kern die „rechtsförmige Regulierung und Begrenzung von Konflikten zwischen Einzelnen, zwischen Gruppen, bzw. zwischen ihnen und dem politischen System hat",[118] sind Konflikte jedoch vorprogrammiert. Die Polizei kann nicht grundsätzlich vermeiden, in Konflikte hineingezogen zu werden. Auch wirken ihr Erscheinen und ihre Maßnahmen häufig als solche eskalierend. Deshalb kann und darf polizeiliche Deeskalation nicht mit Konfliktlosigkeit gleichgesetzt werden. Sie kann und muss jedoch dazu beitragen, einer vermeidbaren Konfliktverschärfung vorzubeugen.

Ein weiteres Ziel des deeskalierenden Auftretens besteht in der Förderung einer positiven polizeilichen Außenwirkung und in der Gewährleistung, den gesetzlichen Auftrag mit kommunikativen und polizeilichen Mitteln überhaupt erfüllen zu können.[119] Durch ihren gesetzlich vorgegebenen Auftrag kann die Polizei ihr Handeln nicht aussetzen, weil eine Eskalation droht. Sie muss ihren Auftrag trotz drohender Eskalation erfüllen. Ihr Handeln darf niemals beliebig sein. Die Art und Weise aber, wie sie den gesetzlichen Auftrag durchsetzt, ist entscheidend für die Wahrnehmung von sozialer Akzeptanz. Es gilt, die dienstlichen Aufträge

117 Vgl. Jung (5/2011), S. 25.

118 Temme (5/2011), S. 5.

119 Vgl. Krauthan (2004), S. 197.

nach Möglichkeit kommunikativ zu erfüllen, die Anwendung körperlicher Gewalt zurückzustellen und der Entstehung von Eskalationen entgegenzuwirken.[120]

Konfliktvermeidung wird vorwiegend durch nonverbale Signale gestaltet, die einer lageangepassten Kommunikation und Beziehungsgestaltung dienen. Hierzu zählt zuallererst, eine angemessene soziale Distanz in allen Situationen zu wahren. Häufig wird von jungen Polizistinnen und Polizisten die Distanz, die Sicherheit bietet, unterschätzt. Junge Menschen haben in ihrem Alltag meist wenig Distanz zu anderen Personen. Sie wohnen auf engerem Raum mit mehreren anderen Personen, sie sitzen in der Ausbildung eng zwischen vielen anderen Studierenden, sie bewegen sich häufig an Orten mit dichterem Kontakt untereinander. Ihr sozialer Status ist auch noch nicht hoch genug, dass andere Menschen im Arbeitsleben oder im sozialen Austausch mit ihnen eine natürliche, größere Distanz wahren. Aus diesen Gründen fällt es jungen Studierenden nicht leicht, die notwendige Distanz im polizeilichen Handeln gut einzuschätzen. Sie wird häufig unterschätzt und das polizeiliche Gegenüber kommt den jungen Polizeibeamten zu nah. Erst wenn eine bedrohliche Situation entsteht, geraten sie unter Stress und spüren die unangenehme Nähe des Gegenübers. Da die meisten männlichen Täter, die Gewalt gegen Polizeibeamte anwenden, auch jung sind, im Alter zwischen 25 und 40 Jahren,[121] wird auch aufgrund der Ähnlichkeit eine zu geringe Distanz gewahrt. Das Risiko, als Polizist zum Opfer einer Gewalttat zu werden, ist bei männlichen Beamten in der Altersspanne zwischen 24 und 35 Jahren am höchsten.[122] Das Einhalten einer ausreichenden Distanz zum Gegenüber ist eine der wesentlichen Möglichkeiten zur Minimierung des Gewaltrisikos.[123]

Die Wirkung des Auftretens der Polizei ist bei größerer Distanz auch sichtbarer. Nähe heißt ja im Extrem Intimität und diese ist im polizeilichen Handeln nicht unbedingt erwünscht. Sie kommt bei der Fesselung und der körperlichen Überwältigung vor. Sie kann nach Ankündigung auch kurzzeitig durch Berühren des Armes oder der Schulter zu hilflosen Personen hergestellt werden. Der Blickkontakt kann auch Nähe herstellen, der beruhigenden oder auffordernden Charakter haben kann. Aber grundsätzlich gilt: Nähe kann töten. Zu große Nähe stellt für die Polizei eher eine Gefahr dar und soll vermieden werden.

Jede Eskalation ist in der Regel mit einer Unterschreitung der räumlichen und emotionalen Distanz verbunden. Die eskalierende Person rückt näher, wird dadurch bedrohlich und verstärkt dies durch abfällige und provozierende, beleidigende sprachliche Äußerungen. Das sichere erste Anzeichen einer möglichen Bedrohung ist das Unterschreiten der allgemein üblichen Distanz zu einer Amtsautorität wie der Polizei. Wenn dann nach Aufforderung, Distanz zu wahren, diese weiter unterschritten wird, muss in der Regel mit weiteren Eskalationen gerechnet werden.

Die Körperhaltung ist ein wichtiges deeskalierendes Einsatzmittel, hier die konsequente Einübung der sogenannten Interviewhaltung. Diese hilft, über den gezielten Einsatz der Arme und Hände vor der Mitte des Körpers das polizeiliche Gegenüber immer wieder zu distanzieren und Raum zum Gegenüber entstehen zu lassen. In diesem Raum gelingt es der Polizei

120 Vgl. Mangold (2011), S. 146.

121 Vgl. Walter (1/2016), S. 31.

122 Vgl. Scholzen (1/2016), S. 4.

123 Vgl. Walter (1/2016), S. 31.

besser, sich ein umfassendes Bild vom Gegenüber zu machen, da die Sicht auf den ganzen Körper besser ist. Wichtig ist, sich die Hände des Gegenübers zeigen zu lassen.

Eine weitere Möglichkeit, Konflikte zu vermeiden, wird durch die Offenlegung von Anlass oder Grund des polizeilichen Einschreitens (Transparenz der Lage) eingeführt, womit das polizeiliche Handeln transparent und damit vertrauensbildend in die Gesprächsführung eingebaut wird.[124] Auf diese Weise soll vermieden werden, dass der betroffene Bürger über Anlass oder Grund der Maßnahme im Unklaren bleibt und sich nicht genügend ernst genommen fühlt. Der Anlass für die Maßnahme wird dann zur Rätselaufgabe, was dazu führen kann, dass das Gegenüber eigene Erklärungsansätze entwickelt, um dem Bedürfnis nach Klarheit nachzukommen.[125] Die Transparenz der Lage folgt in der Regel nach der ersten Eröffnung mit der aktiven polizeilichen Beziehungsgestaltung. Unangemessen wirkt die Übersetzung der Transparenz in eine Frage: *„Sie wissen aber schon, warum wir Sie angehalten haben?"* Dies ist nicht vertrauensbildend, sondern schulmeisterlich und abschreckend.

Ein transparentes Auftreten der Polizei verringert das Konfliktpotenzial deutlich, da so weniger Missverständnisse auftreten. Demnach sollte jede Maßnahme angekündigt und erklärt werden. In den Fällen, in denen die Ankündigung einer Maßnahme aufgrund der konkreten Situation nicht möglich war, ist das polizeiliche Eingreifen im Nachhinein zu erläutern. Das Erklären der durchzuführenden Maßnahmen ist ein wesentlicher Baustein zur Verringerung einer drohenden Eskalation.[126] Die Maßnahmen sollen nicht nur transparent gemacht, sondern auch begründet werden. Dass eine Begründung polizeilicher Maßnahmen wichtig ist, stellt auch Füllgrabe[127] heraus. Er betont, dass die Verweigerung einer Erklärung beim polizeilichen Gegenüber schnell als Willkür interpretiert wird und so zu Aggressionen führen kann. Antworten auf Fragen nach der Begründung wie *„Weil ich das so sage!"* oder auch *„Weil ich das so will!"* werden von Bürgern selten einfach hingenommen. Sie wirken provozierend und hilflos und damit unprofessionell. Auch auf die Verwendung juristischer Floskeln sollte verzichtet werden. Sie wirken amtlich und abschreckend.[128]

Deeskalation im polizeilichen Alltag lässt sich in drei Ebenen der Konfliktbearbeitung darstellen: der Konfliktvermeidung, der gezielten Konfliktintervention sowie der Konfliktbegrenzung.

2.1 Konfliktvermeidung

Die Konfliktvermeidung ist die Ebene, in der die Polizei durch ihre aktive Gestaltung der Gesprächssituation keinen Anlass für eine Eskalation beim Gegenüber entstehen lässt. Hierzu zählen alle Merkmale, die schon vorab in den Grundsätzen zur polizeilichen und taktischen Kommunikation als professionelles Muss beschrieben wurden. Konfliktvermeidung beginnt mit der lageangepassten Vorbereitung und dem ersten professionellen Eindruck, den die Polizei bei ihrem Gegenüber hervorruft.

---

124 Vgl. Krauthan (2004), S. 200.

125 Vgl. Kern (2016), S. 107.

126 Vgl. Walter (1/2016), S. 31.

127 Vgl. Füllgrabe (5/2017), S. 10.

128 Vgl. Treczakat (5/2017), S. 22.

Die lageangepasste Vorbereitung fördert im Stress und in komplexen Lagen die emotionale Handlungsstabilität. Als Grundlagen helfen insbesondere die Kenntnisse über menschliche Verhaltensweisen in Konfliktsituationen sowie das richtige Lesen der Körpersprache der betroffenen Personen.

Das Lagebild mit seinen speziellen Konfliktfeldern gibt erste Hinweise auf das Eskalationspotenzial. Die erforderlichen Eingriffsmaßnahmen können weitere Faktoren für eine drohende Eskalation darstellen.

Da die antizipierende Vorbereitung der Lage die Emotionalität und Steuerungsfähigkeit in komplexen und konflikthaften Situationen verringern soll, muss sie übersichtlich, zielorientiert und einprägsam sein. Die Ziele, die durchzuführenden Maßnahmen und ihre möglichen Konfliktpotenziale sowie eine angemessene Beziehungsgestaltung sollen im Fokus der Vorbereitung stehen.

2.2 Konfliktintervention und Konfliktbegrenzung

Um eine Konfliktintervention und Konfliktbegrenzung zu bewerkstelligen, braucht es vorwiegend Kompetenzen zur Stärkung der Durchsetzungsfähigkeit. Ein wesentlicher Faktor ist die Stimme und der gezielte Einsatz der Stimme in Konfliktsituationen. Stimmliche Signale sind Teil der nonverbalen Kommunikation und haben als paralinguistische Ausdrucksmittel eine große Wirkung im Kommunikationsprozess. Zum einen ist der vokale Ausdruck der Stimme eine Betonung, die zu besonderer Aufmerksamkeit führt. Die Betonung mit einer Verstärkung der Lautstärke und damit einer Tonhöhenänderung ist ein starkes Ausdrucksmittel. Eine laute Stimme ist mit einem starken Atemdruck verbunden, der als Druck nach außen hörbar und auch spürbar ist. Will die Polizei sich bei Widerstand Gehör verschaffen, muss sie zunächst auf den gezielten Einsatz ihrer Stimme zurückgreifen. Damit ist kein affektgeladenes Schreien gemeint, sondern ein zielgerichteter lauter Einsatz der Stimme, mit der die polizeilichen Maßnahmen in kurzer, verständlicher Ausdrucksweise mit Aufforderungscharakter eingebracht werden.

Eine sehr laute Stimme mit gezielter Aufforderung hat eine sehr intensive Wirkung. Meist werden die Betroffenen davon überrascht und in einen schockähnlichen Zustand versetzt, der an hilflose und ohnmächtige Situationen in der Kindheit erinnert. Dieser kurze Schockmoment kann von der Polizei genutzt werden, um den Widerstand der Person zu unterbrechen und um weitere Zwangsmaßnahmen durchführen zu können. Oder er dient zur Beruhigung und kann in ein Kooperationsangebot der Polizei übergehen, wohlweislich, dass es wieder zu einem erhöhten Eskalationsniveau kommen kann.

Betrachtet man die besondere polizeiliche Lage, bei der die Eskalation vom Bürger ausgeht, so lassen sich zur Konfliktintervention von der Polizei zwei unterschiedliche Richtungen einschlagen: nach unten oder nach oben.

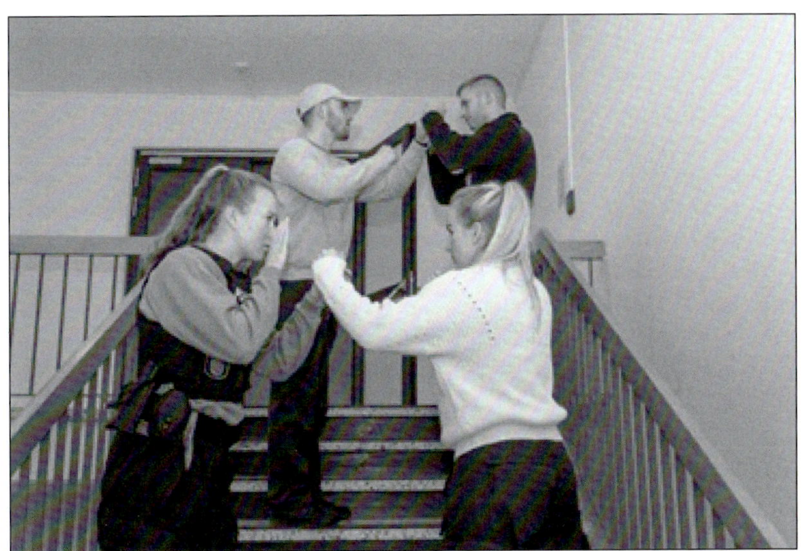

Abbildung 26: Eskalationsstufen

Sobald das polizeiliche Gegenüber das Eskalationsniveau erhöht und auf der Eskalationstreppe eine Stufe hochsteigt, muss die Polizei entweder eine weitere Stufe über das polizeiliche Gegenüber treten oder sie muss eine Stufe darunter bleiben. Die komplementäre Beziehungsstruktur muss aufrechterhalten werden. Sie kann verschärft werden durch Druck von oben, mit Stimme, Körperhaltung oder Androhen oder dem Durchsetzen von Konsequenzen und Strafmaßnahmen. Das Ziel dabei ist es, das Gegenüber dazu zu bringen, wieder eine Stufe nach unten zu gehen. Von oben wird deeskaliert durch gezielte Eskalation, also durch eine höhere Dominanz und das Androhen und Umsetzen von Sanktionen.

Abbildung 27: Deeskalation von oben nach unten

In der anderen Richtung bewegt sich die Polizei nach unten. Sie wird mit der Stimme ruhiger, es werden Sprechpausen eingelegt, die Körperhaltung bleibt aufmerksam, aber nicht übermäßig angespannt. Es wird hörbar ausgeatmet und so aktiv Druck aus der Lage genommen. Nach unten wird deeskaliert durch Ruhe, Besonnenheit und Beruhigung der Lage.

Abbildung 28: Deeskalation von unten nach oben

Wichtig ist es, zügig zu reagieren, damit das polizeiliche Gegenüber nicht schon zwei Stufen nach oben steigt, also sehr stark eskalieren kann. Dann müsste die Polizei ihre Komplementarität noch weiter ausdehnen, meist geht dann der Weg nach oben nur noch über das Androhen und Umsetzen von Zwangsmaßnahmen.

Sich auf die gleiche Stufe zu stellen wie das eskalierende polizeiliche Gegenüber verbietet das komplementäre Beziehungsverhältnis, das immer ein formales ist und bleiben soll. Mit der gleichen Stufe würde sich die Polizei gemein machen mit dem Gegenüber, was in der Regel zur weiteren Eskalation führt. Die Polizei würde von außen dann spiegelbildlich wie das polizeiliche Gegenüber wahrgenommen werden: provozierend, emotional, gleich laut, unsachlich und damit unprofessionell.

Sich auf die gleiche Stufe zu stellen mit dem polizeilichen Gegenüber ist kooperierenden Gesprächen mit Bürgerinnen und Bürgern vorbehalten, die Bürgernähe zum Ausdruck bringen sollen.

Abbildung 29: Auf einer Ebene

Um auf andere Personen angemessenen Druck ausüben zu können, braucht es besondere Fähigkeiten, die hier mit der Kompetenz, konstruktiven Druck aufbauen zu können, umschrieben wird.

2.3 Die Kompetenz, konstruktiven Druck aufbauen zu können

Beim konstruktiven Druck werden problematische oder zu sanktionierende Verhaltensweisen des Bürgers klar genannt und angesprochen. Dem polizeilichen Gegenüber wird sein Verhalten, das es zu ändern oder zu unterlassen hat, in deutlicher, aber sachlicher Form und ohne persönliche Wertung vorgehalten. *„Ich muss Sie darauf aufmerksam machen, dass Sie hier im Parkverbot stehen. Ich fordere Sie auf, hier wegzufahren."* Statt: *„Sehen Sie nicht, dass Sie hier nicht parken können? Können Sie keine Verkehrsschilder lesen?"* Das Gegenüber soll nicht als Verkehrssünder oder kranker Straftäter behandelt werden, sondern im ersten Schritt werden konkret die unangebrachten oder strafbaren Handlungen oder Verhaltensweisen der betroffenen Menschen in den Fokus gestellt.

Im zweiten Schritt werden diese mit der Aufforderung der Unterlassung verknüpft und die ansonsten eintretenden Sanktionen und mögliche rechtliche Konsequenzen genannt. Neben rechtlichen Konsequenzen kann auch auf persönliche Konsequenzen hingewiesen werden, wie dem Verlust an Ansehen oder dem Verlust von Status gegenüber anderen Personen.

Im nächsten Schritt sollte dem polizeilichen Gegenüber wieder der Weg zur Kooperation ohne großen Gesichtsverlust ermöglicht werden. Die Polizei sollte dazu ihr Eskalationsniveau kurz aussetzen oder zurücksetzen, damit dem Betroffenen die Möglichkeit eröffnet wird, sich selbst zurückzuholen oder zu beruhigen. Wenn das gelingt und das Gegenüber Kooperation anbietet und beruhigt ist, kann auf das Angebot eingegangen werden. Das Ziel ist somit erreicht, der konstruktive Druck hat bewirkt, dass das Gegenüber sich beruhigt und einlenkt.

Um das zu erreichen, muss ein gewisses Maß an Druck auf das Gegenüber aufgebaut werden. Druck heißt Energie und Kraft, die sich dem Gegenüber als Widerstand entgegenstellen. Das wird erreicht durch einen angemessenen Redefluss, der nicht zu unterbrechen ist, die klare Benennung der persönlichen und rechtlichen Konsequenzen unter Einsatz aller nonverbalen Kommunikationsmittel, wie körperlicher und stimmlicher Präsenz, und der polizeitaktischen Möglichkeiten. Es muss so viel Druck entstehen, dass das Gegenüber sich gezwungen sieht, einzulenken und den Forderungen nachzukommen.

Dabei sollten vonseiten der Polizei keine starken Emotionen ins Spiel gebracht werden, also weder großer Ärger, wütende Äußerungen noch gar Beleidigungen. Diese erschweren in der Regel ein kooperatives Einlenken. Emotionen können unter Umständen verbalisiert werden, um sie als taktisches Element zum Aufbau von Druck einzusetzen. Sie sollten jedoch nicht unkontrolliert als Ausdruck der inneren Verfasstheit sichtbar werden. Deswegen ist ein gewisses Maß an Selbstkontrolle und Selbstbeherrschung für jeden Polizeibeamten als deeskalierende Handlungskompetenz unabdingbar.

Beim konstruktiven Druck muss das Gegenüber durch Druck zum kooperativen Verhalten gedrängt werden. Das ist ähnlich wie beim Kochen von Suppe. Die Zutaten sind die unerwünschten Verhaltensweisen. Damit das Gemisch zur Suppe wird, muss es in einen anderen Aggregatzustand gebracht werden. Das geschieht durch Erhitzen, also Energie und Druck. Genauso beim polizeilichen Gegenüber, das ja auch in einen anderen, und zwar kooperationsbereiten Aggregatzustand gebracht werden soll. Den Druck muss die Polizei mit ihren nonverbalen Mitteln und dem Androhen der Sanktionen machen. Das Ganze darf nicht übertrieben werden, sonst brennt die Suppe an bzw. das polizeiliche Gegenüber fühlt sich verletzt, gekränkt und angegriffen. Dann ist die Suppe verdorben. Der Druck muss also konstruktiv bleiben und nur so lange erhöht werden, bis das Gegenüber Signale der Kooperation andeutet: Diese Signale gilt es zu erkennen, sofort aufzunehmen und zu belohnen durch polizeiliches Einlenken und polizeiliches Entgegenkommen, dem Demonstrieren von Bürgernähe. Falls kein Einlenken erkennbar ist, muss der Druck durch polizeiliche Sanktionen erhöht und Zwangsmaßnahmen müssen umgesetzt werden.

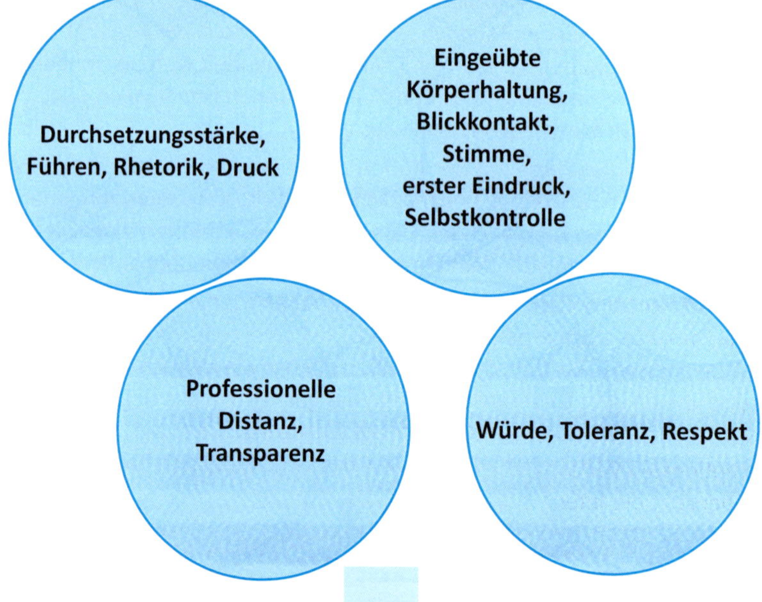

3 Welche Gesprächstechniken lassen sich in der professionellen polizeilichen Gesprächsführung noch anwenden?

An dieser Stelle werden die zentralen Techniken, das aktive Zuhören und die Fähigkeiten zur Empathie sowie die Verhältnismäßigkeit als soziale Kompetenzen beschrieben. Die häufig mitaufgeführte Technik der Ich-Botschaften wird ausgespart, da die Übersetzung und die Brauchbarkeit für das polizeiliche Handeln diffus erscheinen. Hierzu sei an dieser Stelle auf ein respektvolles und an Sachinhalten orientiertes Kommunizieren verwiesen. Auch die Kompetenz beim konstruktiven Druck wirkt ähnlich wie Ich-Botschaften.

3.1 Wie gelingt das aktive Zuhören in der Gesprächsführung?

Das aktive Zuhören ist ursprünglich eine psychotherapeutische Kompetenz, die in viele professionelle Gesprächsführungen übernommen wurde. Bei dem Modell des aktiven Zuhörens nach dem Psychotherapeuten Carl Rogers (1985) versetzt sich der Empfänger zunächst in die Lage seines Gegenübers. Das schafft Vertrauen beim Gegenüber. Durch gezieltes Nachfragen zu Gesagtem oder das Wiederholen von Inhalten kann herausgefunden werden, worum es dem Gegenüber geht und was seine Absicht ist. Indem der aktive Zuhörer ausschließlich auf sein Gegenüber reagiert, folgt er einer nondirektiven Gesprächsführung.

Die Grundbausteine des aktiven Zuhörens nach Rogers sind eine offene und empathische Grundeinstellung, das authentische und gleichbleibende Auftreten und die positive Bewertung des Gegenübers. Diese Merkmale sind in der polizeilichen Praxis nicht eins zu eins umzusetzen. Das polizeiliche Handeln ist keine therapeutische Situation und dient nicht per se der Verbesserung der Lebenssituation des polizeilichen Gegenübers. Trotzdem wird die von Rogers vorgestellte Technik auch für den polizeilichen Alltag empfohlen. Sie führt in polizeilichen Gesprächssituationen zu einem vertieften Verstehen und einer besseren Vertrauensbasis, um konstruktive Auseinandersetzungen möglich zu machen, gerade dort, wo eine hohe Emotionalisierung der Beteiligten zu erwarten ist.

Für den Einsatz der Technik in der polizeilichen Gesprächsführung lassen sich folgende Merkmale herausstellen. Die Polizei ist aufgefordert, dem polizeilichen Gegenüber so zuzuhören, dass sie alles Wesentliche über dessen Lage heraushören kann. Dazu muss sie dem Gegenüber zugewandt bleiben und sich so weit zurückhalten, dass das Gegenüber genügend Raum und Zeit bekommt, um seine Lage deutlich zu machen. Die Konzentration auf das Gegenüber soll durch eine passende Körperhaltung unterstützt werden. Bei Unklarheiten soll die Polizei nachfragen und das Gesagte spiegeln, also mit eigenen Worten wiederholen.

Die besonderen Schwierigkeiten für die Polizeibeamten liegen in der Herausforderung, Ablenkungen zu widerstehen, die eigene Bewertung für sich zu behalten und auftretende Pausen auszuhalten oder gezielt einzusetzen.

Zu Beginn des Prozesses des aktiven Zuhörens steht das Wahrnehmen. Neben dem Sehen ist es das Zuhören, was gesagt wird und wie es gesagt wird, also das Wahrnehmen der nonverbalen Signale des Gegenübers. Bei der anschließenden Zuordnung und Interpretation wird von der Polizei das Wahrgenommene aufgrund der eigenen Erfahrungen, des Wissensstandes, der emotionalen Verfassung und aktuell in Bezug zur gesamten Lage gedeutet. Die Beurteilung übersetzt die Interpretation in subjektive und polizeilich passende Bewertungen, welche abschließend in der polizeilich kompetenten Reaktion oder Antwort umgesetzt werden. Die Reaktionen erfolgen verbal und/oder nonverbal, indem zugestimmt oder abgelehnt wird oder indem Fragen gestellt werden, um weitere Informationen zu erhalten.

Dies ähnelt sehr dem Prozess der polizeilichen Lagebeurteilung. Beide Beschreibungen benutzen unterschiedliche Begrifflichkeiten, sie kommen aus verschiedenen wissenschaftlichen Debatten, werden aber mit ähnlich formulierten Schritten dargestellt und bezeichnen denselben Prozess.

Beim aktiven Zuhören kommt es insbesondere auf die Fähigkeiten des Zuhörers an, wenn Missverständnisse vermieden werden sollen. In Untersuchungen wurde festgestellt, dass gerade sehr aktive und einsatzfreudige Menschen aufgrund ihrer intensiven Zielstrebigkeit häufig die schlechteren Zuhörer sind, genauso Menschen mit hoher Autorität und großer Kompetenz.

Aktives Zuhören ist, wie der Name schon sagt, ein aktiver Prozess, der Energie kostet und einer gewissen Anstrengung bedarf. Diese bewusste Auseinandersetzung mit dem Gegenüber weist einen starken Zusammenhang mit den Fähigkeiten zur Freundlichkeit und Empathie auf. Das aktive Zuhören entfaltet seine stärksten Wirkungen dort, wo man sich auf seinen Gesprächspartner einlässt und wo Nähe entsteht.[129]

Es ist für die Polizei eine hilfreiche Technik, um das Gegenüber in seiner Lage zu verstehen. Es führt zu einer Verringerung an Missverständnissen, liefert mehr Informationen und fördert das Gesprächsklima. Es beschleunigt somit die Bearbeitung der polizeilichen Lage. Die Fokussierung der Gesprächsführung sollte auf Verhaltensweisen und Sachaussagen liegen. Da es sich um eine polizeiliche Lage handelt, sollten Emotionen nicht verstärkt oder extra hervorgerufen werden. Bei Opfern und Traumatisierung verbietet sich eine Verstärkung der Gefühle, da sie eher zu Retraumatisierungen führen kann. Die Versachlichung des traumatischen Geschehens hilft im Gegenteil bei der kognitiven Verarbeitung des Geschehens. Bei aufgebrachten und zur Aggression neigenden Personen führt eine Verstärkung der Gefühle zu einem weiteren Aufschaukeln der Aggressionsbereitschaft, was ja verhindert werden soll.

Ein empathischer Umgang, bei dem die Polizei aktiv zuhört, kommt ohne eine besondere Betonung auf Emotionen aus. Der Bürger verlangt von der Polizei keine therapeutischen Gespräche über seine Gefühle, auch wenn er diese äußern möchte, um sie loszuwerden. Die Polizei kann nur wenige Lösungen für die Probleme des Gegenübers anbieten. Die Möglichkeiten der Polizei, dem Gegenüber aktiv zu helfen, sind in der Regel recht schematisch und durch dienstliche und rechtliche Vorschriften verengt.

Das aktive Zuhören soll nicht in Tipps und Ratschlägen gipfeln. So sollten z. B. bei der häuslichen Gewalt den Opfern keine Ratschläge für eine Trennung gegeben werden. Für Opfer erhöht das den Druck, sich ohne Sicherheitsgarantien und Hilfe von außen zu trennen. Die Wahrscheinlichkeit bei einem Scheitern wieder die Polizei hinzuzuziehen, wird eher verringert und die Gefahr für die Opfer steigt rapide an, da Täter eine Trennung mit allen Mitteln zu verhindern suchen.

Das aktive Zuhören soll Bürgernähe herstellen und Vertrauen schaffen. Es hilft dabei, das Gegenüber zu verstehen. Das gilt aber auch dort, wo das polizeiliche Gegenüber provoziert und nonverbale Zeichen der Aggressionsbereitschaft sendet.

129 Vgl. Hallenberger in Hallenberger/Lorei (2014), S. 143.

Das aktive Zuhören ist eine wesentliche Kompetenz zur Erfassung der polizeilichen Lage und zum Verstehen der subjektiven Befindlichkeiten des polizeilichen Gegenübers. Es ist Teil des empathischen Prozesses zwischen Polizei und Bürgern.

3.2 Wie zeigen sich Bürgernähe und Empathie in der Gesprächsführung?

Als weitere soziale Kompetenz wird die Fähigkeit zur Empathie für die Polizei eingefordert. Empathie ist ein Oberbegriff, der viele verschiedene Formen von Verhalten und mentalen Zuständen umfasst. In der Literatur werden die Unterformen der kognitiven, emotionalen und sozialen Empathie genannt. Manchmal wird auch die mimetische Empathie als Teil der sozialen Empathie beschrieben. Diese entwickelt sich bereits im Säuglingsalter als Reaktion auf das mimische Verhalten anderer Säuglinge, eine Spiegelung der mimischen Reaktionen untereinander. Ungefähr ab dem zweiten Lebensjahr können Kinder die Gefühle anderer wahrnehmen und auf diese reagieren. Die Entwicklung eines Selbstbildes im sozialen Austausch mit anderen Personen führt auch zur Entwicklung der emphatischen Fähigkeiten, die es braucht, um ein soziales Miteinander aufrechtzuerhalten.[130] Die emotionale Empathie wird als eine Art emotionale Ansteckung betrachtet, die automatisiert abläuft.

3.2.1 Kognitive Empathie

Die Empathie kann als eine Kompetenz beschrieben werden, sich in andere Menschen hineinzuversetzen, um deren Gedanken und Gefühle in bestimmten Situationen nachvollziehen bzw. nachempfinden zu können. Sie verweist auf die sogenannte kognitive Empathie im Sinne von Verstehen und Sehen der Motive, Interessen und Ziele anderer Personen. Sie ist ein aufwändiger rationaler Prozess. Die kognitive Empathie scheint ein Ausdruck einer besonderen Art von kultureller Intelligenz zu sein. Mit ihr lassen sich die besonderen sozial kommunikativen Fähigkeiten und Motivationen zur Zusammenarbeit, zur Kommunikation und zum sozialen Lernen umschreiben.[131]

3.2.2 Soziale Empathie

Soziale Empathie wird im Sinne von prosozialem Verhalten verwendet. Die Fähigkeit zur Kooperation scheint ein Ergebnis der genetischen und kulturellen Evolution zu sein, in der viele Menschen sich ethischen Normen unterwerfen und bereit sind, Fremden zu helfen.[132] Empathie wird zum Bindeglied der sozialen Kommunikation und ist Medium für gelungene menschliche Beziehungen und Bindungen.

Für den Polizeiberuf wird immer wieder auf die Empathie als soziale Kompetenz verwiesen. Sie ist Voraussetzung für das Erkennen der Lage, in der sich das polizeiliche Gegenüber befindet. Da es sich hierbei um eine bei den meisten Menschen in der Kindheit erworbene, soziale Fähigkeit handelt, muss sie häufig nicht zusätzlich trainiert werden. Trainiert werden kann jedoch die Bereitschaft, andere in ihrer subjektiven Lage wahrzunehmen, ohne sofort

130 Vgl. Hüther (2018), S. 110 f.

131 Vgl. Tomasello (2006), S. 17.

132 Vgl. Assmann (2018), S. 161.

die eigenen oder polizeilichen Interessen in den Fokus zu stellen. Empathie soll die geforderte Bürgernähe vermitteln, mit der das polizeiliche Gegenüber sich ernst genommen und verstanden fühlen kann. Sie dient der Polizei darüber hinaus bei der Bewertung des polizeilichen Gegenübers. Die Fähigkeit zur Empathie ist für den Prozess des aktiven Zuhörens eine notwendige Kompetenz.

Empathie soll im polizeilichen Handeln nicht ein mitfühlendes und/oder mitleidendes Verhalten sein. Die Polizei kann sich in ihrem Handeln nicht durch Mitleid leiten lassen oder durch Mitleiden zum Nichthandeln verleitet werden. Die emotionale Empathie ist im persönlichen und intimen Handlungsrahmen angemessen. In beruflichen Handlungsfeldern lässt sie sich nur schwer in professionelles Verhalten übersetzen.

3.3 Was ist bei der psychologischen Verhältnismäßigkeit zu beachten?

Die Verhältnismäßigkeit ist für die Polizei vornehmlich eine rechtliche Kategorie. Sie zeigt jedoch auch eine psychologische Komponente, die mit der Kompetenz der Empathie zusammenhängt.

Im rechtlichen Sinne leitet sich der Grundsatz der Verhältnismäßigkeit (auch: Verhältnismäßigkeitsprinzip) aus Art. 1 Abs. 3 und Art. 20 Abs. 3 GG ab. Sie ist ein Merkmal des deutschen Rechtsstaates und soll die Bürgerinnen und Bürger in ihren Grundrechten vor Eingriffen des Staates schützen.

Die vier Grundschritte der rechtlichen Verhältnismäßigkeitsprüfung müssen zeigen, dass jede Maßnahme, die in Grundrechte eingreift, einen legitimen Zweck verfolgt und dabei geeignet ist, erforderlich und verhältnismäßig zu sein. Wenn diese Voraussetzungen nicht erfüllt werden, ist die hoheitliche Maßnahme als rechtswidrig anzusehen.

Psychologisch betrachtet könnte man die Verhältnismäßigkeit als Gradmessung zwischen der Bürgernähe und den hoheitlichen Maßnahmen einordnen. Mit der Verhältnismäßigkeit wird von den polizeilichen Kräften gefordert, den Blick von der rechtmäßig durchzusetzenden Maßnahme hin zum besonderen Interesse oder der besonderen Lage des betroffenen Bürgers und den Umständen, in denen sich das Geschehen abspielt, zu erweitern. Dies wird auch mit dem rechtlichen Spielraum umschrieben, der in verschiedenen Lagen existiert, jedoch mit der Schwere der Tat abnimmt. In der Verhältnismäßigkeit wird sich der betroffene Bürger gespiegelt sehen. Hierin wird er auch die empathischen Fähigkeiten der Polizei festmachen. Findet er sich und seine Lage zu wenig wahrgenommen, wird er der Polizei die persönliche Bewertung seiner Lage nicht abnehmen. Stellen die Beamten diesen jedoch zu sehr in den Fokus, kann der Bürger an der Gleichbehandlung durch den Rechtsstaat zweifeln, da die subjektive Lage über der hoheitlichen abgebildet wird.

Verhältnismäßigkeit ist wie ein Band, das die polizeiliche Beziehung zwischen Polizei und Gegenüber beschreibt. Je nach Gradmessung und Überprüfung der rechtlichen wie der psychologischen Merkmale spannt sich das Band mehr auf die eine oder andere Seite. Dabei werden auch die Persönlichkeitsfaktoren sowie die Motivationslage für die Berufswahl der agierenden Beamten eine Rolle spielen.

Gerade Faktoren wie eine hohe soziale Verträglichkeit, die Neigung zum Altruismus, zur Kooperation und Nachgiebigkeit können eher zu Verzerrungen hin zur Seite der Bürgernähe führen. Die Persönlichkeitsfaktoren, die mit einer hohen Gewissenhaftigkeit und der Neigung zur Disziplin, zu hoher Leistungsbereitschaft und Zuverlässigkeit einhergehen, können eher zu Verzerrungen aufseiten der hoheitlichen Erfordernisse führen. Personen mit einem hohen Gerechtigkeitssinn können sich womöglich besonders schwertun, eine lageangepasste und gerechte Bewertung zu finden. So kann auch eine zu große Empathiefähigkeit zu einer Belastung bei der angemessenen Bewertung von Verhältnismäßigkeit führen. Eine zu niedrige Fähigkeit der Empathie verzerrt die Bewertungen eher zulasten betroffener Bürger.

Das aktive Zuhören und die Empathiefähigkeit sind Kompetenzen, die es braucht, um im Gespräch mit anderen Personen Nähe entstehen zu lassen und Interesse zu bekunden. Beide Kompetenzen sind wesentliche Voraussetzungen für eine professionelle polizeiliche Gesprächsführung. Sie dienen zur Herstellung von Bürgernähe und damit zur Verbesserung der Akzeptanz hoheitlicher Maßnahmen bei Bürgerinnen und Bürgern.

Sie sind aber auch erforderliche Kompetenzen, um die polizeiliche Arbeit professionell zu bewerkstelligen. Durch aktives Zuhören und genaues Wahrnehmen wird die polizeiliche Lage erst begreifbar. Zuhören und Beobachten bedingen sich gegenseitig, sobald die Personen anwesend sind. Denn Gehörtes wird besser verstanden, wenn man die Beobachtungen mit einbezieht. Neben den sprachlichen Informationen müssen auch die nonverbalen Signale bewertet werden. Die Kompetenz zur Empathie hilft bei der Deutung und Interpretation des Gehörten und Beobachteten.

4 Warum ist das Verhältnis von Nähe und Distanz in sozialen Interaktionen wichtig?

Wo soziale Interaktion friedlich als gegenseitiger Austausch von Interessen, Standpunkten, Gefühlen und Selbstbildern der beteiligten Personen erlebt werden soll, ist das Respektieren von Grenzen erforderlich. Die gemeinsame Grundlage sozialer Interaktion ist das Entgegenkommen.[133] Gelungene Interaktion erfordert ein Aushandeln zwischen den Interessen, Bedürfnissen oder Zielen und zwischen der angemessenen und gewünschten Nähe oder Distanz zwischen den Beteiligten, die es braucht, um den eigenen Standpunkt deutlich werden zu lassen und zur Geltung zu bringen. Im professionellen Handeln der Polizei gibt das Maß an Nähe oder Distanz zum Gegenüber an, ob Vertrauen hergestellt oder erschüttert werden soll. Zu viel Nähe kann auch als Kontrolle und Bevormundung, gesteigert in der Gewalt, erlebt werden. Zu wenig Nähe kann als Fremdheit und Zurückweisung gedeutet werden.

Das Verhältnis zwischen Nähe und Distanz muss in jeder sozialen Begegnung so austariert werden, dass es den Bedürfnissen oder Erfordernissen der Beteiligten entspricht. Hierfür sind personale und soziale Kompetenzen erforderlich. Wer nicht über genügend Kompetenzen verfügt, organisiert dieses Austarieren anhand anderer prägender Verhaltensstrategien. So fordern hilflose Menschen in der Regel von anderen ein größeres Maß an Nähe und Unterstützung ein, um in ihrer Hilflosigkeit bleiben zu können.

133 Vgl. Collins (2011), S. 514.

Aggressive und gewalttätige Personen gestalten Nähe über Provokationen und Bedrohung bis hin zur Gewalt. Gerade wiederholt aggressiv agierende männliche Täter verfügen häufig über wenige Konfliktbewältigungsstrategien. Sie können jedoch auf ein körpersprachlich imposantes und stimmlich dominantes Repertoire an Beleidigungen zurückgreifen.

4.1 Professionelle Distanz

Eine sozial angemessene Nähe und Distanz sind das Charakteristikum für professionelle Interaktionen. Diese wird als professionelle Distanz bezeichnet. Für das polizeiliche Interaktionsgeschehen legt die komplementäre Beziehungsgestaltung die Grundlage für Nähe und Distanz, und das Justieren zwischen Bürgernähe und polizeilichen Maßnahmen bildet die Feinjustierung für das polizeiliche Interaktionsgeschehen. Innerhalb dieses Beziehungsmusters müssen gemeinsame Übereinkünfte über Nähe und Distanz zueinander bestimmt werden.

Nähe und Distanz unterliegen subjektiven Deutungsmustern, sie können sich im Laufe der Zeit verändern und zu Differenzen im Verhältnis der Beteiligten führen. So repräsentiert sich der Alltag in unterschiedlichen lebensweltlichen Konstellationen von Nähe und Distanz in Bezug auf Zeit, Raum und soziale Beziehungen. Nähe gelingt, wo auch Distanz gegeben ist, und Distanz, wo sie sich auf Nähe beziehen kann.[134] Nähe wird als Geborgenheit erfahren, wo Distanz die Chance für Freiheit und Eigensinnigkeit oder Selbstständigkeit bietet. Diese Balance ist nicht einfach und nicht selbstverständlich, sie ist eine prekäre Gemengelage, die nicht immer gelingt. Sie erfordert Kompetenzen und Selbstreflexion, wenn nicht sogar eine Selbstdistanzierung zum Gefüge des Alltags und zum Beruf.

4.2 Rollendistanz

Die von Goffman (1986) oder Krappmann (2000) geforderte Rollendistanz, die sich in der Fähigkeit zum Perspektiv- oder Rollenwechsel, in einer Ironisierung oder Verfremdung der eigenen Rolle zeigt, kann in sozialen Situationen hilfreich sein. So kann der Polizist sich kurzzeitig mit einem Bürger verbünden und kundtun, dass er diese Maßnahmen, das geforderte Bußgeld, persönlich auch für überzogen hält, jedoch in seiner Rolle als Polizeibeamter einfordern muss. Die Polizei zeigt sich so ein bisschen menschlich und geht dann in ihre formale Rolle zurück.

Bei Personen mit wiederholt aggressiven und gewalttätigen Verhaltensstrukturen ist diese Fähigkeit zur Rollendistanz besonders gering ausgeprägt. Der Wechsel in verschiedene Rollen ist kaum möglich, die Anpassungsfähigkeit fehlt. So verbleiben sie auch im Umgang mit Autoritäten wie der Polizei in ihrer aggressiven Selbstdarstellung. Auch Personen mit einer dissozialen oder antisozialen Persönlichkeitsstörung fehlen die Fähigkeiten zur Rollendistanz, da sie Einfühlungsvermögen und Anpassungsfähigkeiten voraussetzen.

134 Vgl. Thiersch in Dörr/Müller (2012), S. 35.

4.3 Psychologische Distanz

In das Zentrum professionellen Handels rückt die psychologische Distanz. Sie ist eine Art mentale Distanz oder mentale Abstraktion. Sie hilft, zu Problemen oder zu belastenden Situationen gedanklich und emotional Abstand zu gewinnen, um bessere Lösungen zu erreichen. Das schließt die zeitliche, räumliche und soziale Entfernung durchaus mit ein. Es braucht buchstäblich Platz zum Denken und mit genügend Abstand zu einem Ort, zu einer Person oder einem Ereignis kann umso abstrakter darüber nachgedacht werden. Für die Polizei gilt dieser Abstand auch räumlich zum polizeilichen Gegenüber. Je näher das polizeiliche Gegenüber kommt, umso weniger kann sie davon wahrnehmen. Das Gesicht wird übergroß wahrgenommen, die Hände, die Beine und der Rumpf verschwinden. Je bedrohlicher die Person auftritt, umso größer wirkt sie bei Nähe. Die Beschimpfung, die Beleidung und das Gefühl der Bedrohung wachsen, je näher die Person kommt. Aus einer großen Distanz heraus ist sie nicht wirklich bedrohlich. Die Bedrohung wirkt eher abstrakt denn körperlich.

Wenn uns etwas zu nahe geht, sind wir kaum noch in der Lage, klar zu denken oder eine rationale Entscheidung zu treffen. Die psychologische Distanz und die mentale Abstraktion helfen, eine andere Perspektive einzunehmen und die Situation nahezu wie ein Außenstehender zu betrachten. Neutralität erfordert immer eine gewisse Distanz zur Lage. Hohe psychologische Distanz ist daher auch ein Zeichen für mentale Stärke und Resilienz. Da über weit entfernte Ereignisse weniger Details bekannt sind, erlaubt das höhere Abstraktionsniveau auch Vorstellungen, die auf eine größere Anzahl von Alternativen zutreffen können. Die psychologische Distanz zeigt große Überschneidungen mit der professionellen Distanz.

4.4 Grenzverletzungen

Zwischenmenschliche Konflikte entstehen, wo Grenzen, die eine Person oder Institution gesetzt hat, bewusst oder unwillentlich von anderen überschritten werden. Dabei kann es zu verschieden starken Schädigungen kommen. Jedem steht das Recht zu, innerhalb gesetzlicher, ethisch oder sozial anerkannter Vorgaben die eigenen Grenzen des Selbstausdrucks zu markieren. Das bezieht sich auch auf die Rechte, wie nah sich Menschen kommen wollen (räumlich wie psychisch), wie weit anderen Personen ein Recht eingeräumt wird, in die eigene Lebensgestaltung einzugreifen, oder welche Formen von Respekt von anderen erwartet werden. Das Aushandeln dieser Grenzen führt zu dem, was wir von außen als Selbstbehauptung einer Person erleben, im Innern wird es als Selbstwert empfunden, der durch Grenzlinien und Beanspruchung von Raum in der äußeren Welt entwickelt und aufgezeigt wird. Werden die Grenzen von anderen Personen ohne deren Zustimmung verletzt, spricht man von aggressiven oder gewaltsamen Handlungen.

5 Welche Herausforderungen kennzeichnen die polizeiliche Kommunikation mit Bürgern und Bürgerinnen im Spannungsfeld zwischen Aggression, Gewalt und psychischen Auffälligkeiten?

Das Leben in der postmodernen Gesellschaft ist geprägt durch hohe Komplexität, Individuation und soziale Unsicherheiten. Migration, Diversität, Informationsflut über soziale Medien, Klimakrisen und ökonomische Ängste führen zu neuen Unsicherheiten bei vielen Menschen. Auch für die Polizei ergeben sich neue Herausforderungen.

Autonomieansprüche und individuelle Freiheitsrechte werden stärker denn je eingefordert und verteidigt. Gleichzeitig hat die Bereitschaft, sich mit Gehorsam staatlichen Institutionen zu unterwerfen, abgenommen. Jede Einschränkung persönlicher Autonomiebestrebungen wird häufiger mit Beleidigungen, Bedrohungen und Gewaltausbrüchen beantwortet.

Die Polizei als Institution kann sich nicht mehr darauf verlassen, dass ihre Autorität durch ihren Status als Gewaltmonopol des Staates legitimiert ist. Das asymmetrische Kommunikationsverhältnis, das die Kommunikation zwischen Polizei und Bürger und Bürgerinnen auszeichnet, muss durch erlebbaren Respekt und das Gefühl der Wertschätzung auf Seiten der Bürger stabilisiert werden. Polizeiliches Handeln soll im individuellen Kontakt als angemessen, neutral und fair erlebt werden, damit es akzeptiert wird.[135] Autorität wird von vielen Menschen eingefordert, wenn es darum geht, die eigene Sicherheit zu schützen. Gleichzeitig wird jede Einschränkung der individuellen Freiheit und Selbstverwirklichung schnell als Zwang erlebt. Beleidigungen und Gewalt gegen die Polizei zeigen, dass die Waage zwischen der Durchsetzung polizeilicher Befugnisse und der Bürgernähe nur noch bedingt funktioniert.[136]

„Die Determinanten der polizeilichen Legitimität lassen sich in drei grob gefasste Kategorien einteilen: 1. die Eigenschaften der Institution Polizei, 2. die individuellen Variablen und Einstellungen des Bürgers sowie 3. die Umweltfaktoren wie soziale Sicherheit, Kriminalität."[137]

Polizeiliches Handeln und Entscheiden lässt sich über Merkmale beschreiben. Bürgerbeteiligung, Neutralität, Würde und Respekt sowie Vertrauenswürdigkeit sind wesentliche Anzeichen ihrer Legitimität. Das Resultat wird mit dem Begriff der polizeilichen Verfahrensgerechtigkeit bezeichnet und gilt als die Voraussetzung für regelkonformes Handeln und Kooperationsbereitschaft von Seiten der Bevölkerung. „The behaviour of the legal authorities during a personal encounter → Overall confidence in the legitimacy of legal authorities → The basis on which people decide whether to defer to particular authorities during a personal encounter."[138]

Laut dem Standard Eurobarometer der Europäischen Kommission zeigten im Winter 2022/2023 rund 78 % der Deutschen Vertrauen in die Polizei, rund 18 % vertrauten ihr nicht. Nach der neuesten Studie, die das BKA 2022 im November 2022 veröffentlichte, genießt die Polizei in Deutschland immer noch ein hohes Vertrauen bei den Bürgerinnen und Bürgern.

135 Vgl. Staubli (2022), S. 174.

136 Vgl. vom Hau (2022), S. 191.

137 Okulicz-Kozaryn/Bouška, (2016), S. 79.

138 Tyler (2001), S. 7.

85 % der Befragten gaben an, die Polizei sei da, wenn sie gebraucht würde. Und 87 % sagten, die Polizei leiste gute Arbeit in der Verbrechensbekämpfung.[139]

Hinsichtlich der individuellen Einstellungen von Bürgerinnen und Bürgern gegenüber der Polizei zeigen deutsche Studien bisher wenig valide Ergebnisse. „Dass jedoch über 90 % der Bürgerinnen und Bürger der Meinung sind, die Polizei sei bürgerfreundlich und das Verhalten der Polizistinnen und Polizisten sei als professionell zu bewerten, ist wiederum ein Zeugnis dafür, dass die positive Grundeinstellung gegenüber der Polizei in Deutschland bei Weitem überwiegt. Das spiegelt sich auch in dem Befund wider, dass der Großteil der Bevölkerung sich in hohem Maße zu Gehorsam gegenüber der Polizei verpflichtet fühlt."[140] Nur ein Viertel der Befragten bescheinigt der Polizei ein fehlendes Mitgefühl. Es wird vermutet, dass marginalisierte Gruppen eher dazu tendieren, Misstrauen gegenüber der Polizei zu empfinden. Das persönliche Sicherheitsempfinden und eigene Viktimisierungserfahrungen gelten dagegen sicherer als Einstellungsfaktoren gegenüber der Polizei. Vertrauen kann sich die Polizei hier durch einen respektvollen Opferumgang erwerben. Das Gefühl ernst genommen und gut informiert zu werden, erhöht die Zufriedenheit der Opfer mit der Polizeiarbeit. Ist ein Mensch Opfer von Gewalt geworden, wird das Sicherheitsgefühl stark reduziert. Kontrollverlust und Angst sind die häufigsten Folgen. „Etwa die Hälfte aller Opfer von Körperverletzung ist der Meinung, aufgrund ihrer Zugehörigkeit zu einer bestimmten gesellschaftlichen Gruppe angegriffen worden zu sein. Die häufigsten Gründe sind hierbei der soziale Status, die Herkunft oder das Geschlecht bzw. die geschlechtliche Identität des Opfers. Männer sind stärker von vorurteilsgeleiteter Körperverletzung betroffen als Frauen – lediglich beim Merkmal Geschlecht bzw. geschlechtliche Identität sind die Opferraten unter Frauen höher."[141]

Studien aus den USA haben gezeigt, dass ein fairer und angemessener Umgang der Polizei mit Bürgerinnen und Bürgern auch dazu führt, dass sich Menschen mit der Gesellschaft insgesamt weniger entfremdet fühlen. Das Zugehörigkeitsgefühl zu einer sozialen Gemeinschaft kann durch polizeiliches Handeln gestärkt werden oder die Personen fühlen sich durch unfaires polizeiliches Handeln gesellschaftlich ausgegrenzt und abgelehnt.[142]

Soziale Umweltfaktoren, wie Sicherheit im Wohngebiet oder im öffentlichen Nahverkehr, spielen eine weitere Rolle bei der Bewertung polizeilichen Handelns. „In der eigenen Wohngegend fühlen sich nachts und ohne Begleitung nur knapp drei Viertel der Bevölkerung sicher, im öffentlichen Personennahverkehr ist es sogar weniger als die Hälfte. Die Angst, im Internet Opfer von Betrug zu werden, ist in der Bevölkerung weit verbreitet."[143]

Insgesamt kann die Polizei in Deutschland mit einem hohen Vertrauen der Bürger und Bürgerinnen in Ihre Arbeit rechnen, jedoch bedeutet dies nicht, dass das polizeiliche Gegenüber immer bereit ist, sich polizeilichen Maßnahmen unwidersprochen zu unterwerfen. Der mündige Bürger erwartet Transparenz und Fairness und hinterfragt die Autorität der Polizei.

139 BKA (2022a), S. 191.

140 BKA (2022a), S. 192.

141 BKA (2022a), S. 189.

142 Vgl. Bradford et al. (2014) in Staubli (2022), S. 174.

143 BKA (2022a), S. 190.

5.1 Hat die Gewalt gegen die Polizei zugenommen?

Die Frage, ob Gewalt gegen Polizeikräfte zugenommen hat in den vergangenen Jahren oder nicht, ist durch Studien des BKA untersucht worden. Im Oktober 2021 veröffentlichte das BKA das Bundeslagebild Gewalt gegen Polizeivollzugsbeamtinnen und Polizeivollzugsbeamte.

> „Gewalttaten gegen Polizeivollzugsbeamtinnen und Polizeivollzugsbeamte [haben in 2021] zugenommen (+1,8 %; 2020: +0,8 %) und liegen nun bei 39.649 Fällen. Auch die Anzahl der PVB, die Opfer von diesen Gewalttaten wurden, ist erneut auf nunmehr 88.626 Opfer angestiegen (+4,5 %; 2020: +5,9 %). [...]
>
> Gewalttaten gegen PVB sind mehrheitlich geprägt von ‚Widerstand gegen Vollstreckungsbeamte und gleichstehende Personen´ (§§ 113, 115 StGB) und ‚tätlicher Angriff auf Vollstreckungsbeamte und gleichstehende Personen´ (§§ 114, 115 StGB).
>
> Durch den Anstieg vor allem der Opferzahlen, insbesondere durch die im Berichtsjahr erfassten gefährlichen und schweren Körperverletzungen (+11,0 %) sowie tätlichen Angriffen (+5,1 %) und Widerständen (+5,0 %), die ein immanentes Verletzungsrisiko bergen, wird erneut das hohe und konkrete Berufsrisiko von PVB deutlich. Die dadurch betroffene Anzahl an PVB lag 2021 bei 80.195, was gegenüber dem Vorjahr einer Steigerung von +5,2 % entspricht. Die Anzahl der Tötungsdelikte ging mit 30 bei insgesamt 55 betroffenen PVB zurück – diese blieben alle im Versuchsstadium.“[144]

Bei den Tatverdächtigen der Gewalttaten gegen PVB im Jahr 2021 ergibt sich laut BKA (2022) folgendes Bild:[145]

Unter Alkohol	Polizei bekannt	Männer
49,3 %	75,6 %	84,2 %
Deutsche	**Allein handelnd**	**Über 25 Jahre**
70,6 %	94,8 %	69,9 %

Insgesamt hat Gewalt gegen Angehörige des öffentlichen Dienstes deutlich zugenommen, wie eine vom BMI in Auftrag gegebene Studie aus 2022 zeigt.[146] Danach gaben 23 % der Beschäftigten an, bereits Gewalterfahrungen gemacht zu haben, 12 % berichten sogar von mehreren Vorfällen innerhalb eines Jahres. Besonders betroffen sind Beschäftigte bei Feuerwehr, Rettungskräften, Justizvollzug und Ordnungsamt. Hier mussten sogar ein Drittel der Beschäftigten innerhalb eines Jahres eine Gewalterfahrung erleben.

Die Opferzahlen auf Seiten der Polizei sind erheblich. Neben den oben dargestellten Zahlen müssen Polizisten im polizeilichen Dienstalltag Beleidigungen, Schubsen, Anspucken erleben. Hierbei lassen sich verschiedene Risikofaktoren hervorheben:

144 Vgl. BKA (2022b), S. 50.

145 Vgl. BKA (2022b), S. 26 ff.

146 Vgl. Bühren et al. (2022), Speyerer Forschungsbericht 302.

- Polizeiliche Maßnahmen mit Zwangscharakter sind häufiger Anlass für Widerstandshandlungen und beherbergen damit ein hohes Gewaltpotential. Personenkontrollen, Festnahmen und Einsätze bei häuslicher Gewalt gelten als Maßnahmen mit einem erhöhten Eskalationspotential, da die Beteiligten unter Stress, großer Emotionalität und gehäuft unter Alkoholeinfluss stehen.
- Einsätze in der Nacht und an gefährlichen Orten sind risikobehaftet.
- Einsätze bei Personen, die unter Drogen stehen und oder alkoholisiert sind oder als psychisch auffällig erlebt werden, zeigen ein erhöhtes Gewaltrisiko gegen PVB.[147]

Fasst man die Ergebnisse verschiedener Studien zusammen, so zeigt sich, dass die Polizei durch ihr kompetentes Handeln die eigene Vertrauenswürdigkeit als Schutzfaktor erhöhen und auf der anderen Seite die Risikofaktoren für gewalttätigen Widerstand verringern kann.

Polizeikräfte	Schutzfaktoren	Risikofaktoren
Situative Faktoren	• Tagsüber, Maßnahmen ohne Zwangseingriffe • Hilfeleistungen	• Nachts, unsicherer Ort, Nähe zu Großveranstaltungen • Notwendigkeit von Zwangsmaßnahmen • Beamte haben wiederholt Beleidigungen, Bedrohungen, Gewalt durch polizeiliches Gegenüber erlebt
Teamfaktoren Polizei	• Hohe Einsatzkompetenz • Gemischte Teams • Solidarität, gegenseitige Unterstützung und Empathie	• Junge, männliche Beamte im Streifenteam oder in der Bereitschaftspolizei • Hohe Arbeitsbelastung, Erschöpfung und Zeitdruck
Verhaltensfaktoren Polizei	• Distanz halten, Kontrolle über Einsatzgeschehen haben und behalten, Deeskalationsbereitschaft • Bürgerorientierung • Respektvolle und transparente aber durchsetzungsfähige Handlungsbereitschaft	• Männlichkeitsdominiert, hohe Kampf- und Risikobereitschaft • nachlässiges äußeres Erscheinungsbild • Dominanzdemonstration • Zeigen von Unsicherheiten

147 Vgl. Ellrich/Baier (2022), S. 507 ff.

Polizeikräfte	Schutzfaktoren	Risikofaktoren
Verhaltensfaktoren Bürger/Bürgerinnen	• Polizeivertrauen, positive Polizeierfahrung, besonders als Opfer	• Viele Personen, Alkohol, Drogen, Personen mit gemeinsamem delinquentem Umfeld • Psychisch auffällige Personen, Waffen

Abbildung 30: Schutz- und Risikofaktoren Gewalt gegen PVB (eigene Darstellung verschiedener Studienergebnisse zusammengefasst nach Ellrich, K./Baier, D. [2022]).

Die genannten Faktoren haben sich in verschiedenen Studien nachweisen lassen, was jedoch nicht bedeutet, dass sie für sich als Vorhersage für Gewalt gelten. Die Einsatzdynamik unterliegt vielfältigen dynamischen Interaktionsprozessen und lässt sich in einer Tabelle nicht abbilden.

Gewalt gegenüber der Polizei gab es schon immer. Was sich verändert hat und was sich auch bei anderen Vertretern staatlicher Institutionen zeigt, ist ein starker Autoritätsverlust. Schnell werden polizeiliche Aufforderungen zum Konfliktpotential und Bürger und Bürgerinnen antworten mit respektloser, unflätiger Kommunikation. Beleidigungen, Beschimpfungen, Bedrohungen und Weigerungen, polizeilichen Maßnahmen Folge zu leisten, sind nicht nur auf wenige gesellschaftliche Gruppierungen beschränkt. Sie ziehen sich weit durch verschiedene Gesellschaftsschichten, unabhängig von Alter oder Geschlecht. Die Risikoabschätzung wird für Polizeibeamte und -beamtinnen immer schwieriger. Der Druck kommt nicht nur von den betroffenen Bürgerinnen und Bürgern sondern auch durch eine aufmerksame Öffentlichkeit, umstehende Personen, durch soziale und andere Medien.

5.2 Was kennzeichnet die Dynamik des Einsatzgeschehens?

Polizeiliche Maßnahmen werden in der Regel als unangenehm empfunden, wenn es nicht darum geht, Bürgern direkte Hilfe in Notsituationen zu leisten. Nicht nur da, wo eine suizidgefährdete oder geistig verwirrte Person zur eigenen Sicherheit einem Arzt zugeführt werden soll, kann es zu vermehrter Gegenwehr kommen, da die Personen ihre subjektive Lage anders einschätzen.

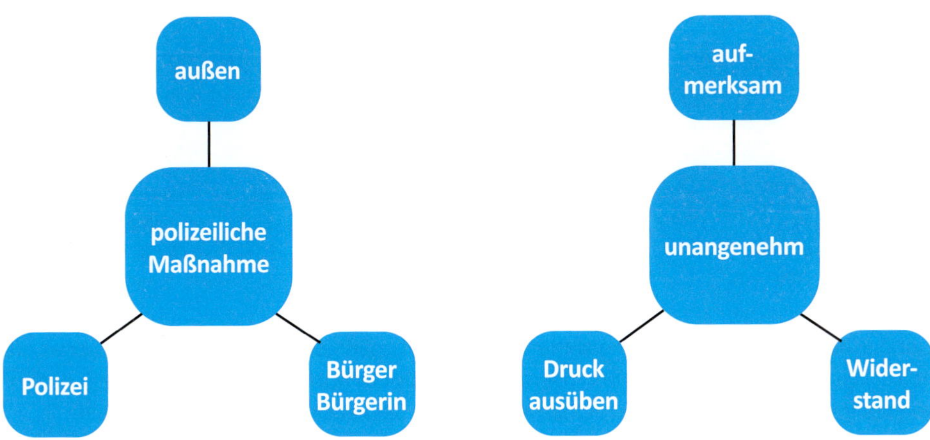

Selbst polizeiliche Maßnahmen mit geringen Eingriffen in die persönliche Freiheit können zu konflikthaftem Widerstand führen. Die Polizei weiß, dass sie unangenehme Maßnahmen durchsetzen muss, sie wird also einen gewissen inneren Druck aufbauen, mit der sie sich in die Lage versetzten will, die Maßnahmen schnell und effektiv durchzuführen. Auf Seiten der Bürgerinnen und Bürger besteht häufig ein Widerstand, polizeiliche Maßnahmen über sich ergehen zu lassen, da das moderne Autonomiebedürfnis einen sofortigen Gehorsam verhindert. Dazu gibt es bei allen polizeilichen Maßnahmen ein großes äußeres Interesse. Medial und öffentlich haben polizeiliche Aktivitäten eine hohe Aufmerksamkeit.

Das polizeiliche Ziel, dass die Maßnahmen sofort von den Bürgern akzeptiert werden sollen, ist in der heutigen Zeit zwar möglich, aber nicht mehr überall erwartbar. Einsatzhandeln ist generell als Risikohandeln zu bewerten. Die Professionalität der modernen Polizei zeigt sich gerade darin, dass sie unangenehme Maßnahmen so umsetzen kann, dass ein notwendiges Maß an Kooperationsbereitschaft in der polizeilichen Kommunikation bei den Bürgern entsteht. Auf diese Weise kann sich die Polizei als Institution Vertrauen und Zuspruch erwerben.

Ziel der polizeilichen Maßnahme sollte ein verhältnismäßiges Vorgehen sein, dass zwar die polizeilichen Hoheitsaufgaben durchsetzt, aber auch um Kooperation wirbt und ein einlenkendes Verhalten auf Seiten der Bürger ermöglicht. Siehe oben stehendes Schaubild.

5.3 Wie gelingt die Risikoeinschätzung für Eskalationen?

Bei der Einschätzung des Gefährdungspotentials für Eskalationen in der Gesprächsführung lässt sich generell sagen, dass eine sofortige Reaktion auf einen Reiz immer ein erstes Anzeichen für eine starke emotionale Betroffenheit darstellt. Zwischen Reiz und Reaktion sollte die Freiheit der Wahl liegen. Und zwar die kognitive und emotionale Freiheit der Wahl einer passenden Reaktion. Ist eine Person ruhig und souverän, nimmt sie sich etwas Zeit, um nachzudenken, was eine passende Reaktion sein könnte. Ist die Person gestresst, aufgewühlt, aggressiv und angriffslustig wird sofort reagiert. Die Reaktionen sind dementsprechend emotional und folgen häufig gewohnheitsmäßigen Mustern. Im Positiven gilt das auch, ist aber dann eine erwünschte Reaktion. Eine Person erlebt einen angenehmen Reiz, zum Beispiel in Form eines freundlichen Komplimentes, und zeigt dann sofort als Reaktion ein Lächeln und Freude.

Auf Seiten der Polizei werden Automatismen antrainiert, die polizeiliche Handlungen routiniert und ohne emotionale Beteiligung ermöglichen. Schnelle Reaktionen sind in stressigen Situationen erforderlich, aber subjektive Grundmuster werden hier durch polizeiliche Routinehandlungen ersetzt. Dies bezieht sich zum einen auf Standardsituationen der Höflichkeit und am anderen Ende auf das Androhen und Durchsetzen von Zwangshandlungen. Dazwischen liegen die vielen unübersichtlichen Interaktionsabschnitte der möglichen Eskalation, die durch Reden und nonverbales Agieren gehandhabt werden müssen. Hier zeigen sich auf beiden Seiten am ehesten die persönlichen Muster der beteiligten Parteien. Sobald Stress und Kontrollverluste drohen, reagiert das polizeiliche Gegenüber mit höherer Wahrscheinlichkeit mit subjektiven emotionalen Mustern, die auf Wahrnehmungsverzerrungen beruhen können. Unflätige Beleidigungen bis hin zu Wutausbrüchen können folgen, da viele Menschen keine Strategien zum Deeskalieren von unangenehmen Situationen mit anderen Personen erlernt haben. Die Polizei muss hier ihre erlernten Kompetenzen zum Einsatz bringen.

Kommt es zu einer Eskalation, verfolgt die Polizei das Ziel, die Eskalation und die Gefährdung der Sicherheit zu verhindern und zu einer angemessenen Kommunikation zurückzuführen. Will sie die Herstellung von Respekt und das Wiedererlangen von Autorität und Macht durch autoritäres Handeln einfordern, verschärft sich meist der konflikthafte Widerstand der angesprochenen Bürger und Bürgerinnen. Ein hektisches und allzu forsches Vorgehen wird vorhandene Erregungs- und Unlustgefühle eher verschärfen und damit weitere Eskalationsmaßnahmen auf Seiten der Polizei nötig machen.[148] Erst wenn die Parteien mit Distanz und Perspektivwechsel erkennen, dass das Gegenüber nur seinen Job macht oder sich nur gegen eine Maßnahme und nicht gegen die Person des Beamten wehren möchte, können neue Freiheiten in der Gesprächsführung entstehen.

Nicht alle Menschen, auf die die Polizei trifft, sind fähig, sich und ihr eigenes Handeln zu reflektieren oder sich frei für verschiedene Handlungen zu entscheiden. Menschen mit psychischen Störungen oder Erkrankungen, aber auch Menschen mit großen Selbstwertproblemen und starken Drogenabhängigkeiten haben häufig Probleme, flexible Handlungswege in der Interaktion mit anderen einzuschlagen.

148 Vgl. Biedermann/Ellrich (2022), S. 443.

Teil 3

Gewalt und Traumata

Teil 3: Gewalt und Traumata

Gewalt und Traumata sind zueinander komplementäre Verhaltens- und Erlebensweisen. Polizeiliche Arbeit befindet sich häufig im Spannungsfeld zwischen Abwehr und Eingrenzung von aggressiven und gewalttätigen Verhaltensweisen auf der einen Seite und dem Umgang mit den davon betroffenen Opfern auf der anderen. Auch sind die polizeilichen Lagen besonders schwierig, die mit traumatisierten und hilflosen Personen oder mit aggressiven und gewalttätigen Menschen zu tun haben. Anschließend werden die psychischen Störungen erläutert, die dann in den praktischen Gesprächsführungen im vierten Teil vorgestellt werden.

Gewalthandeln und Opfererleben zeigen jeweils verschiedene Formen von Grenzverletzungen auf. Zwischen Menschen bestehen Grenzen, so z. B. der Raum, der jeden umgibt und der sich in den unterschiedlichen Distanzzonen widerspiegelt, oder das Recht auf den eigenen Körper. Die Wahrung der eigenen Körpergrenzen gegen Schädigung von außen, wie sie z. B. in der sexuellen Selbstbestimmung im Strafrecht verbrieft wird, soll Schutz gegen die Übergriffe anderer Personen bieten. Die Grenzen der psychischen Unversehrtheit mit der Unantastbarkeit der Würde des Menschen sind verfassungsrechtlich im Grundgesetz verankert. In den Höflichkeitsregeln und im Taktgefühl zeigen sich die sogenannten Grenzen der Gemeinschaft. Grenzen stellen das besondere Verhältnis zwischen Nähe und Distanz dar. Sie haben im Alltag, aber ganz besonders im professionellen Handeln der Polizei eine große Bedeutung.

1 Was kennzeichnet Aggression und Gewalt?

Zunächst wird ein Überblick über die Unterscheidung zwischen Aggression und Gewalt vorgestellt und es werden die Täterstrategien von Angreifern beschrieben. Danach wird auf das Interaktionsgeschehen zwischen Polizei und aggressiven sowie gewalttätigen Personen eingegangen.

Polizeibeamte wurden in den letzten Jahren durch die zunehmenden Angriffe auf Beamte insbesondere bei alltäglichen Anlässen spürbar mit Gewalt konfrontiert. Untersuchungen zeigen, dass es bestimmte polizeiliche Einsätze und Maßnahmen sind, die eher zu gewaltsamen Übergriffen auf Polizeibeamte führen. Das Einschreiten mit Schlichtungsversuch, die Identitätsfeststellung oder Festnahmen nach Sachverhalten mit Gewaltandrohungen unter Einfluss von Alkohol und anderen berauschenden Mitteln sowie psychische Ausnahmesituationen der Betroffenen sind hier besonders hervorzuheben.[156] Vor allem Festnahmen, Ingewahrsamnahmen und Identitätsfeststellungen durch Beamte des Streifendienstes führen häufig zu Eskalationen mit Gewalt.[157]

Als besonders gefährdet gelten junge, männliche Polizeibeamte im Alter zwischen 24 und 26 Jahren.[158] Auch die Täter sind meist jung und männlich.

Gewalt hat die unterschiedlichsten Facetten, sie hat jedoch immer mit der Überschreitung von Grenzen, mit Grenzverletzungen zu tun, wie den Verletzungen der Distanzzonen, den Körpergrenzen, den Gesetzesüberschreitungen, den Grenzverletzungen durch Beleidigen und Bedrohen.

156 Vgl. Scholzen (1/2016), S. 3.

157 Vgl. Scholzen (1/2016), S. 3.

158 Vgl. Scholzen (1/2016), S. 4.

Das Thema Gewalt und Aggression wird im Folgenden unter der Perspektive der kommunikativen Muster von Nähe und Distanz sowie der damit verbundenen Grenzverletzungen genauer betrachtet.

2 Von der Grenzverletzung zu Aggression und Gewalt

Gewalt und aggressives Verhalten haben in den vergangenen Jahren eine größere gesellschaftliche Ächtung erfahren. Der Kampf wird gerne in den virtuellen Raum verlagert, Gewalt und Aggressionen werden in der Fantasie ausgelebt. Die Freude und die Faszination an Gewaltspielen im Internet zeigen eine Verlagerung von körperlicher Gewalt hin zur leiblosen Erfahrung von Verletzung und Tod.

Die Körperlosigkeit und der eingeübte Verzicht auf Gewalt im gesellschaftlichen Alltag zeigen sich teilweise im Erschrecken vieler junger Polizisten angesichts gewalttätiger An- und Übergriffe im Polizeigeschehen. Auch in den Einsatztrainings lässt sich eine gewisse Hemmschwelle beim Einschreiten mit körperlichem Zwang beobachten. Da körperliche Auseinandersetzungen zwischen Kindern jahrelang durch Eltern, Erzieher und Lehrer abtrainiert wurden, fällt es nun schwer, diese Grenzen zu überschreiten. Demgegenüber stehen junge, meist männliche Angreifer, die über Jahre das Kämpfen und gewaltsame Handeln trainiert haben.

Insgesamt scheinen große Teile der jungen Generation, die Zugang zum Polizeidienst haben, empathiefähiger zu sein. Daneben sind sie gut ausgebildet durch kognitive und damit methodisch-fachliche Kompetenzen. Aber neben den eher gewaltfreien Räumen existiert eine andere Welt, in der Schmerzen und Gewalt zum Alltag gehören. Dies zeigt sich gerade in den intimen Beziehungen wie der Familie. Frauen und Kinder sind auch heute noch in einem hohen Maße gefährdet, männlicher Gewalt ausgesetzt zu sein.

2.1 Selbstbehauptung

Selbstbehauptung heißt, das Recht einzufordern, die eigenen Ziele, Interessen, Gefühle und Wünsche in der Welt zu behaupten. Dies setzt voraus, dass Menschen ihre Ziele kennen und ein Wissen über sich haben. Aber auch, wo dieses Wissen nicht explizit vorhanden ist, besteht ein diffuses Empfinden für den eigenen Raum und die eigenen Grenzen der Intimität, die es nach außen zu schützen gilt. Das sogenannte ungute Gefühl, das Bauchempfinden in Alltagssituationen zeigt dann an, dass etwas nicht stimmt und Grenzen verletzt werden. Die eigene Intimsphäre ist aufgrund der persönlichen Sozialisation und der jeweiligen Wahrnehmung unterschiedlich groß. In Alltagssituationen können Grenzverletzungen auch bewusst hingenommen werden, wie im Aufzug, auf großen Festen im Bierzelt oder in einer als positiv empfundenen Nähe in der Familie.

Neben den gesetzlichen Grenzen gelten auch von Institutionen gesetzte Grenzen, in deren Auftrag man handelt. Verlangt ein Polizeibeamter bei einer Verkehrskontrolle, die Hände sichtbar auf die Vorderkonsole zu legen, hat er das Recht dazu, dies durchzusetzen. Er behauptet damit das Ziel der Institution Polizei, Handlungen vom Gegenüber einzufordern, die der Sicherheit dienen. Wird dieser Forderung nicht nachgekommen, gilt das in der Regel als Grenzverletzung und wird zu weiteren Aufforderungen vonseiten der Polizei führen. Beharrt der Verkehrsteilnehmer trotzdem darauf, seine Hände nicht zu zeigen, und versucht, sich allen Aufforderungen zu widersetzen, wird das als Provokation oder Aggression gedeutet.

2.2 Aggressionen

Aggressionen sind Handlungen, die zu unerheblichen Schädigungen führen, denn sie verstoßen gegen konventionelle Umgangsformen und sollen deswegen vermieden werden. Sie haben feindseligen Charakter und sind meist die Folge heißer emotionaler Erregung.[159] Die Schädigung bezieht sich im obigen Beispiel auf die Nichtbefolgung der Aufforderung. Sie schädigt die Polizei in der Ausübung ihrer Maßnahme. Aggression wird als feindselig empfunden und ist womöglich begleitet von Gefühlen wie Ärger und Wut oder auch Hilflosigkeit. An diesem Beispiel wird deutlich, dass Aggressionen auch passiv ausgeübt werden können, z. B. durch Unterlassen von Handlungen.

Eine aktive aggressive Handlung wäre das Beschimpfen oder Beleidigen der Polizei bei der Verkehrskontrolle.

Ein Streit unter Familienangehörigen, der lautstark ausgetragen wird und in dem die Beteiligten sich gegenseitig Beleidigungen an den Kopf werfen, ohne sich körperlich zu verletzen, ist somit ein aggressiver Akt, aber noch keine Gewalttat. Ein polizeiliches Einschreiten könnte auf der Grundlage der Ruhestörung erfolgen, aber ein Platzverweis wegen häuslicher Gewalt wäre kaum durchzusetzen.

3 Welche Merkmale zeigen sich bei Gewalthandeln?

Wenn der eine den anderen Partner dabei jedoch psychisch oder körperlich quält in dem Wissen, einen Schwächeren vor sich zu haben, der sich nicht wehren kann und an dem man Misserfolgserlebnisse oder persönliche Defizite ausgleichen kann, um sich hinterher stark und mächtig zu fühlen, dann haben wir es mit Gewalt zu tun. Ganz besonders, wenn sich diese Handlungen wiederholen und zu einem Korsett für den Täter werden, zu einem Gewohnheitshandeln, um die eigene Instabilität zu reparieren oder nicht erleben zu müssen.

Zieht der Verkehrsteilnehmer, im obigen Beispiel bleibend, eine Waffe und verletzt damit den Polizeibeamten, dann spricht man von Gewalt. Gewalthandlungen führen zu schweren Schädigungen mit erheblichen Konsequenzen, sie verstoßen gegen juristisch fixierte Normen und sind verboten. Sie haben instrumentellen Charakter (dienen als Mittel zur Durchsetzung verschiedener Ziele) und sie erfolgen oftmals berechnend und kalt.[160]

Von der gegenseitigen Provokation bis hin zur Gewalt lassen sich verschiedene Stufen beobachten.

3.1 Merkmale beim Kampf

Die Verletzung der Grenzen kann als Kampf bezeichnet werden, dies vorwiegend dort, wo die Beteiligten sich gegenseitig in ihren Grenzen verletzen. Bei aggressiven Auseinandersetzungen können kämpferische oder auch spielerische Kommunikationsstrukturen festgestellt

159 Vgl. Bornewasser in Bierhoff (1998), S. 49.

160 Vgl. Bornewasser in Bierhoff (1998), S. 48.

werden. Der Kampf und so manches Spiel leben von Prahlerei, Drohgebärden, Kräftemessen und dem Recht des Stärkeren.

3.2 Merkmale von Macht

Von Macht, Gewalt und Demütigung soll gesprochen werden, wo das Interaktionsverhältnis einseitig durch eine Partei dominiert und der Andere zum Opfer degradiert wird. Gewalt gestaltet die Interaktionsstruktur mit dem Anderen immer als komplementäres und damit ungleiches Interaktionsverhältnis. Bei Gewalthandlungen entstehen Täter-Opfer-Strukturen. Der Angreifer verletzt aktiv die Grenzen der Opfer, ihre Körpergrenzen, ihre Schamgrenzen, ihre Grenzen der psychischen Identität. Täter greifen in den intimsten Raum der Opfer ein, wie in die Wohnung oder das alltägliche Leben, etwa beim Stalking.

Aggression und Gewalt beziehen sich immer auf Handlungen oder Unterlassung von Handlungen, beides bezeichnet keine Gefühlszustände. Gefühle begleiten diese Handlungen, sie können jedoch recht unterschiedlich sein und haben auch verschiedene Ursachen.

3.3 Welche Stufen zeigen sich in der Dynamik von Gewalthandeln?

Es lassen sich verschiedene Formen feindseliger und grenzverletzender Interaktionen beschreiben, die verschiedene Stufen markieren.[161]

Die unterste Stufe bildet die Kooperation. Sie kann als Grundlage einer friedlichen Interaktion bezeichnet werden. Der spielerisch ausgetragene Kampf weist dieselben Merkmale auf. Betrachtet man friedliche Interaktionen auf ihrer Mikroebene, so sind die Rituale in einem Wechselspiel aufeinander abgestimmt. Die gegenseitige Anerkennung von Verhaltensstrategien hat eine wichtige und stabilisierende Wirkung auf jede mitmenschliche Begegnung. Die gemeinsame Basis lautet, die Regeln von Selbstachtung und gegenseitiger Rücksichtnahme einzuhalten. Die Beteiligten verhalten sich tendenziell so, dass beides gewahrt wird, das eigene Image und das des anderen Interaktionsteilnehmers.[162] Der Takt, in dem sich die Gesprächspartner abstimmen, der Rhythmus ihrer Sprechanteile in der Interaktion sowie die gegenseitige Verteilung der Aufmerksamkeit werden fein aufeinander abgestimmt. Es werden keine Pausen, die peinlich sein könnten, zugelassen, aber auch keine Überschneidungen. Jeder lässt den anderen ausreden und zu Wort kommen.

Bei feindseligen Interaktionen ändert sich dieser Takt und die stillschweigende Übereinkunft wird aufgebrochen.

Als nächste Stufe zeigen sich kleine Feindseligkeiten. Deren gemeinsames Merkmal ist, dass Grenzen zwar ausgetestet, aber eine bestimmte Grenze nicht überschritten wird. Die eingesetzten Gesprächsrituale sind das Prahlen und kleine Drohgebärden. Häufig verwenden Männer diese Rituale, besonders bevorzugt werden sie von jungen Männern eingesetzt. Sie können der Zurschaustellung von Status dienen. In Männerrunden wird auf diese Weise ein Anspruch auf Dominanz und Status repräsentiert. Diese Interaktionsrituale lassen sich als aggressive Imagepflege bezeichnen, wobei die allgemein geltenden Höflichkeitsriten verhindern, dass die Grenze zur feindseligen Aggression oder Gewalt überschritten wird.

161 Vgl. Collins (2011), S. 514.

162 Vgl. Goffman (1999), S. 17.

Der Übergang zu Beleidigungen und Demütigungen ist jedoch fließend. Die Gefahr steigt, wenn ein Teilnehmer das Gefühl bekommt, eine Niederlage mit Gesichtsverlust hinnehmen zu müssen. Führt der aggressive Ton im Wettprahlen zu einer drohenden Niederlage und damit zu einem schwerwiegenden Angriff auf die Würde eines der Beteiligten, kann es leicht zu einer Eskalation in Richtung gewalttätiger Handlungen kommen.[163] Dies kann zu Kämpfen mit gegenseitigem körperlichem Gerangel führen. Es wird nicht nur geschimpft, sondern auch geschubst und bedrängt.

Im nächsten Schritt werden weitere Drohungen ausgesprochen und aus dem Gegenüber wird ein Gegner, den es einzuschüchtern gilt. Der Angreifer versucht, sich in eine vorteilhafte, d. h. dominante Position zu bringen. Sobald der Gegner in eine schwächere Position gebracht wurde, entsteht ein emotionales Vakuum, das zu einer Steigerung der Angriffe und Bedrohungen führt. Aus dem Gegner soll jetzt ein Opfer werden. Auch Drohungen können eine starke psychische Gewaltform sein wie beim Stalking. Sie durchlöchern das psychische Korsett der Opfer, machen sie unsicher und verletzen das Selbstverständnis der Sicherheit des Alltags.

3.4 Welche Merkmale kennzeichnen den Tunnel der Gewalt?

Collins (2011) nennt diesen Prozess den Tunnel der Gewalt.[164] Es ist ein Bündel an Emotionen, die sich steigern als Reaktion auf die Gesten und die Gefühle der Unterlegenen. Dieser Tunnel der Gewalt kann länger andauern oder sehr schnell durchlaufen werden. Es gibt verschiedene Eingänge und verschiedene Ausgänge.

Bei drohender Eskalation wird versucht, die Kontrolle über den Prozess herzustellen. Dazu werden verschiedene Strategien eingesetzt, bis sich einer als der Stärkere erweist und die Dominanz über den Prozess gewinnt. Die Lautstärke nimmt zu, der kognitive Gehalt der Inhalte wird geringer, es werden Stereotype und Vereinfachungen bevorzugt, bis hin zu irrsinnigen Provokationen und Wiederholungen. Die kognitive Zugänglichkeit wird stark verringert. Dazu wird die körperliche Distanz zum Gegenüber verkürzt. Ziel ist es, dem Gegner den Raum zu verringern, damit verliert dieser auch an Denk- und Handlungsfähigkeit. Es soll ein Gefühl der Bedrohung provoziert werden, in dem das Gegenüber die Kontrolle über die Situation verliert. Ziel ist es, den Gegner hilflos und ohnmächtig zu machen.

Der Angreifer hat einen Plan im Kopf, mit dem er üblicherweise agiert. Diese Strategie wurde von ihm über viele Jahre entwickelt und in vielen verschiedenen Situationen erprobt. Das bedeutet nicht, dass Angreifer sofort gewalttätig werden, sie strukturieren Interaktionen aber vorzugsweise so, dass sie den Part des Starken einnehmen können und das Gegenüber in die Rolle eines schwachen Parts gedrängt wird. Dieses Prinzip der Stärke und der Schwäche gehört zum Erlebens- und Überlebensplan von Personen, die wiederholt gewalttätig werden. Mal sind sie die Starken und manchmal aber auch die Schwachen, mal Täter, mal Opfer. Mit dieser Erwartungshaltung gestalten sie ihre Interaktionen. Gerade unklare und stressige Interaktionen mit anderen Menschen, in denen sie sich bedroht fühlen, werden durch diese Dichotomie gestaltet, da ansonsten keine anderen kognitiven oder emotionalen Handlungsstrategien für schwierige Situationen verfügbar sind. Dieser Personenkreis gerät

163 Vgl. Collins (2011), S. 522.

164 Vgl. Collins (2011), S. 544.

auch leichter in Stress und fühlt sich auch schneller provoziert als andere. Es reicht ein falscher Blick, eine zu große Nähe und ihr Warnsystem schaltet auf Angriff.

Angreifer senden Signale, um ein vermeintliches Opfer zu testen. Sie nehmen sehr fein wahr, wie das Gegenüber auf die Signale reagiert. Kommt es zu starken, schwachen oder gar keinen Reaktionen?[165] Meist erleben die Beteiligten dies intuitiv, das Bauchgefühl sagt ihnen, dass etwas nicht stimmt und dass eine diffuse Bedrohung im Raum steht. Um dieses Bedrohungsgefühl geht es den Angreifern, denn sie wollen provozieren und die eigene Stärke und Glaubwürdigkeit demonstrieren. Es kommt auch vor, dass ein Angreifer zunächst nicht mit Bedrohung, sondern mit Vertrauen auf das Gegenüber zugeht, dem sogenannten Charming. So kann er kurzzeitig erst das Vertrauen des Opfers gewinnen, um dann umso brutaler zuzuschlagen.[166]

3.5 Welche Folgen haben Grenzverletzungen für Angreifer und Opfer?

Die erlebten Grenzverletzungen potenzieren sich aufseiten des Opfers:

- Der eingegrenzte Raum führt zu einer geringeren Handlungsfähigkeit und zu verringerten kognitiven Kompetenzen, die abgerufen werden können. Die Denkfähigkeit wird stark herabgesetzt.
- Die emotionale Lage des Opfers verschärft sich hin zu bedrohlichen und angsterregenden Gefühlen.
- Dies kann zu Blockaden und Handlungsunfähigkeit führen, vor allem bei Personen, die wenig Erfahrung mit Aggression und Gewalt haben.
- Bei den Angreifern schwindet die Hemmschwelle zum Einsatz körperlicher Gewalt oder zum Einsatz von Waffen.

Aufseiten der Angreifer findet ein ähnlicher Prozess an Stress und Anspannung statt. Der Sog, der in den Tunnel der Gewalt führt, entsteht durch das emotionale Vakuum, wenn ein vermeintlicher Gegner zum Opfer wird und damit seinen Raum verliert. Dieser Raum muss vom Angreifer ausgefüllt werden. Er wird in diesen Raum durch einen Strudel an aggressiven und enthemmenden Emotionen hineingesogen. Es handelt sich nach Collins um eine Art Vorwärtspanik, die durch die aufgestaute Anspannung gekennzeichnet ist, die sich infolge der plötzlichen Schwäche der anderen Seite entlädt.[167] Breakwell (1998) bezeichnet dies als Zustand der Krise aufseiten der Täter.[168] Diese Krise führt zu einer starken Erregung, in der die Kontrolle über die eigenen Impulse verloren geht. Gewalttätiges Verhalten wird damit immer wahrscheinlicher.

In dieser krisenhaften Phase sind die Angreifer nicht kognitiv ansprechbar. Alle auf Vernunft und Verstehen ausgerichteten Interventionen werden nicht aufgenommen und können nicht verarbeitet werden. Mit großer Wahrscheinlichkeit werden solche Interventionen die Aggressivität eher noch anheizen statt verringern. Hier bleiben nur wenige Gegenstrategien

165 Vgl. Atzenweiler (2006), S. 48.

166 Vgl. Atzenweiler (2006), S. 50.

167 Vgl. Collins (2011), S. 545.

168 Vgl. Breakwell (1998), S. 58.

übrig, wie die Flucht oder der Einsatz von körperlichem Zwang. Auf alle Fälle müssen auf dieser Stufe der Eskalation eindeutige und stark wirkende Grenzen gesetzt werden. Gelingt es, die Aktion des Angreifers zu unterbinden, kommt es zur kurzzeitigen Erholung und damit zur Rückkehr des Täters in sein normales Grundverhalten. In dieser Erholungsphase sind die Personen aber nach wie vor noch psychisch und physiologisch erregt und besonders empfindlich für jene Auslösefaktoren, die zu einem erneuten Anstieg der Erregung führen können. Ein Rückfall in aggressive und gewalttätige Verhaltensweisen droht, sobald die Interventionen als unpassend oder provozierend erlebt werden. Dieser Umschwung in erneute Gewalt kann sehr schnell erfolgen, da die Erregung nicht erst aufgebaut werden muss. Der Täter befindet sich noch im Tunnel der Gewalt und die Konfrontationsanspannung dauert noch an. Auch bei trainierten und wiederholt gewalttätigen Personen führt eine solche Eskalation zu Stress und Anspannung.

Treffen zwei oder mehrere ähnliche Personen aufeinander, die sich im Streit und in der Feindseligkeit gegenseitig steigern, kann dies zu einer Wiederholungsschleife gegenseitiger Bedrohungen und Beschimpfungen führen, bis eine der Parteien körperliche Gewalt einsetzt oder zur Waffe greift.

Die Eskalation kann aber auch anders unterbrochen werden. Und zwar so, dass einer der Beteiligten mit einer dramatischen Geste die Eskalation unterbindet und sich geschlagen gibt. Oder er verlässt durch geschickten Rückzug die Konfrontation und gibt die Bühne frei für den Sieger. Ist jedoch eine gewisse Grenze überschritten worden und die Emotionalisierung und körperliche Erregung sind schon zu hoch, wird ein Abbruch der Gewalteskalation immer unwahrscheinlicher.

4 Wie zeigt sich die Gewaltkompetenz?

Gewinnen wird derjenige, der stärker oder schneller ist und sich eine größere Kompetenz angeeignet hat, andere Menschen unter seine Kontrolle zu bringen. Diese situative Gewaltkompetenz zeigt sich darin, dass die Angst vor Konfrontationen schneller überwunden werden kann.[169] Andere Personen zu dominieren und unter Kontrolle zu bekommen ist das entscheidende Merkmal der Gewaltkompetenz. Dazu ist es hilfreich, wenn jemand wenig Angst vor Konfrontation und Auseinandersetzung mit anderen Menschen hat. Das übliche Höflichkeitsritual der friedlichen und kooperativen Interaktion, die das Zusammenleben ermöglicht, muss aktiv abgelehnt und unterbunden werden. Die Grenzen des gegenseitigen Respekts müssen niedergerissen und verletzt werden. Das kostet Kraft, das führt zu Stress und das muss antrainiert werden. Personen, die wenige Hemmungen haben, sich in Konfrontation zu anderen Personen zu bringen, sind beim Einsatz von aggressiven und gewalttätigen Verhaltensweisen klar im Vorteil. Sich gegen andere Menschen zu stellen, womöglich ohne ersichtlichen Grund, ist eine Kompetenz, über die nicht jeder verfügt. Üblicherweise suchen Menschen ja den Gleichklang und die Harmonie mit anderen Menschen.

Täter haben im Gegensatz zu Opfern antrainierte Pläne und Strategien, die sie austesten, um festzustellen, wie weit sie die Grenzen der friedlichen Interaktion überschreiten können. Der Erfolg hängt davon ab, inwiefern der Interaktionspartner über geeignete Methoden und Strategien der Gegenwehr verfügt. Hilflose Opfer haben in der Regel keine oder un-

169 Vgl. Collins (2011), S. 576.

genügende Strategien der Gegenwehr. Sind die Opfer Kämpfertypen, reagieren sie meist mit demselben Muster wie die Angreifer und bringen die Interaktion so zusätzlich in eine eskalierte Lage.

4.1 Welche Strategien setzen Angreifer ein?

Gewalthandeln heißt handeln mit Strategien im Sinne von Gewaltkompetenzen zur Schädigung eines Opfers. Hierbei kommt es in der Regel auch zum Einsatz von körperlicher Gewalt und/oder zum Einsatz von Waffen. Angreifer wissen, was sie tun, auch wenn sie darüber nicht immer bewusst Auskunft geben können, da ihre kognitiven Kompetenzen nicht ausreichen, sich selbst reflektierend zu bewerten.

Es konnten verschiedene Merkmale herausgearbeitet werden, die auf ein erhöhtes Risiko für Gewalthandeln hinweisen:

- Die Person ist Mitglied einer gewalttätigen Gruppe und profitiert von ihrem gewalttätigen Handeln mit einem größeren Ansehen in der Gruppe.
- Die Person hat in der Vergangenheit schon Gewalt angewendet und die Gewaltstrategie ist die wichtigste Problemlösungsstrategie. Droht die Person in der Interaktionssituation dann auch noch mit Gewalt und versucht sie, das Gegenüber einzuschüchtern und zu bedrohen, dann steigt das Risiko, dass sie diese Androhungen auch umsetzen wird.
- Wenn die Person durch aversive Reize erregt wird, vor allem wenn sie glaubt, dass dies vorsätzliche Verletzungsversuche speziell gegen sie persönlich seien, z. B. wenn die Polizei Sanktionsmaßnahmen oder Zwangsmaßnahmen androht.
- Sobald Waffen im Spiel sind, steigt das Risiko, diese auch einzusetzen.
- Bei Enthemmung durch Drogen, Alkohol oder körperliche wie psychische Erkrankungen.
- Wenn die Person durch den Einsatz von Gewalt materielle oder soziale Anerkennung erwartet. Wenn die Angreifer aus Gruppen heraus agieren oder sobald Familienangehörige zugegen sind.
- Wenn andere anwesende Personen auch Gewalt anwenden, wie bei Demonstrationen oder in Fußballstadien.
- Wenn die Person keinen anderen Ausweg mehr sieht und die Kontrolle über ihr Verhalten verloren hat. Sie fühlt sich in die Ecke gedrängt oder vor anderen bloßgestellt.
- Wenn die Person stark erregt ist und ausfallend wird.

Die Stimme ist ein nonverbales Anzeichen, das auf Gewalt hindeutet, da sie starken Druck ausüben und äußerst bedrohlich wirken kann. Das Unterschreiten der Distanz hin zur intimen Distanz mit erstem Körperkontakt sowie ein stark fixierender, abfälliger und demütigender Augenkontakt sind weitere wichtige Anzeichen für drohende körperliche Gewalt.[170]

Diese Risikofaktoren müssen durch die Polizei aufmerksam bewertet und in die Risikoabschätzung einbezogen werden. Gewalt fällt selten vom Himmel, sie wird angelegt und verfolgt. Sie kann durch auslösende Faktoren verstärkt werden und sie muss durch die Polizei

170 Vgl. Breakwell (1998), S. 38 f.

verhindert oder unterbunden werden. Menschen, die in ihrem Alltag und in ihrem Umfeld zu aggressivem und gewalttätigem Verhalten neigen, werden diese Verhaltensstrategien mit großer Wahrscheinlichkeit im Umgang mit der Polizei wiederholen. Eine Gefährlichkeitscheckliste kann Risikofaktoren erkennbar werden lassen. Vergleicht man die oben genannten Risikofaktoren mit Studien zur Gewalt gegen Polizeibeamte (KFN-Befragung 2010), so zeigt sich ein ähnliches Bild an Risikofaktoren:

Rund 90 % der Angreifer waren männlich und durchschnittlich 29 Jahre alt. Ein erheblicher Anteil (60 %) hatte polizeilich registrierte und strafrechtliche Vorerkenntnisse und war alkoholisiert. In 50 % der Fälle gab es Hinweise auf ein besonderes Gewaltrisiko. Sie signalisierten durch ihre kriminelle Vorgeschichte und durch einen wahrnehmbaren Alkoholgenuss, dass die Situation gefährlich werden kann. Als risikobehaftete Situationen für den Einzeldienst werden familiäre oder ähnliche mitmenschliche Streitigkeiten genannt, die zu einer erhöhten Erregung der Angreifer führen. Bei 11 % der Angreifer wurde später eine Krankheit als Rechtfertigungs- oder Schuldausschließungsgrund festgestellt.[171]

4.2 Stabilisierende Täterstrategien nach Gewalthandlungen

Nach einer Gewalttat werden weitere Strategien eingesetzt, um die Verantwortung für begangenes Unrecht zu verleugnen. Bei und nach Gewalttaten provozieren Täter im Allgemeinen ein Verhalten des Verdrängens und Vergessens und benutzen die verschiedensten Taktiken der Geheimhaltung und des Schweigens.[172] Ziel ist es, sowohl Opfer wie auch Zuschauer in einer Art Bannkreis der Gewalt zu behalten und die verübten Gewalttaten auf diese Weise ungeschehen zu machen oder nicht zur Anzeige bringen zu lassen. Zur Aufrechterhaltung weiterer Aggressionen und Gewalttaten dienen geübten Angreifern und Tätern die verschiedensten Techniken der Tabuisierung.

Angreifer bauen schnell einen Bannkreis um sich und das Opfer auf, wobei sie entweder ihre Opfer in unsinnige Dialoge verwickeln, die Opfer bedrohen sowie denk- und handlungsunfähig machen. Oder sie binden die Opfer an sich durch besondere Zuwendung und kleine Verführungen, wie beim sexuellen Missbrauch.

Die Angreifer gebrauchen immer eine Form von Macht, um ein vermeintliches Opfer zu testen und dann in ihren Machtbereich zu ziehen. Diese Falle wird umso auswegloser, je länger sie andauert, da die Opfer sich durch Gefühle der Hilflosigkeit und der Duldung mitschuldig fühlen. Und genau diese Machtstruktur in Form von Rationalisierungen, Ausreden und Ableugnen des Geschehenen wird nach einer Tat benutzt, um das Opfer zu diskreditieren, unglaubwürdig zu machen und eventuelle Zuschauer zum Wegsehen zu bringen. Dem Opfer wird eine Mitschuld zugesprochen, wenn nicht sogar die ganze Schuld zugeschoben. Auf diesem Wege wird die Verantwortung für die Tat verleugnet. Sprachlich werden meist Sätze formuliert, die das aktive Handeln des Täters infrage stellen: *„Da wurde es mir richtig rot, dann ist es eben geschehen. Dann kam es dazu. Es passierte eben."*

So oder ähnlich wird das aktive Tathandeln geleugnet. Das Leugnen und die Verweigerung, Verantwortung für gewalttätiges Handeln zu übernehmen, können zu einer Missachtung der

171 Vgl. Ellrich/Pfeiffer/Baier (2010), S. 19 ff.

172 Vgl. Hermann (1993), S. 18.

Leiden der Opfer und ungewollt zu einer Schonung der Täter und damit zu einer Verstärkung ihrer aggressiven Tendenzen führen.[173]

Die Täter definieren so Realität und geben dem geschehenen Unrecht einen ihnen passenden Namen. Der könnte lauten: *„Alles harmloses Geplänkel, der andere hat mich provoziert, die hat das doch selbst gewollt, ich habe gar keine Gewalt angewendet (sexueller Missbrauch), es ist doch gar nichts passiert, die wollen mich doch alle nur fertigmachen."*

So sollen Opfer zu Mittätern gemacht werden. Zuschauer sollen zum Wegsehen gezwungen werden. Im direkten Geschehen weiß der Beobachter oft gar nicht genau, wer Angreifer und wer Opfer ist oder war.

Gewalttaten üben auf einen großen Teil der Bevölkerung eine fast magische Anziehungskraft aus, die Zuschauer verfolgen dabei wie paralysiert das Geschehen, ohne einzugreifen oder zu helfen, und sie bedenken oft nicht, dass sie sich selbst so auch traumatisieren können.

Aufseiten der Opfer führen diese Strategien nicht selten zur Verstärkung der Traumatisierung, ganz besonders dann, wenn sich das soziale Umfeld den Definitionen des Täters anschließt. Opfer sind dann gezwungen, zusätzlich zur eigenen Traumatisierung gegen die „Amnesie" des sozialen Umfelds anzukämpfen. Dies wird als massive Entwertung erlebt: *„Ich bin es noch nicht mal wert, dass jemand eingreift, dass mir jemand hilft."*

Das verstärkt alle Gefühle der Ohnmacht und Demütigung. Das anfängliche Verwickelt-Werden durch die Täter verstärkt auch Scham und Schuldgefühle und fördert so die Entwicklung von kompensatorischen Schemata durch das traumatische Geschehen. Die meisten Opfer fragen sich: *„Warum bin gerade ich betroffen?", „Was habe ich gemacht?", „Habe ich das provoziert?", „Hätte ich dies und jenes anders gemacht, wäre es bestimmt nie so weit gekommen."* Häufig entwickeln Opfer Abwehrmaßnahmen, indem sie sich als braves und hilfloses Kind an den starken Täter binden, um so an dessen Macht und Stärke teilzunehmen und dessen Gewalt zu entgehen. Die Fähigkeit, selbst stark und dominant zu sein, wird dann oft ein Leben lang abgespalten. So kommt es zur Opferidentifikation, meist bei Mädchen. Männliche Angreifer haben sich dagegen schon als Kinder mit den Tätern identifiziert, indem sie früh selbst zu Angreifern werden, um so die abgespaltenen Teile der Schwäche und der erlebten Hilflosigkeit nicht wieder erleben zu müssen.

Bei Opfern verstärken Schuld und Schamgefühle das weit verbreitete Phänomen, die Straftat nicht zur Anzeige zu bringen, sie öffentlich zu machen und anderen zu zeigen, was passiert ist. Auf diese Weise werden die Machtstrategien der Täter erfüllt, nämlich das Geschehene ungeschehen zu machen oder wenigstens darüber zu schweigen. Die Definitionsmacht des Täters hat sich so zur Realität verdichtet.

4.3 Welche professionellen polizeilichen Interventionen gibt es bei Aggression und Gewalt?

Die Polizei muss über professionelle Handlungskompetenzen zur Verhinderung von Gewalt verfügen und soll auf jeder Stufe der Eskalation eine sinnvolle Deeskalations- und Befriedungsstrategie zum Einsatz bringen können. Der Gewaltkompetenz aufseiten der Angreifer

173 Vgl. Fiedler in Lorei (2006), S. 882.

müssen professionelle polizeiliche Handlungsstrategien entgegengesetzt werden, die sich von den subjektiv gefärbten, alltäglichen Bewältigungsstrategien unterscheiden.

Polizeibeamte haben in ihrer professionellen Interaktion auch Pläne und Erwartungshaltungen für das Verhalten des Gegenübers. Es sind Routinen antrainiert worden, die im polizeilichen Alltagshandeln zur Anwendung kommen: Polizisten erwarten respektvolles und „herrschaftsunterworfenes"[174] Verhalten aufseiten der Bürgerinnen und Bürger. Die Polizei sendet Signale und gibt Anweisungen und erwartet eine defensive oder auf Kooperation ausgerichtete Reaktion. Wird hierauf nicht stimmig reagiert und den Anweisungen nicht Folge geleistet, wird den Bürgern die Sanktionsbereitschaft signalisiert. Hierbei wird durch nonverbale Zeichen, wie laute Stimme und Handbewegungen nach vorne, sowie passende sprachliche Aufforderungen deutlich gemacht, dass die Grenze des gegenseitigen Respekts unterschritten wurde. Reagiert das Gegenüber wiederholt nicht oder reagiert es provozierend oder sogar mit Widerstand, wird formales Recht eingefordert und Zwang eingeleitet. Der Bürger ist nicht mehr nur Bürger, sondern wird zum „Straftäter".[175]

Zum Verhaltensrepertoire der Polizei bei Aggression und Gewalt gehört, ähnlich wie beim Angreifer, die Demonstration von Stärke und Dominanz.

Stärke kann nicht durch lautes Brüllen demonstriert werden. Brüllen ist in der Regel ein Anzeichen von Unsicherheit und Stress. Durch Brüllen verschärft sich das Stresserleben und der Polizeibeamte hat weniger Zugriff auf seine professionellen Handlungskompetenzen, insbesondere wenn diese durch eine zu geringe Routine noch nicht genügend gefestigt werden konnten. Gesteigert wird dieses Verhalten, wenn die Polizei Maßnahmen einfordert, die vom Gegenüber nicht umgesetzt werden. Werden diese Aufforderungen schallplattenartig wiederholt, spürt das Gegenüber den Stress und die Verunsicherung aufseiten der Polizei. Die Umsetzung der angedrohten Maßnahmen unterbleibt, da das Verhalten nicht auf dominantem, professionellem Handeln basiert. Das polizeiliche Verhalten wirkt von außen betrachtet, als wenn die Polizei im Magnetfeld des Gegenübers festhängt und dadurch getrieben wird, ihre Verhaltensstrategie an die des aggressiven Parts anzugleichen, statt ihr angelerntes und professionelles Handlungsrepertoire auszuschöpfen.

Aggressive Angreifer haben es leichter, da sie das aggressive Verhalten kennen und über Jahre oder Jahrzehnte eingeübt haben. Sie müssen ihre Strategie nicht ändern, sondern wollen diese verschärfen durch Brüllen, Demonstrieren von Macht und Bedrohung. Dies entspricht ihrer Gewaltkompetenz. Die Polizei muss diesem Verhalten aktive und deutliche Grenzen entgegensetzen. Denn erst wenn die Polizei durch deeskalierende Kompetenzen entgegenwirkt, wie z. B. durch einen gezielten Einsatz der Stimme und der Distanz, dann entsteht Unsicherheit und die antrainierten Handlungsmuster des polizeilichen Gegenübers werden durchbrochen. So kann die Polizei die Situation unter Kontrolle bringen und ihre Führungskompetenz ausbauen. Die Polizei muss sich vom aggressiven Gegenüber aktiv abgrenzen und sich auf ihre angelernten Handlungskompetenzen fokussieren.

174 Behr in Ohlemacher/Werner (2012), S. 178.

175 Behr in Ohlemacher/Werner (2012), S. 179.

Abbildung 31: Deeskalationstechniken

Dabei ist der Einsatz der Stimme eins der mächtigsten körperlichen Einsatzmittel. Nur muss sie wie jede andere Waffe gezielt und strategisch eingesetzt werden. Die Stimme kann zur Begrenzung des Gegenübers dienen, wenn sie in Kombination mit dem Blick und dem Körperausdruck eindeutig Dominanz und Autorität repräsentiert. Sie muss den Angreifer treffen, in Mark und Bein, wie das Sprichwort sagt. Dies bedeutet, dass sie den unbedingten Willen der Polizei, das Gegenüber unter Kontrolle zu bringen, ausdrücken muss und nicht ein Gefühl von Stress und Unsicherheit. Im stärksten Ausmaß wirkt sie auf das Gegenüber direkt regredierend. Selbst vermeintlich starke Männer regredieren in den Zustand des kleinen Kindes, wenn durch eine laute, dominante Stimme ein Zustand wie früher herbeigeführt wird. Die Erinnerung an Vater/Mutter, großen Bruder/große Schwester, Lehrer oder eine andere Autoritätsperson, die zur Einschüchterung und zur Durchsetzung von Sanktionsmaßnahmen laut gebrüllt und das Kind stark verängstigt hat, ist fest im emotionalen Gedächtnis gespeichert worden. Um genau diese Gefühle der Ohnmacht und der Hilflosigkeit im Erwachsenenleben zu vermeiden, entwickeln sich manche Kinder, gerne die Jungs, zu späteren Angreifern. Dieses Moment, das manchmal sicher nur kurz wirkt, sollte von der Polizei genutzt werden, um weitere Zwangsmaßnahmen umzusetzen.

Die Stimme wirkt hingegen nicht dominant, wenn sie ziellos und ohne klaren Entschluss eingesetzt wird. Ähnlich wie bei einem ziellosen Einsetzen der Schusswaffe ist dann das Magazin leer und die Polizei befindet sich in einer noch ungünstigeren Lage, solange der Angreifer nicht getroffen wurde.

Dominanz und Führung als Gegenpart zu aggressiven Handlungsstrategien erfordern viel Routine und Gelassenheit, die aber mit einer zunehmenden Handlungssicherheit entstehen. Der sichere Umgang mit den Führungs- und Einsatzmitteln sowie die rechtliche Sicherheit sind weitere notwendige Kompetenzen im Umgang mit aggressiven Personen.

4.4 Zusammenfassung

Gewalthandeln unterliegt einer Struktur und die gewaltsame Handlung folgt meistens einem Plan. Sicher gibt es die sogenannte Affekttat, die hochgradig emotional, quasi aus dem Nichts heraus begangen wird. Aber auch hier gibt es in der Regel eine problematische Entwicklung hin zur Tat und häufig eine Fantasietätigkeit zu deren Vorbereitung.

Angreifer haben Kompetenzen entwickelt, die es ihnen möglich machen, ihr Gewalthandeln auch gegenüber der Polizei zu demonstrieren. Personen mit antisozialer Persönlichkeitsstörung z. B. fallen schon in der Kindheit mit aggressiven und provozierenden Verhaltensweisen auf, die sie im Laufe des Lebens verstärken und zu Gewalthandeln ausbauen. Gewalt wird häufiger von Männern begangen und die Chancen, aus dem Teufelskreis der Gewalt auszusteigen, werden mit jedem Lebensjahr geringer. Der Höhepunkt der progredienten Verläufe liegt meist bei 45 Jahren, erst danach sinkt die Gewaltrate wieder.

5 Was sind Traumata und wie sehen die Folgen für Opfer nach Gewalt aus?

Traumata nach Gewalterleben lassen sich als massive Grenzverletzungen beschreiben. Polizeiliches Handeln im Umgang mit Traumatisierten steht unter der Verpflichtung des Opferschutzes. Als oberstes Ziel gilt es, die Sicherheit für die Opfer herzustellen, indem die Polizei sich als Abgrenzung zwischen Täter und Opfer stellt, sich schützend vor dem Opfer positioniert.

Im polizeilichen Umgang mit Opfern, der sogenannten Erste-Hilfe-Kommunikation, gelten die polizeilichen Handlungsleitlinien des Gesetzes zum zivilrechtlichen Schutz vor Gewalttaten und Nachstellungen. Hieraus leiten sich verschiedene Maßnahmen polizeilichen Handelns ab.

Das Gewaltschutzgesetz (Gesetz zum zivilrechtlichen Schutz vor Gewalttaten und Nachstellungen), das erstmals am 11.12.2011 in Kraft trat, ist die Rechtsgrundlage für die Anordnung gerichtlicher Maßnahmen zum Schutz des Opfers gegenüber der gewalttätigen Person. Insbesondere umfassen diese Schutzmaßnahmen Kontakt-, Näherungs- und Belästigungsverbote bei vorsätzlichen und widerrechtlichen Verletzungen von Körper, Gesundheit oder Freiheit einer Person einschließlich der Drohung mit solchen Verletzungen. Opferschutz und Opferhilfe sind die polizeilichen Handlungsleitlinien beim Umgang mit Opfern oder Traumatisierten. Das wichtigste Ziel liegt darin, größtmögliche Sicherheit für die Opfer herzustellen.

Peter Henzler, Vizepräsident beim BKA, formulierte 2017 den Auftrag an die Polizei folgendermaßen:

> „Menschen, die Opfer von Straftaten geworden sind, sind meist die wichtigsten, teilweise gar die einzigen Zeugen. Sie sind für uns als Ermittler oft die ersten, deren Aussage wir aufnehmen. Das bedeutet auch, dass Polizistinnen und Polizisten zu den ersten Ansprechpartnern zählen, auf die Opfer von Kriminalität unmittelbar nach dieser einschneidenden Erfahrung treffen. Wir müssen uns daher immer wieder bewusst machen, dass das, was für uns tägliches Geschäft ist, für die Opfer meist eine bislang unbekannte, absolute Ausnahmesituation darstellt."[176]

176 Zentralinstitut für Seelische Gesundheit (2017).

In Interviews gaben Betroffene an, dass sie sich bei der Polizei oft rechtfertigen mussten oder Ermittler die Privatsphäre nicht beachteten. Die Ergebnisse einer Studie im Auftrag von Weißem Ring und BKA aus dem Jahr 2017 zeigen, dass sich 52 % der Befragten über den Verfahrensstand und 50 % der Betroffenen über ihre Rechte nicht genug informiert fühlten. 41 % erhielten ihrer Meinung nach zu wenige Informationen über Hilfsmöglichkeiten.

5.1 Welche Erscheinungsformen gibt es bei Traumata?

Trauma bezeichnet eine Verletzung der Seele, hervorgerufen durch Situationsfaktoren, die von Fischer/Riedesser (1998)[177] wie folgt beschrieben werden: Sie führen zur Bedrohung für Leib und Leben und zu schwerem körperlichem Schaden oder Verletzung. Aber auch, wenn jemand absichtlicher Verletzung oder Schädigung ausgesetzt ist, wenn er mit verstümmelten menschlichen Körpern konfrontiert ist oder die Information bekommt, dass er schädlichen Umweltreizen ausgesetzt war, spricht man von Traumata. Der gewaltsame oder plötzliche Verlust einer geliebten Person sowie die Beobachtung von Gewalt gegen eine geliebte Person, selbst Informationen darüber können zur Traumatisierung führen. Genauso wie die Tatsache, dass jemand Schuld hat am Tod oder an der schweren Schädigung anderer.

Von traumatischen Situationen wird gesprochen, wenn die objektiven Merkmale der Situation so sind, dass sie die subjektiven Bewältigungsmöglichkeiten drastisch übersteigen. Das heißt, dass auf traumatische Situationen keine angemessenen Reaktionen möglich sind. Sie erfordern dringend eine Bewältigungsstrategie, um überleben zu können, aber sie lassen eine solche gleichzeitig nicht zu.[178]

Traumatische Situationen lassen sich weiterhin nach der zeitlichen Perspektive und nach der Art der Verursachung unterscheiden.

Bei der zeitlichen Erstreckung bzw. dem Verlauf lassen sich zwei Kategorien unterscheiden:

- Punktuelle Situationen (Monotraumatisierung)

Hierbei handelt es sich um kurz dauernde traumatische Ereignisse, die sogenannten Typ-1-Traumata, wie eine einmalige Gewalterfahrung, ein Unfall, eine Umwelt- oder Naturkatastrophe. Die wichtigsten Kennzeichen dieser Traumatisierung sind die akute Lebensgefahr, die Plötzlichkeit und das überraschende Eintreten.

- Die chronisch ausgedehnten bzw. wiederholten Situationen

führen zu einer Polytraumatisierung, wie der wiederholte sexuelle Missbrauch in der Kindheit. Diese Arten von Traumata werden auch als Typ-2-Traumata bezeichnet. Die wichtigsten Kennzeichen sind hier die Abfolge verschiedener Einzelereignisse sowie die geringe Vorhersagbarkeit des weiteren Verlaufs.

Traumata werden in der Literatur weiterhin unterschieden nach der Frage der Verursachung.

177 Vgl. Fischer/Riedesser (1998), S. 125.

178 Vgl. Fischer/Riedesser (1998), S. 60.

Traumata mit menschlichem/sozialem Ursprung

- wie bei Gewalterleben, Folter oder einer Geiselnahme

mit absichtlicher oder unabsichtlicher menschlicher Verursachung

- wie bei häuslicher Gewalt oder einem unabsichtlichen Auslösen eines Schusses, eines Verkehrsunfalls

diese beiden werden auch als man made desaster bezeichnet

Traumata mit nichtmenschlichem Ursprung

- wie bei Katastrophen, Arbeitsunfällen

Abbildung 32: Typen von Traumata nach Verursachung

Traumatische Ereignisse, die länger andauern, sich wiederholt ereignen und dem Opfer schwere körperliche Verletzungen zufügen, führen auch häufiger zu schweren Traumareaktionen. Wenn der Täter dann noch ein nahestehender, womöglich geliebter Mensch ist und das Opfer nach den Taten keine Unterstützung von anderen Menschen bekommt, dann steigt die Wahrscheinlichkeit für schwere Folgewirkungen weiter an.[179] Die häusliche Gewalt ist eine solche traumatische Ereigniskette, die sich über viele Jahre hinziehen kann. Aufgrund der Intimität der Täter-Opfer-Beziehung scheuen viele Opfer eine Anzeige und können sich keine Unterstützung im sozialen Umfeld organisieren. Verletzungen werden versteckt und kaschiert und die Familie wird nach außen abgeschirmt.

Traumata lassen sich weiterhin in primäre und sekundäre Traumata unterscheiden. Unter die primäre Traumatisierung werden die Traumatisierungen der direkt Betroffenen zusammengefasst, also der Personen, die direkt durch eigenes Erleben von einer traumatischen Situation betroffen sind. Die sekundäre Traumatisierung findet sich bei Angehörigen, Beobachtern wie Zeugen, Zuschauern, aber auch bei den professionellen Helfern eines traumatischen Ereignisses.

Die Entstehung traumatischer Situationen, gerade bei Gewalterlebnissen, wird von der subjektiven Seite her eventuell durch psychopathologische Persönlichkeitsmerkmale begünstigt. Diese sind aber ihrerseits häufig Folgen vorausgehender Traumata, wie bei häuslicher Gewalt (Polytraumatisierung).

Neben Unfällen, Katastrophen oder plötzlichen Todesfällen handelt es sich bei Traumata meist um Gewalterfahrungen. Ein Einbruchsdiebstahl, der Raubüberfall, die Körperverletzung, die körperliche, sexuelle oder psychische Gewalt bei häuslichen Gewalttaten stellen für die Betroffenen eine extreme Belastungssituation dar. Für die Polizei sind das polizeiliche Standardsituationen, die ihren beruflichen Alltag prägen und für deren polizeiliche Bewältigung sie gut ausgebildet wurde. Dies ist zum einen hilfreich für die Opfer, da sie einen kompetenten und sachlich gut vorbereiteten Gesprächspartner haben. Es kann dort zum Problem werden, wo das Opfer das Gefühl bekommt, dass seine Belastungen nicht

179 Vgl. Huber (2003), S. 75.

ernst genommen werden oder Betroffene nicht die Informationen bekommen, die ihnen weiterhelfen. Für die Polizei als Organ der Strafverfolgung ist der Umgang mit dem Täter ein wichtiges Handlungsziel. Jedoch dürfen das Opfer oder dessen Angehörige nicht aus dem Blick geraten.

Auch wenn die Erschütterungen und das Ausmaß der Belastungsreaktionen bei den Betroffenen recht unterschiedlich ausfallen, lassen sich allgemeine Belastungen und Folgen beschreiben. Die Belastungen können in individualpsychologische und sozialpsychologische Belastungsfolgen unterteilt werden.[180]

5.2 Woran lassen sich die individualpsychologischen Folgen bei Traumata erkennen?

Die individualpsychologischen Belastungen liegen in dem Umstand, dass durch das traumatische Geschehen die Handlungsabläufe unterbrochen wurden und die Kontrolle über das Alltagshandeln verloren geht.[181] Traumatische Ereignisse teilen das Leben in ein Vorher und ein Nachher. Das gewohnte Leben mit seinen alltäglichen Geschehnissen und sinnvollen Handlungsabläufen existiert nicht mehr oder nur noch teilweise. Die abgebrochenen Handlungen des traumatischen Erlebens bleiben als Nachhallerinnerungen oder in Bildern, Träumen oder Schmerzen als Erinnerung oder als Versuch der Wiederaufnahme in den Betroffenen stecken.[182] Man spricht von einer Erschütterung des Selbst- und Weltverständnisses.[183] Hierzu zählen sowohl der Verlust des Selbstvertrauens wie auch der Vertrauensverlust in die soziale oder alltägliche Realität, die sich als Folge des Ereignisses bei vielen Opfern einstellen. Das eigene Zuhause wird nach einem Einbruch nicht mehr als sicher erlebt oder der alltägliche Weg zur Arbeit scheint nach einem Verkehrsunfall unüberwindbar. Gerade der Verlust an Kontrolle über die nahe Umwelt wird von den Betroffenen als sehr unangenehm erlebt.

Die Erschütterung des Selbstverständnisses zeigt sich oft in den unbegründeten Selbstanklagen Betroffener, angesichts der überwältigenden Gefahr oder Bedrohung „versagt" zu haben. Die Erschütterung des Weltverständnisses resultiert daraus, dass mit dem Versagen effektiver Handlungsmöglichkeiten in der traumatisierenden Situation auch zugleich die sinndeutende Aktivität des Individuums versagt hat. Hiermit ist gemeint, dass Menschen ihrem Alltag und der Gestaltung ihres Lebens immer einen Sinn verleihen und diese Gewohnheiten des Alltags durch das Trauma verloren gehen. Besucht eine ältere Frau z. B. regelmäßig zu Fuß den weiter entfernten Friedhof und verbindet sie dieses gleichzeitig damit, dass sie vorher Einkäufe erledigt und auch einen größeren Betrag an Geld von der Bank abhebt, so ergibt das für ihren Alltag einen Sinn. Es ist ein fester Ritus, die Verknüpfung von Geld abheben, einkaufen und auf den Friedhof gehen gehört zu einem Ablauf, der den Alltag gestaltet und erleichtert. Wird ihr jedoch bei der Grabpflege ihre Geldbörse aus der Handtasche gestohlen, so wird ihre Alltagsgestaltung in ihrem Sinngehalt zutiefst erschüttert. Sie wird sich schämen, dass sie so dumm war, so viel Geld auf einmal abgehoben, die Handtasche mit auf

180 Vgl. Lasogga in Hallenberger/Lorei (2014a), S. 214.

181 Vgl. Lasogga in Hallenberger/Lorei (2014a), S. 215.

182 Vgl. Fischer (2005), S. 27.

183 Vgl. Fischer/Riedesser (1998), S. 85.

den Friedhof genommen und sie unbeaufsichtigt auf die Bank gestellt zu haben, während sie am Grab die Blumen wechselte. Das Sicherheitsgefühl auf dem Friedhof wird erschüttert und der Ablauf des Alltagshandelns muss neu geordnet werden.

5.3 Woran lassen sich die sozialpsychologischen Folgen von Traumata erkennen?

Bei den sozialpsychologischen Folgen[184] handelt es sich um die Belastungen, die aus der Interaktion mit anderen Menschen entstehen. Schaulustige, Zuschauer, Gaffer, Menschen, die fotografieren, aber nicht helfen, können das erlebte Unheil vergrößern. Hierzu zählt auch die Polizei, die in der Regel als Erste mit den Opfern Kontakt hat. Fühlen sich Opfer von der Polizei nicht ernst genommen, kann dies zur Verschlimmerung des traumatischen Erlebens führen.

Die Opfer brauchen Unterstützung und Hilfe. Die Hilfe muss sie befähigen, aus ihrem Opfersein herauszufinden, um wieder aktiv die eigenen Grenzen und Bedürfnisse bestimmen zu können. Schon der Begriff Kriminalitätsopfer wirkt teilweise stigmatisierend, er vermittelt Bilder von Ohnmacht und Hilflosigkeit, Schwäche und Angst. Diese Gefühle der traumatischen Situation werden den Betroffenen auch nach dem Ereignis wie ein Etikett aufgeklebt.[185] Viele Betroffene sind nicht vorbereitet auf die Heftigkeit der seelischen Erschütterung durch ein traumatisches Ereignis. Sie zweifeln an sich und erleben sich als krank, was eine zusätzliche Schädigung des Selbstwertgefühls bedingt. Es kommt zu Selbstanklagen und Selbstzweifeln. Die Betroffenen müssen wieder Selbstschutzmechanismen aufbauen, die ihnen helfen, sich vom Erlebten zu distanzieren. Hilfemaßnahmen sollten diese Schutzbemühungen unterstützen und Kraft vermitteln.

5.4 Welche Phasen durchlaufen die traumatischen Reaktionen?

Betroffene von Krisensituationen erleben und verarbeiten die traumatischen Ereignisse unterschiedlich. In den Reaktionen der Betroffenen zeigen sich ihre verschiedenen persönlichen Erfahrungen wie auch ihre kulturellen Prägungen. Gedanken, Gefühle, körperliche Reaktionen und Verhaltensweisen verstärken sich dabei gegenseitig.

184 Vgl. Lasogga in Hallenberger/Lorei (2014a), S. 215 f.

185 Vgl. Nöthen-Schürmann (2/2011), S. 5.

Die Verarbeitung eines traumatischen Geschehens dauert und gelingt nicht in kurzer Zeit. Die Reaktionen auf ein Trauma lassen sich in Phasen einteilen:

Traumatische Reaktionen verlaufen in drei Phasen:	
Schockphase	Sie ist gekennzeichnet durch Gefühle der Verwirrung, Orientierungslosigkeit, Unruhe, Aufregung, Wut, dem Gefühl der Leere. Das Gefühl der existentiellen Bedrohung, Todesangst und Kontrollverluste erschüttern das Sicherheitsgefühl der Betroffenen. Das traumatische Erleben führt häufig dazu, dass die bedrohlichen Gefühle eingefroren werden und die Personen das Geschehen wie im Film erleben oder neben sich stehend (Derealisierung). Der Körper fühlt sich empfindungslos und wie betäubt an (Depersonalisierung). Der Zustand ist gekennzeichnet durch eine starke Reizüberflutung und fehlende Bewältigungsstrategien. Die Schockphase klingt in der Regel nach einigen Stunden oder Tagen ab.
Einwirkungsphase	In der Einwirkungsphase wird das Erlebte zur Realität. Die Gehirnaktivität ist noch auf Alarm geschaltet und alle weiteren Reize werden als Bedrohung erlebt und deswegen entweder durch Rückzug gemieden oder es wird ihnen überstark mit Panik oder Angst begegnet. Zur Gegenwehr werden verschiedene Abwehrmechanismen aktiviert, ähnlich, wie wenn ein Fremdkörper in den Organismus eindringt und dieser mit einer Immunabwehr dagegen arbeitet. Viele Personen berichten über Konzentrations- und Gedächtnisprobleme. Es kann zu plötzlich sich aufdrängenden Erinnerungsbildern (Flashbacks) kommen oder zu Halluzinationen wie dem Stimmenhören. Körperlich können verschiedene Symptome entwickelt werden wie Bauchschmerzen, Probleme mit Berührungen oder Angst vor körperlicher Nähe. Schlafprobleme und nächtliches Grübeln und Albträume können weitere Kennzeichen dieser Phase sein. Die Gefühle schwanken zwischen Wut, Angst, Selbstzweifeln und Hoffnungslosigkeit. Viele Betroffene haben Angst, erneut Opfer eines traumatischen Geschehens zu werden. Diese Phase kann einige Wochen, aber auch Monate dauern.
Erholungsphase	In der Erholungsphase setzen sich die Betroffenen mit den traumatischen Ereignissen auseinander. Wenn sie so weit sind, dass sie wichtige Bestandteile erinnern können, ohne von ihnen überflutet zu werden, dann ist ein wesentlicher Schritt zur Selbstheilung gelungen. Das traumatische Erlebnis wird Teil der eigenen Geschichte und wird in die Lebensbiografie eingearbeitet. In der Erholungsphase soll es zum Rückgang der Symptome im Verlauf der nächsten Wochen und Monate kommen.

Abbildung 33: Traumatische Reaktionen

Die akute Schockphase wird auch als akute Belastungssituation bezeichnet. Kommt es in der Einwirkungsphase nicht zu einer gesunden Verarbeitung des Geschehens, kann sich eine chronische Belastungsstörung entwickeln oder eine posttraumatische Belastungsstörung, die auch erst mit einer großen zeitlichen Verzögerung auftreten kann.

Wenn das Vertrauen und das Gefühl für die Sicherheit im Alltag wiederhergestellt wurden, ist es für den Betroffenen sehr hilfreich, über die traumatischen Erfahrungen mit einer verständnisvollen und einfühlsamen Vertrauensperson sprechen zu können. Intensive soziale Kontakte sind für den Verarbeitungsprozess von hoher Bedeutung und bilden den wirksamsten Schutzfaktor gegen die Entwicklung von traumatischen Störungsbildern.

Falls dieser Selbstheilungsprozess nicht gelingt, können sich verschiedene pathologische Folgen entwickeln. Typisch sind hierfür drei Reaktionen, die der Übererregung, die des steten Wiedererlebens und das Vermeiden mit der Beschäftigung des traumatischen Geschehnisses.

5.5 Welche pathologischen Folgen haben traumatische Ereignisse?

Hierbei handelt es sich um Folgen, die auftreten, wenn das Trauma nicht auf gesunde Weise verarbeitet werden konnte. Die pathologische Verarbeitung zeigt zwei entgegengesetzte Verarbeitungswege auf. Die eine der krankhaften Verarbeitungsweisen ist geprägt durch ständige Überreaktionen wie Panik und ständige Anspannung. Die Personen sind immer auf dem Sprung und sie reinszenieren das Erlebte auf verschiedene Weise. Die entgegengesetzte Reaktionsweise ist das Vermeiden. Das Erinnern und das Wiederbeleben werden unterdrückt. Alles, was Ähnlichkeiten mit dem traumatischen Erleben haben könnte, wird vermieden.

5.5.1 Die Übererregung

Die Betroffenen leiden sehr häufig an einer überhöhten Wachsamkeit, sie sind schreckhaft und sehr nervös, so als seien sie in ständiger Alarmbereitschaft. Häufig haben sie Begleiterscheinungen wie Schlaflosigkeit, Zittern, Schwitzen oder Appetitlosigkeit. Sie sind ruhelos und immer unterwegs. Sie können sich nicht hinsetzen und zur Ruhe kommen. Sie finden keine Entspannung.

5.5.2 Das ständige Wiedererleben der traumatischen Situation

Betroffene fühlen sich gezwungen, das Trauma aktiv oder passiv immer wieder zu erleben. Sie träumen von dem Ereignis oder sie haben sogenannte Flashbacks, die ähnlich wie Tagträume im Wachzustand über sie kommen. Da diese solch eine hohe Ähnlichkeit mit dem realen Ereignis haben, ist es fast unmöglich, sie von der Realität zu unterscheiden. Es fühlt sich genauso an wie im realen Geschehen. Bei Erwachsenen kann sich das auch darin zeigen, dass das Erlebte immer wieder und wieder erzählt wird. Es ist wie ein Zwang, von dem traumatischen Ereignis reden zu müssen. Bei Kindern werden die Erlebnisse durch Spiele wieder inszeniert. Teilweise suchen Traumatisierte auch bewusst entsprechende Risikosituationen auf, um sich wieder einer Gefahr auszusetzen.

5.5.3 Die Vermeidung

In einer traumatischen Situation werden, anders als bei Alltagserlebnissen, bestimmte Teile der Situation so abgespeichert, dass sie dem Bewusstsein der Betroffenen nicht zugänglich sind. Treten jedoch bestimmte Hinweisreize in Form von Gerüchen, Geräuschen oder Bildern auf, dann werden die unbewussten Erinnerungen ausgelöst. Sie treten meist unkontrollierbar in Form von Flashbacks auf, die als diffuse Angstgefühle oder unangenehme Körpergefühle ins Bewusstsein schießen. Die Betroffenen erleben das als äußerst bedrohlich und versuchen deshalb, diesen Hinweisreizen aus dem Weg zu gehen. Jedoch wissen sie nur selten, was genau die Hinweisreize für die Erinnerungen sind. So beginnen sie dann z. B., Ansammlungen von Menschen zu vermeiden, weil hier bestimmte Gerüche oder Geräusche auftreten könnten und diese möglicherweise die ungewollten schrecklichen Erinnerungen hervorkommen lassen.

Zum Beispiel sind beim Trauergottesdienst nach dem Amoklauf an einer Schule in Erfurt im Jahr 2000 auf dem Domplatz viele Menschen zusammengebrochen in der Menge. Bei der Betreuung betroffener Polizeibeamter gaben diese mir gegenüber an, dass sie in diesem Moment, als die Glocken läuteten, alles Bedrohliche und Erschütternde des Einsatzes wie in echt wieder erlebt hatten.[186]

Die beschriebenen Merkmale sind typische Anzeichen einer akuten Belastungsreaktion, wie sie im Diagnoseschema DSM-IV, dem Klassifikationssystem klinischer Störungen der Amerikanischen Psychiatrischen Vereinigung, beschrieben werden.

Nach der Konfrontation mit traumatischen Ereignissen treten folgende Reaktionen auf:

- Dissoziative Symptome: Fehlende emotionale Reaktionsfähigkeit, Beeinträchtigung der bewussten Umweltwahrnehmung, Derealisation, Depersonalisation, Amnesie.
- Ständiges Wiedererleben des traumatischen Ereignisses.
- Deutliche Vermeidung von Reizen, die an das Trauma erinnern.
- Deutliche Symptome von Angst und erhöhter körperlicher Erregung.
- Die Störung verursacht in klinisch bedeutsamer Weise ein Leiden oder eine Beeinträchtigung in sozialen, beruflichen oder anderen wichtigen Funktionsbereichen oder beeinträchtigt die Fähigkeit, notwendige Aufgaben zu bewältigen.

Die Störung dauert mindestens zwei Tage und höchstens vier Wochen und tritt innerhalb von vier Wochen nach dem traumatischen Erlebnis auf.[187]

Betroffene wissen oft nicht um die Reaktionen, mit denen sie nach solchen heftigen Krisen zu rechnen haben. Die Information und Aufklärung über Symptome sind für die betroffenen Menschen hilfreich, solange ihnen deutlich gemacht wird, dass es sich hierbei um „normale Reaktionen auf ein unnormales Ereignis“ handelt. Betroffene erleben nach solchen extrem belastenden Ereignissen fremde Symptome, die ihnen bedrohlich vorkommen. Sie leiden zusätzlich an Ängsten, wie z. B. verrückt zu werden, nicht wieder normal zu werden wie früher. Dies führt zu erheblichen zusätzlichen psychischen Belastungen und womöglich zu sozialer Isolation und Rückzug, wenn das Verständnis für die Ängste fehlt.

186 Vgl. Nolden (1/2006), S. 11.

187 Vgl. Teegen (2003), S. 19.

Die erlebte Angst und die Hilflosigkeit können sich in Übelkeit und Zittern äußern und die Unsicherheit und das Gefühl des Kontrollverlustes verstärken. Die Reaktionen gipfeln in Verhaltensweisen, die von hysterisch-agitiert bis apathisch-geschockt reichen können. Akut traumatisierte Personen können unterschiedliche Reaktionen zeigen. Die einen reagieren wütend, verärgert, schroff und ablehnend auf Hilfe und Unterstützungsangebote. Andere wirken in der Heftigkeit ihrer Gefühle kaum ansprechbar, entweder weil sie laut und erschüttert weinen oder anklagen oder auch so apathisch in sich versunken sind, dass sie nicht erreichbar sind. All diese verschiedenen Reaktionen sind Teile der akuten Problemlage der Betroffenen. Sie sollten ernst genommen werden und sind als Symptome der akuten Belastung zu werten. Die Betroffenen brauchen etwas Zeit, um sich in ihrer problematischen Lage zurechtzufinden.

Viele Opfer können keine realistische Einschätzung der erlebten oder weiter bestehenden Gefahr vornehmen, da ihre emotionalen und kognitiven Reaktionen so heftig ausfallen. Manche Opfer beschreiben das Erlebte als einen Film, den sie gesehen haben, oder sie fühlen sich, als wenn sie neben sich und dem Erlebten stehen würden. Sie sprechen dann in der dritten Person von sich selber. Die einen sind überflutet von Angst und Panik, andere wiederum fühlen sich emotional wie betäubt. Wie beschrieben sind diese Reaktionen Teil der akuten Belastungsreaktion. Die fehlenden Bewältigungsstrategien für solche besonders belastenden Ereignisse führen zu diesen als nicht normal erlebten Reaktionen. Auch die kognitiven Ressourcen sind in akuten Notsituationen stark verringert. Die Betroffenen verstehen häufig nicht, was eigentlich passiert ist, und auch nicht, was jetzt gerade um sie herum passiert. Neue oder zusätzliche Informationen können nur schwer aufgenommen und verarbeitet werden. Viele wissen buchstäblich nicht mehr, wo ihnen der Kopf steht.

Damit die Selbstheilung gelingen kann, soll Traumatisierten ein sogenannter „biphasischer Verarbeitungsprozess"[188] ermöglicht werden. Denn einerseits droht die Gefahr, in Verdrängung und Erstarrung zu verharren, anderseits, durch Überflutung überfordert zu werden. Ein Anstoß in Richtung Selbstheilung gelingt dort, wo beides möglich ist. Den Betroffenen muss geholfen werden, sich einen guten Selbstschutz aufzubauen, mit dem sie immer wieder die zu bedrohlichen Teile des Geschehens verdrängen oder zurückdrängen können. Immer wenn das Erlebte zu gefährlich wird, muss es weggeschlossen, an einen sicheren inneren Ort gestellt werden können. Aber gleichzeitig müssen auch Bilder und Unangenehmes aus dem erlebten Trauma zugelassen werden, um diese erlebbar zu machen und verarbeiten zu können. Das Festhaken in den Extremen ist gefährlich und bedeutet Stagnation.

Die normale Verarbeitung gelingt nur, solange die Opfer sich sicher und beruhigt fühlen. In der Therapie wird dieser zweiseitige Verarbeitungsprozess mit verschiedenen Methoden angeregt. Im polizeilichen Umgang wird er durch das Beruhigen und Sicherheit vermitteln durch die Polizei ermöglicht und mit Fragen wie *„Was ist passiert?"* im Sinne polizeilicher Aufklärungsarbeit. *„Was ist passiert?"* regt die kognitive Verarbeitungsmöglichkeit der Opfer an und hilft, Kontrollverlusten entgegenzuwirken.

Ruhiges und kompetentes Auftreten der Polizei und anderer professioneller Helfer soll zunächst Sicherheit und Orientierung vermitteln. Opferumgang und Opferschutz bedeutet,

188 Fischer/Riedesser (1998), S. 95.

den Betroffenen mit Respekt zu begegnen. Dieser Respekt zeigt sich besonders darin, zuzuhören und sich selbst zurückzunehmen.

5.6 Zusammenfassung

Das Erleben von Gewalt oder anderen traumatischen Ereignissen führt bei den Betroffenen zu einer großen Verunsicherung und oftmals zum Verlust des Sicherheitsgefühls im Alltag. Während Stress ein Erleben ist, das zum Leben dazugehört, das Menschen herausfordert und auch zu Höchstleistungen anspornen kann, führt die besonders große Belastung durch ein Trauma zu einem Riss im Leben der Betroffenen. Es gibt ein Vorher und ein Nachher. Das Nachher ist geprägt von großen realen Verlusten, Ängsten, Bedrohungen und von Perspektivlosigkeit. Der Glaube an ein sicheres oder zufriedenes Leben muss mühsam wiedergefunden und aufgebaut werden. Das gelingt nicht allen Betroffenen. Das soziale Umfeld hat eine besondere Bedeutung auf dem Weg zurück ins Leben. Mit guter sozialer Unterstützung wächst die Chance, ein erlebtes Trauma besser in das eigene Leben zu integrieren. Der polizeiliche Umgang ist hierbei ein wesentlicher Baustein.

6 Was versteht man unter psychischen Störungen und psychischen Auffälligkeiten?

Die psychischen Störungen sind Beeinträchtigungen im Erleben, Wahrnehmen oder im Verhalten von Menschen. Betroffene haben Beeinträchtigungen, die sich in

- der Wahrnehmung
- dem Fühlen
- dem Denken
- dem Verhalten oder
- den sozialen Beziehungen äußern können.

Als psychisch erkrankte Personen kommen grundsätzlich folgende Personenkreise infrage:

- Menschen mit geistiger oder seelischer Krankheit, wie körperliche, nicht begründbare (endogene) bzw. begründbare (exogene) Psychosen, die Schizophrenie, das Borderline-Syndrom, manisch-depressive Erkrankungen, Epilepsie, Alzheimer-Krankheit.
- Menschen mit geistiger oder seelischer Behinderung.
- Menschen mit psychischer oder physischer Abhängigkeit von Rauschmitteln wie bei Drogen, Medikamenten- oder Alkoholabhängigkeit.

Um einen erfolgreichen und professionellen polizeilichen Umgang mit den betroffenen Personengruppen gewährleisten zu können, sollten Polizeibeamte die wichtigsten Merkmale der polizeilich relevanten Störungsbilder erkennen können. Das Wissen um die Anzeichen der schwierigen Verhaltens- und Erlebensweisen der betroffenen Personen hilft der Polizei, die angemessenen Ziele und Maßnahmen für die Lagebewältigung treffen zu können.

Die psychische Störung lässt sich in kurzer Form als eine bedeutsame Störung in den Kognitionen, also der Wahrnehmung oder dem Denken, in der Emotionsregulierung, also den Gefühlen, oder im Verhalten der Person beschreiben.

Psychische Krankheiten sind nicht durch den eigenen Willen beeinflussbar, sie benötigen die Hilfe von außen. Die Diagnose stellt ein Psychologe, ein Psychotherapeut oder ein Arzt, wie z. B. ein Facharzt für Neurologie und Psychiatrie. Zur Diagnose wird in der Regel ein Diagnoseschema herangezogen. Alle psychischen Störungen werden im Diagnostischen und Statistischen Manual Psychischer Störungen (DSM) der American Psychiatric Association (APA) und in der Internationalen statistischen Klassifikation der Krankheiten und verwandter Gesundheitsprobleme (ICD) der Weltgesundheitsorganisation (WHO) beschrieben und klassifiziert. Beide Diagnoseschemata beschreiben die gleichen Störungsbilder und nennen ähnliche Kriterien. Während das DSM ausschließlich psychische Störungen klassifiziert, enthält das ICD sämtliche medizinischen Erkrankungen.

Dabei zählen die Angststörungen, die Depressionen, das Burnout, die Alkoholabhängigkeit, die Zwangsstörungen und die Demenz zu den häufigsten Erkrankungen im Erwachsenenalter, während ADHS die häufigste psychische Störung unter Kindern und Jugendlichen ist. Zu den häufigeren Diagnosen in der Psychiatrie zählen auch die Persönlichkeitsstörungen.

Psychische Störungen haben unterschiedlichste Ursachen. Diese Ursachen können biologischer, psychologischer oder sozialer Natur sein. Bei den biologischen Ursachen handelt es sich häufig um eine genetische Vorbelastung oder um hirnorganische oder andere somatische Veränderungen oder Erkrankungen. Die psychologischen Ursachen sind belastende Lebensereignisse wie traumatische Ereignisse oder schwierige familiäre Verhältnisse oder ein risikoreicher Lebensstil. Bei den sozialen Faktoren zeigen sich häufig Belastungen in der Arbeitsumgebung oder durch den Verlust der Arbeit sowie durch andere prekäre Lebensbedingungen.

Aber auch Stress, Mobbing, Drogen oder der Missbrauch von Alkohol und Arzneimitteln können zu psychischen Störungen führen. Häufig leiden die betroffenen Personen unter mehreren Störungsbildern. So kann die Angststörung zu vermehrtem Alkoholkonsum und einer Abhängigkeit von Tabletten führen. Die Angst führt zur Isolierung und dem Verlust von sozialen Beziehungen und kann so eine Depression fördern.

Manche psychischen Störungen sind für die polizeilichen Interventionen nicht besonders relevant, wie die neurotischen Störungen. Menschen mit Zwangsstörungen, Angststörungen oder psychosomatischen Störungen treffen zwar auch auf polizeiliche Maßnahmen wie bei den Verkehrskontrollen. Ihre Störungen sind aber weder der Anlass noch Gegenstand für die polizeilichen Maßnahmen. Bei einer Alkoholabhängigkeit ist das anders. Hier kann bei einer Verkehrskontrolle der Verdacht auf Alkohol der Anlass der Kontrolle sein und der Alkoholkonsum wird auch Gegenstand der polizeilichen Maßnahmen sein.

6.1 Welche polizeilichen Erstmaßnahmen braucht es bei psychischen Störungen?

Am häufigsten hat die Polizei mit Opfern zu tun. Diese Personen haben meist eine traumatische Erfahrung gemacht, die bei den Menschen zu Hilflosigkeit, Angst und Kontrollverlusten geführt hat. Der Opferschutz ist eine wichtige Aufgabe der Polizei und hilft den Opfern bei einer schnellen Stabilisierung und Verarbeitung des belastenden Geschehens.

Bei der Traumatisierung ist das Opfer im Sinne des Opferschutzes Sinn und Zweck der polizeilichen Maßnahme. Das Opfer muss vor weiteren Gefahren geschützt werden, seine Sicherheit ist ein wesentliches polizeiliches Handlungsziel.

Bei Personen, die unter Suizidverdacht (Depression) stehen, sowie bei Personen mit psychotischen oder dementiellen Syndromen sind aus polizeilicher Perspektive die Einschätzungen zur Gefahr für Leib und Leben die wesentlichen Handlungsziele der Polizei. Stellt die betroffene Person für sich und oder andere Personen eine akute Gefahr dar? Falls diese Frage nach genauer polizeilicher Befragung und/oder Beobachtung bejaht werden kann, müssen durch polizeiliches Handeln alle Maßnahmen zur Herstellung der Sicherheit für die Betroffenen eingeleitet werden. Dies geschieht durch eine ärztliche Behandlung nach dem PsychKG, die Hinzuziehung der Angehörigen oder des zuständigen Heim- oder Pflegepersonals wie bei Demenzerkrankten, die in einem Altersheim leben.

Die Maßnahmen zur Herstellung von Sicherheit, das Stabilisieren, das Befragen und Beobachten, das Zeigen von Empathie und Verständnis für die Situation und das Leid der Betroffenen, sind wesentliche polizeiliche Kompetenzen, die für alle diese Handlungsfelder notwendig sind.

Bei den Personen mit einer antisozialen oder dissozialen Persönlichkeitsstörung, die zu Aggression und Gewalt neigen und immer wieder durch kriminelle Normverstöße auffallen, stehen andere Kompetenzen im Vordergrund. Durch polizeiliches Handeln muss das Sicherheitsrisiko, das von den betroffenen Personen ausgeht, gesenkt werden. Die Sicherheit für die Opfer, die Zeugen oder Umstehende sowie für die Polizei selbst steht im Mittelpunkt des Handelns. Den Personen mit antisozialer Persönlichkeitsstörung gegenüber werden Kompetenzen eingefordert wie Dominanz und konstruktiven Druck aufbauen sowie das Umsetzen von deeskalierenden Maßnahmen. Dazu müssen eine gute Selbstkontrolle, eine sichere Kenntnis aller Rechtsfragen sowie die souveräne Handhabung aller Führungs- und Einsatzmittel eingeübt sein. Das Einfordern von Respekt und kooperierendem Verhalten führt zur Sicherheit für die Polizei und andere Beteiligte.

In den einzelnen Gesprächssequenzen im vierten Teil des Lehrbuchs werden die polizeilichen Handlungsziele, die psychologischen Maßnahmen und die erforderlichen Kompetenzen differenzierter beschrieben. Dort folgt eine kurze Übersicht zu den psychischen Störungsbildern und den polizeilichen Maßnahmen und Kompetenzen.

Im Folgenden werden die wichtigsten Merkmale und die wichtigsten Erste-Hilfe-Maßnahmen der Polizei in einer Übersicht vorgestellt. Die Frage nach der Sicherheit für Leib und Leben steht im Vordergrund der polizeilichen Maßnahmen.

Die Polizei hat für die Gefahrenabwehr die Maßnahmen zu ergreifen, die die Sicherheit der Betroffenen gewährleisten sowie für umstehende Unbeteiligte und für sich selbst.

Neurotische Störungen	Persönlichkeitsstörungen	Psychische Erkrankungen	Traumatisierte Personen
• Nur Teile der Person sind von Störungen betroffen, subjektiver Leidensdruck • Ursachen: Stress, Druck, Konflikte • Beginn: Erwachsenenleben • Gute Chancen auf Veränderung • Psychotherapie • Polizeilich nicht relevant	• Gesamte Person von Störung betroffen, wenig subjektiver Leidensdruck, soziale Umgebung leidet • Ursachen: Genetik und familiäre Belastung in Kindheit • Beginn: in Kindheit • Geringe Chance auf Veränderung • Heime, Psychiatrien, Strafvollzug • Polizeilich: Abwehr von Gefahr für Leib und Leben, meist für Umstehende und Polizei selbst • Respekt einfordern • Druck zu Kooperation und Deeskalation • Zwangsmaßnahmen einplanen	• Zerfall der Person und gestörtes Realitätsempfinden • Ursachen: teilweise unklar, Genetik und familiäre Struktur • Beginn: im frühen Erwachsenenalter oder spät, wie bei Demenz • Chancen auf Heilung verschieden • Klinik und ärztliche Behandlung, Medikamente, Psychotherapie • Polizeilich: Gefahr für Leib und Leben für die Betroffenen abwenden wie bei bedrohlichem Wahn oder schwerer Depression, Demenz und Suizidgefährdung • Für andere Personen bei wahnhafter und bedrohlicher Verkennung der Realität • Sicherheit herstellen durch Einweisung nach PsychKG, Angehörige, Heime hinzuziehen	• Akuter Schock und Belastungszustand • Großer subjektiver Leidensdruck • Ursachen: traumatisches Ereignis • Kann jeden jederzeit treffen • Es gibt ein Vorher und Nachher im Erleben • Polizei als Ersthelfer • Sicherheit herstellen • Empathie und Bürgernähe zeigen • Beruhigen • Stabilisieren und Normalisieren • Hilfesysteme organisieren

Abbildung 34: Störungsbilder und polizeiliche Maßnahmen und Kompetenzen

6.2 Welche Eskalationsgefahren bestehen in der polizeilichen Gesprächsführung mit psychisch auffälligen Personen?

Die psychischen Störungen und Erkrankungen, die am häufigsten zu unflexiblen Verhaltensweisen neigen, sind die Persönlichkeitsstörungen und die psychotischen Erkrankungen. Hieraus lässt sich prinzipiell keine erhöhte Gewaltbereitschaft ableiten. Nur eine sehr kleine Untergruppe der psychotisch Erkrankten mit zusätzlicher Drogenabhängigkeit zeigt die häufigsten Gewaltraten.

Befragungen bei Polizisten zeigen jedoch, dass von Polizeibeamten und Beamtinnen insbesondere Personen mit psychischen Störungsbildern als besonders herausfordernd erlebt werden. Als besonders belastend wird die Unvorhersagbarkeit des Interaktionsverlaufes erlebt.[189]

Im direkten Kontakt mit den betroffenen Personen fällt es schwer, die Kernkompetenzen polizeilichen Handelns zum Einsatz zu bringen. Das Beruhigen, das Vertrauenaufbauen, das Ruhigbleiben und emphatische Einfühlen wird den Polizeibeamten und Polizeibeamtinnen durch das unberechenbare Verhalten der psychisch Erkrankten erschwert.[190] In einer Studie von Wittman und Groen aus dem Jahr 2021 wurden Kommunikationsschwierigkeiten, physische Aggressivität und die Unberechenbarkeit des Verhaltens als zentrale Herausforderungen angegeben. Dieses Erleben kann sogar zu Ängsten auf Seiten der Polizeibeamtinnen und Polizeibeamten führen.[191]

Psychisch kranke Personen nehmen Situationen oft anders wahr, sie kommunizieren anders und zeigen andere Reaktionen, als sie zu erwarten sind. Das persönliche Empfinden wird durch Ängste und Unsicherheiten so beeinflusst, dass sie sich durch andere Personen bedroht fühlen und sich durch heftige Abwehrreaktionen schützen wollen. Verbale und vor allem auch nonverbale Signale werden als Bedrohung wahrgenommen. Beugt sich eine Beamtin im Gespräch nach vorne, um Nähe und Empathie zu zeigen, kann dies als Bedrohung und als Anzeichen für eine Überwachung erlebt werden. Gerade die wichtigen nonverbalen Botschaften, die unbewusst wahrgenommen werden und für eine gegenseitige Akzeptanz zuständig sind, brauchen kongruente Muster zur Interpretation des Wahrgenommenen. Werden diese abweichend interpretiert, ist ein gegenseitiges Verstehen nur schwer möglich.

Die besonderen Herausforderungen für die Polizei ergeben sich so durch die abweichenden Erlebens- und Verhaltensmuster bei psychotischen Erkrankungen, insbesondere bei Schizophrenie und einigen Persönlichkeitsstörungen. Bei den Persönlichkeitsstörungen sind es die dissoziale (antisoziale) Persönlichkeitsstörung, die narzisstische Persönlichkeitsstörung, die emotional-instabile oder auch Borderline-Erkrankung genannte Störung. Die substanzinduzierten Störungen, wie die akute Alkohol- oder Drogenintoxikation zeigen ebenfalls aggressiv gefärbte Wahrnehmungs- und Verhaltensauffälligkeiten.

Wer glaubt, die rechtlichen Vorschriften des Polizei- und Gefahrenabwehrrechts und etwaiger PsychKGs zu kennen und sich auf die polizeilichen Kompetenzen zur Durchführung von Zwangsmaßnahmen, wie die Gewahrsamnahme oder die Zuführung zu einem psychiatrischen Arzt zu konzentrieren, wird häufig schnell merken, dies reicht nicht aus, um solche Einsätze erfolgreich durchzuführen.

189 Vgl. Lorey/Fegert (2021), S. 243.

190 Vgl. Lorey/Fegert (2021), S. 244.

191 Vgl. Wittmann/Groen (2021), S. 34.

6.3 Welche auffälligen Merkmale und Interaktionsstile zeigen die polizeilich relevanten psychischen Störungsbilder?

Bei einzelnen Persönlichkeitsstörungen liegt aufgrund der Erlebens- und Verhaltensmuster ein besonders erhöhtes Risiko für Aggression und Gewalt vor. Hauptsächlich die dissoziale/antisoziale-, die Borderline- und die narzisstische Persönlichkeitsstörung zeigen Verhaltensweisen oder Merkmale, die die Wahrscheinlichkeit einer aggressiven Eskalation in sich bergen können. Bei den sogenannten Borderline Störungen liegt die große Gefahr häufig in der erhöhten Selbstgefährdung. Etwa 70 % aller Betroffenen begehen einen Suizidversuch, das bedeutet, dass die Suizidrate fast 50-mal so hoch ist wie in der Allgemeinbevölkerung. Die polizeilichen Einsätze beziehen sich zunächst auf Suizidversuche oder andere autoaggressive Aktionen. Die Abklärung der Selbstgefährdung ist die erste wichtige Maßnahme. Dies betrifft die Gefährdung nach PsychKG sowie die körperliche Gefährdung durch Selbstverletzungen, zum Beispiel durch Ritzen mit Messern.

Aufgrund der für die Borderline-Störung typischen Einschränkungen in der Selbstregulation können sich aggressive Verhaltensweisen auch gegen andere Personen richten, meist aus dem sozialen Nahfeld. Wenn diese die Polizei hinzuziehen werden eintreffende Polizeibeamte die Betroffenen im Zustand hochgradiger Erregung und Anspannung antreffen. Vor allem in solchen akuten Phasen kann sich die Aggression auch gegen die Polizeibeamten selbst richten.[192]

Die Polizei kommt in der Regel mit psychisch auffälligen Menschen immer dann in Kontakt, wenn die betroffenen Personen sich in einer akuten und krisenhaft zugespitzten Lebenssituation befinden.[193] Im Vorfeld kam es meist zu großen Konflikten mit anderen Menschen und Institutionen. Das eigene Erleben wird durch starke Ängste und Bedrohungsszenarien und damit einhergehenden Hassgefühlen und einer gesteigerten Aggressivität gegenüber der Außenwelt oder sich selbst gegenüber begleitet.

Als Warnzeichen einer drohenden Eskalation können folgende Anhaltspunkte aufgezeigt werden:

- feindselige Grundstimmung,
- drohende Körperhaltung und Gestik,
- eine Verringerung der räumlichen Distanz zwischen dem Betroffenen und den Beamten,
- verbale Bedrohungen und Beschimpfungen,
- physische Erregung und Anspannung,
- verzerrte Wahrnehmungen und Desorientierung,
- gesteigerte verbale Lautstärke und
- Sachbeschädigung.

192 Vgl. Posch (2020), S. 35.

193 Vgl. Schmalzl, H.P. (2022), S. 473

Plötzlicher Bewegungsstillstand oder ein schnell wechselndes Verhalten können ein Warnsignal für einen möglicherweise bevorstehenden Angriff darstellen. Fühlt sich die Person durch polizeiliche Maßnahmen in ihren Rückzugsmöglichkeiten beschränkt, kann das das Aggressionspotential steigern.

Störung	Merkmale	Interaktionsverhalten
Dissoziale/antisoziale Persönlichkeitsstörung	• Rücksichts- und Verantwortungslosigkeit, Überheblichkeit, rigide Verhaltensmuster • Missachtung sozialer Normen geringe Frustrationstoleranz geringe Schwelle für aggressives, gewalttätiges Verhalten, Dominanzverhalten	• verteidigt die eigene Autonomie durch rücksichtloses, aggressives, manipulatives Verhalten • kennt wenig Angst, sucht risikoreiche Erlebnisse • zielgerichtete Durchsetzung eigener Interessen • keine Eigengefährdung • Gefahr für Dritte • gewaltlegitimierende Einstellung
Borderline-Störung	• emotionale Instabilität, wechselnde Stimmungen mit einem Hang zur Impulsivität • gerät schnell in Angst und Aggression, geringes Selbstwertgefühl mit Neigung zu selbstverletzendem Verhalten	• Suche nach sicherer Bindung mit großer Angst, verlassen oder gekränkt zu werden • bei Stress oder Gefühl der Bedrohung kann es zu Angriffen, Beschuldigungen, Entwertungen anderer Personen kommen
Narzisstische Störungsbilder	• grandioses Gefühl der eigenen Wichtigkeit • arrogantes und überhebliches Verhalten	• rücksichtloses und entwertendes Angreifen • reagiert mit Wutausbrüchen auf Kritik • schnelle, hohe Kränkbarkeit

Störung	Merkmale	Interaktionsverhalten

Psychotische Störungen	• ängstliches psychotisches Bedrohungserleben
	• Verkennung der Realität durch
	  • Wahn und Halluzinationen,
	  • Reizüberflutung,
	  • mangelnde Impulssteuerung
		• kontrollierendes, misstrauisches, feindseliges Verhalten, beschuldigt andere Personen
		• Rückzug aus sozialen Bezügen
		• aggressive Überforderungsreaktionen mit großer innerer Anspannung führen zu Angriffen
		• kaum Fähigkeiten zur Selbstregulierung bei Unsicherheiten und Stress

Substanzinduzierte Störungen	• aufgestautes Frustrationserleben • Stress im privaten und beruflichen Umfeld • Selbstwertprobleme	• kognitive Einschränkungen durch Rauschmittel führen zu verringerter Impulskontrolle und erhöhter Aggressivität • hohes Kränkungspotential bei geringstem Anlass • affektive Enthemmung und Gewalt als Problemlösung

Abbildung 35: Merkmale und Interaktionsverhalten bei polizeilich relevanten psychischen Störungen (eigene Darstellung)

Als besonders brisant gelten alle Einsätze mit Personen, die mehrere Auffälligkeiten zeigen, also akute Drogen- und oder Alkoholintoxikation und eine zusätzliche psychische Auffälligkeit aus den psychotischen Störungen oder den Persönlichkeitsstörungen.

Sehr gefährlich, aber statistisch betrachtet nicht so häufig (1,5 bis 3,7 % der Bevölkerung) sind die Personen, die gemeinhin als Psychopathen oder Soziopathen bezeichnet werden. Aber nicht jeder Mensch mit psychopathischen Zügen muss kriminell werden. Psychopathie wird in den üblichen Klassifikationsschemata (ICD-10 oder DSM-5) nicht als eigene Erkrankung aufgeführt, jedoch werden multiple Risikofaktoren als psychopathische Störungen zusammengefasst und zwar als Unterform der dissozialen Persönlichkeitsstörung (F60.2 im ICD-10). Der kanadische Kriminalpsychologe Robert Hare[194] hat einen Test mit 20 Kriterien zur Erkennung von Psychopathen entwickelt. Dieser Test gilt weltweit als anerkanntes Testverfahren zur Feststellung des sogenannten Punktwertes auf der Psychopathieskala, durchgeführt vorwiegend in Strafvollzugsanstalten und forensischen Psychiatrien. In dieser

194 Vgl. https://www.psychomeda.de/lexikon/psychopath.html (aufgerufen am 14.07.2023).

Psychopathie Checkliste (PCL-R) werden Kriterien aufgeführt, wie ein besonders betrügerisches Verhalten und krankhaftes Lügen. Hierzu zählen auch folgende Verhaltensweisen: antisoziales Verhalten mit manipulativen Zügen, das Fehlen emotionaler Tiefe mit einer Bereitschaft zum Quälen anderer Menschen, ein hohes egozentrisches Durchsetzungsvermögen narzisstischer Interessen und auch das geringe Erleben von Angst, das nach risikoreichen und stimulierenden Ereignissen suchen lässt. Wenn dann eine Gewaltaffinität, eine kriminelle, antisoziale und ausbeuterische Lebenshaltung dazu kommen, dann steigt die Gefahr für schwere Gewalttaten. Es zeigen sich häufig schon früh Verhaltensauffälligkeiten und ein ausbeuterischer Lebensstil ohne die Bereitschaft, Verantwortung für das eigene Handeln zu übernehmen. So kann es zu progredienten und verschiedensten Delikten kommen. In Gefängnissen ist die Rate an Menschen mit psychopathischen Störungsbildern bei den besonders gefährlichen Straftätern hoch. Es gibt aber auch Psychopathen, die nicht kriminell sind, sondern beruflich sehr erfolgreich agieren können.

Bei der Abgrenzung zum Narzissten gibt es keine hohe Trennschärfe. Aber ein Narzisst muss nicht psychopathisch sein. Der Psychopath jedoch hat in der Regel narzisstische Züge.

Die Abgrenzung zu den sogenannten Soziopathen kann kurz zusammengefasst so beschrieben werden. Menschen, die als Psychopathen bezeichnet werden können, gelten auch als Soziopathen. Soziopathen müssen aber keine Psychopathen sein. Sie sind durchaus zu Gefühlen fähig, jedoch haben sie verringerte Fähigkeiten, ihre Gefühle zu kontrollieren. Sie wollen Menschen, mit denen sie eine Bindung eingehen nicht per se manipulieren und belügen. Sie können nur schwer überhaupt Beziehungen aufbauen, da ihre Impulsivität und ihre starken unkontrollierten Aggressionen dies verhindern. Sie neigen zu ausbeuterischen und antisozialen Verhaltensweisen, da sie zu wenig Impulskontrolle haben.[195]

195 Saimeh, N. (o.A.), S. 3.

6.4 Worauf ist im polizeilichen Umgang mit psychisch auffälligen und aggressiven Menschen zu achten?

Das Ziel polizeilicher Interventionen ist nicht eine Diagnose der betroffenen Personen. Diese liegt in der Verantwortung von Ärzten oder Psychologen. Kein Polizist muss eine Diagnose über die Erkrankung oder die Störung abgeben, die das polizeiliche Gegenüber haben könnte. Aber die Risikoanzeichen für eine mögliche Eskalation während der polizeilichen Gesprächsführung mit auffälligen Personen sollten genau beobachtet werden.

Personenbezogene Daten	Situative Daten	Verhaltensmerkmale
• vorherige Verurteilungen, polizeibekannt • psychische Erkrankungen • akuter Drogenkonsum • Mitführen von Waffen • fehlende kognitive Fähigkeiten, sprachliche Auffälligkeiten	• freiheitsentziehende Maßnahmen • sofortiges und impulsives Reagieren • Reaktion passt nicht zur polizeilichen Aufforderung • Verlust der Rückzugsmöglichkeiten • zu geringer Abstand zur Person • kein Blickkontakt möglich • Hektik und Reizüberflutung durch zu viele Einsatzkräfte, zu viele Fragen oder wiederholtes Auffordern zu bestimmtem Verhalten	• Drohen, hohe Erregung, • aggressive Gestik • wirre oder ständig sich wiederholende Sprachbilder • wahnhaftes Nicht-Sitzen-Wollen/Können • Hin- und Herlaufen • oder Apathie

Abbildung 36: Risikoeinschätzung im Umgang mit psychisch auffälligen Personen

Im Umgang mit auffälligen Personen muss das besondere Augenmerk auf die wesentlichen Anzeichen einer Fremd- und Selbstgefährdung gerichtet werden. Sie gehen häufig mit von außen erlebbaren Wahrnehmungsverzerrungen, wahnhaftem und irrationalem Verhalten einher. Diese Erlebens- und Verhaltensweisen machen in der Regel eine polizeiliche Intervention erforderlich. Hierbei handelt es sich dann entweder um eine Intervention im Rahmen der PsychKGs oder um eine anderweitige ärztliche oder sozialpsychiatrische Betreuung oder die Hinzuziehung von Angehörigen. Oder es kommt zu Festnahmen und durch gerichtliche Urteile werden freiheitsentziehende Maßnahmen eingeleitet.

Ziel polizeilichen Handelns beim Umgang mit psychisch auffälligen Personen ist das Erkennen und das Verhindern einer Selbst- und Fremdgefährdung. Hierin liegen die Gefahren und die besonderen Herausforderungen im Umgang mit den Betroffenen.

Zum allgemeinen polizeilichen Vorgehen bei auffälligen Personen kann folgendes Schema gelten:

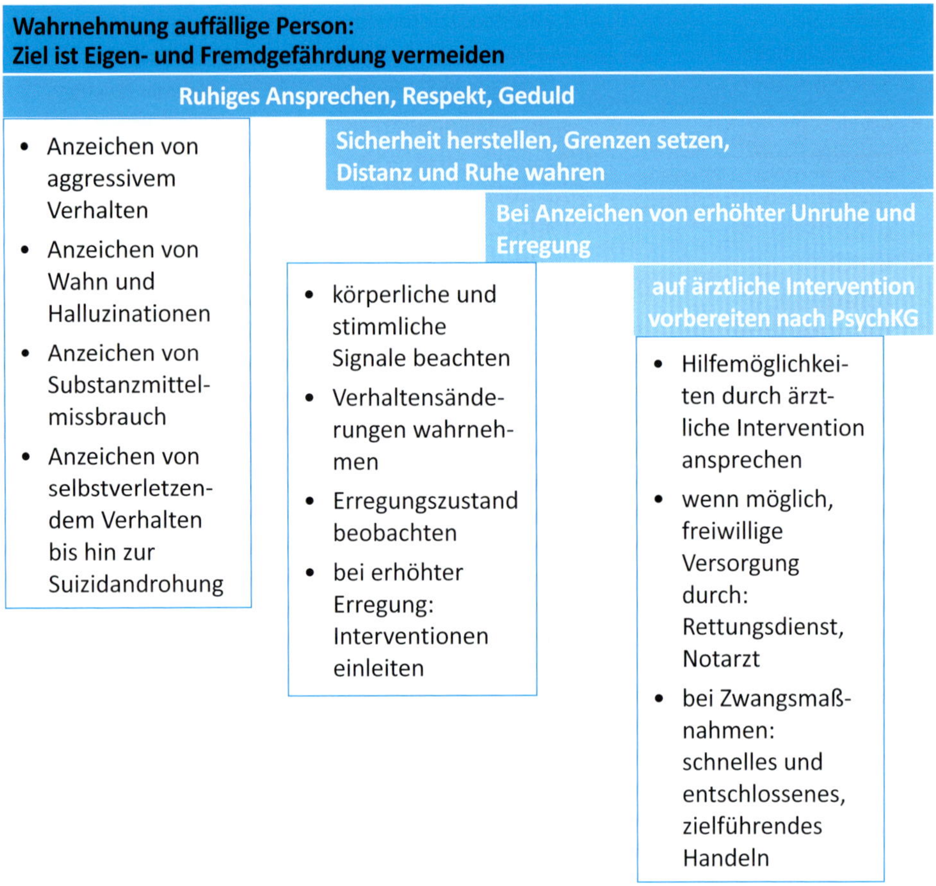

Wahrnehmung auffällige Person:
Ziel ist Eigen- und Fremdgefährdung vermeiden

Ruhiges Ansprechen, Respekt, Geduld

- Anzeichen von aggressivem Verhalten
- Anzeichen von Wahn und Halluzinationen
- Anzeichen von Substanzmittelmissbrauch
- Anzeichen von selbstverletzendem Verhalten bis hin zur Suizidandrohung

Sicherheit herstellen, Grenzen setzen, Distanz und Ruhe wahren

Bei Anzeichen von erhöhter Unruhe und Erregung

- körperliche und stimmliche Signale beachten
- Verhaltensänderungen wahrnehmen
- Erregungszustand beobachten
- bei erhöhter Erregung: Interventionen einleiten

auf ärztliche Intervention vorbereiten nach PsychKG

- Hilfemöglichkeiten durch ärztliche Intervention ansprechen
- wenn möglich, freiwillige Versorgung durch: Rettungsdienst, Notarzt
- bei Zwangsmaßnahmen: schnelles und entschlossenes, zielführendes Handeln

Abbildung 37: Allgemeines polizeiliches Vorgehen bei auffälligen Personen

Wichtiger als das Erkennen von psychischen Störungen oder Erkrankungen beim polizeilichen Gegenüber ist das Erkennen der Veränderung der Stimmungslage, die zu einer Eskalation führen kann.

Anhand der Beschreibungen von Gefährdungsanalysen aus der psychiatrischen Praxis lassen sich auch für die Polizei bestimmte Kipp-Punkte in der Gesprächsführung mit psychisch auffälligen Menschen darstellen. Das Erkennen dieser gefährlichen Verhaltensweisen des psychisch auffälligen Gegenübers kann eine weitere Eskalation unter Umständen vermeiden. Die Übergangsphase und die Krisenphase sind die wesentlichen Phasen, in denen noch ohne Zwang deeskaliert werden kann. Durch Vergrößerung der räumlichen Distanz, durch ruhiges und besonnenes Auftreten, durch Besänftigen und Zuhören. Ein besonnenes und ruhiges Vorgehen und das Beobachten der Person und der Umgebung sind besonders wichtig.

Folgende Abbildung gibt Aufschluss über die Merkmale des Eskalationsprozesses bei psychisch auffälligen Personen in der Intervention mit Polizeikräften.

Eintreffen der Einsatzkräfte	**Verhaltensbeschreibung**
Das Verhalten wirkt auffällig, für die Person ist es das normale Verhaltensmuster. Die Polizei braucht etwas Zeit, um dies zu erkennen und sich darauf einzustellen.	Während der relativ normalen Phase zeigt die Person ein Verhaltensmuster, das für ihr Handeln „normal" ist und das mit dem Verhalten übereinstimmt, das auch ihr früheres Handeln bestimmte.
Auslösephase	**Verhaltensbeschreibung**
Auslöser für die drohende Eskalation kann die Verringerung der räumlichen Distanz sein. Tritt die Polizei unaufgefordert zu nah, wird das als Bedrohung erlebt. Auch verbale Aufforderungen können zum Auslöser für den erregten Zustand der Betroffenen werden. Lautes und hektisches Verhalten von Seiten der Polizei wirkt häufig bedrohlich.	Die Person wird langsamer oder schneller, vielleicht hektisch oder apathisch. Beim polizeilichen Gegenüber steigt die Anspannung. Es werden noch keine direkten Drohungen ausgesprochen.
Erste Übergangsphase zur Erregung	**Verhaltensbeschreibung**
Die Reizüberflutung nimmt zu, Person fühlt sich bedroht und unverstanden. Es werden zu viele Fragen gestellt oder zu viele Personen sind anwesend. Person fühlt sich in die Ecke gedrängt. Person erlebt zu viel Druck.	Die Erregung führt zu aggressiven Verhaltensweisen. Die Person erlebt sich zunehmend selbst als erregt, was die Selbstregulierung weiter einschränkt. Das Verhalten wird immer auffälliger. In dieser Phase ist die Sicherheit noch nicht direkt gefährdet, es bestehen noch Möglichkeiten für die Aufnahme eines deeskalierenden Kontaktes. Jede weitere Eskalation sollte, wenn möglich, vermieden werden. Die betroffene Person ist verbal und/oder körperlich stärker erregt. Sie manipuliert, provoziert und zeigt ein forderndes Verhalten oder sie zieht sich (erst einmal) stärker zurück, um dann um so nachdrücklicher den zugrundeliegenden Emotionen, wie z.B. auch Angst, Wut und Frustration, freien Lauf zu lassen.

Krisenphase	Verhaltensbeschreibung
Die Anspannung steigt, auch ohne weitere polizeiliche Interventionen. Oder polizeiliche Anweisungen werden nicht oder falsch verstanden. Die verzerrte Realitätswahrnehmung verdichtet sich, je nach innerem subjektivem Erlebens- und Verhaltensmuster. Das innere Bedrohungsszenario wird immer stärker. Die genauen Auslöser lassen sich nicht mehr erkennen.	Die Situation droht zu eskalieren, mit Gefahr für Leib und Leben. Es drohen Konsequenzen und Einschränkungen für die Freiheit des Betroffenen. Ziel ist hier, die Sicherheit der betroffenen Person, der Polizei und anderer Personen zu gewährleisten. Eine kritische Situation entsteht, wenn die Person für Sprache nicht mehr zugänglich ist und die Kontrolle über sich selbst verloren hat. Die betroffene Person geht von verbalen Bedrohungen zu Handlungen über und zeigt ein körperlich drohendes, destruktives Verhalten.
Destruktive Phase	**Verhaltensbeschreibung**
Zwangsmaßnahmen müssen umgesetzt werden.	Kommt es bis zu der destruktiven Phase, ist es nicht gelungen, die betroffene Person davon zu überzeugen, dass sie ihr Verhalten anpassen muss. Sie kann den polizeilichen Anweisungen nicht Folge leisten. Die drohende Gefahr muss meist durch Zwangsmaßnahmen abgewendet werden. Es drohen reale Gefahren, da Person leichte oder schwere körperliche Gewalt und Widerstand einsetzen kann. Die zugrundeliegenden Emotionen scheinen nun vollständig in den Hintergrund getreten zu sein und die Intervention ist ausschließlich auf die Wiederherstellung der Kontrolle und die Gewährleistung der Sicherheit für alle Beteiligten ausgerichtet.
Wiederherstellungs-Phase	**Verhaltensbeschreibung**
Nach PsychKG Hinzuziehung von Rettungskräften und Arzt	Nach dem Eingreifen folgt die Phase der Abkühlung bzw. der Wiederherstellung des „normalen“ Verhaltensmusters der betroffenen Person.

Abbildung 38: *Merkmale des Eskalationsprozesses bei psychisch auffälligen Personen in der Intervention mit Polizeikräften (eigene Darstellung nach Oud/Walter [2009], S. 30 ff.)*

6.5 Wie begegnet die Polizei den Gefahren mit einem modernen Bedrohungs-Management?

Das sogenannte Bedrohungs-Management ist ein Instrumentarium, das auch in der Polizei zunehmend an Bedeutung gewinnt. In der forensischen Psychiatrie ist es schon länger im Einsatz. Zur Einschätzung der Gefährlichkeit bei extremistischen oder terroristischen Tätern wird es in der Forschung schon längere Zeit erprobt. Zur frühzeitigen Erkennung von möglichen Radikalisierungsprozessen im Bereich Islamismus oder auch Rechtsextremismus werden verschiedene computergestützte Programme verwendet, die anhand von Verhaltensmustern und Kommunikationsinhalten die charakteristischen Merkmale einer Entwicklung und damit das Gefährdungspotential einschätzen können.

In der polizeilichen Praxis hat sich die Gefährder-Einschätzung bei Tätern häuslicher Gewalt in vielen Bundesländern bewährt. In NRW und anderen Bundesländern gibt es das sogenannte Prorisk Programm zur Einschätzung von psychisch auffälligen Personen, um zukünftig ein besseres Netzwerk zur Prävention und zum Schutz vor einer Amoktat oder einem extremistischen Anschlag zu etablieren.

Zur Identifizierung und zum Erkennen von Risikopersonen werden strukturiert Daten erhoben und ausgewertet. Im nächsten Schritt ist das effektive Zusammenarbeiten aller relevanten Behörden und Institutionen gefragt. So wurde 2021 in NRW das sogenannte PeRiskoP Projekt etabliert. Es soll durch gezielte und strukturierte Sammlung und Auswertung von Daten, insbesondere bei Personen mit Anzeichen einer Waffenaffinität und psychisch auffälligem Verhalten zur Einschätzung des Risikopotentials dienen. Es sollen mehrere Faktoren zusammengetragen werden. Hierzu zählen Auffälligkeiten, die auf eine wahnhafte Realitätsverkennung hindeuten, persönliche Eigenschaften, die zu risikobehaftetem Verhalten führen können, wie Waffenaffinität, hohe Gewaltbereitschaft, oder eine geringe Bereitschaft, sich an Normen zu halten. Als weitere Risikofaktoren sollen Warnhinweise aus dem Nahfeld der Betroffenen, Ankündigungen, Waffenbeschaffungen, Suchen nach gezielten Informationen zu ähnlichen Taten im Internet bewertet werden. Wenn dann situative Belastungen auftreten, wie Konflikte mit Behörden, Schule, sozialem Nahfeld, dann können diese mehrdimensionalen Faktoren Hinweise auf eine mögliche Eskalation liefern. Betroffene Institutionen und Behörden, wie Schulen, psychiatrische Einrichtungen oder Gesundheitsämter, treffen sich dann zu Fallkonferenzen. Hier werden die Risikofaktoren bewertet, aber auch Schutzfaktoren herausgearbeitet. Durch eine gemeinsame Einschätzung kann ein bestmögliches und zügiges Vorgehen zur Verhinderung einer weiteren Eskalation besprochen werden. Da die Polizei, bis auf die sogenannte Gefährderansprache, erst nach der Begehung von Straftaten eingreifen kann, ist der effektive Austausch aller Beteiligten so wichtig. Der sozialpsychiatrische Dienst des Gesundheitsamtes kann zum Beispiel viel früher präventiv tätig werden.

„In der Regel machen Amokläufer bereits vor der Tat Andeutungen – manchmal mündlich, manchmal schriftlich. PeRiskoP nimmt aber nicht einfach Menschen mit psychischen Erkrankungen oder Auffälligkeiten ins Visier. Neben Risikofaktoren werden deshalb bei der Bewertung auch Schutzfaktoren und stabilisierende Aspekte berücksichtigt. Eine Stigmatisierung wollen wir so ausschließen," betonte der NRW-Innenminister Reul bei der Einführung des Projektes.[196]

---

196 Ministerium des Innern des Landes Nordrhein-Westfalen, Pressemitteilung vom 27.04.2022, Projekt PeRiskoP kommt in ganz Nordrhein-Westfalen zum Einsatz, https://www.im.nrw/projekt-periskop-kommt-ganz-nordrhein-westfalen-zum-einsatz (aufgerufen am 14.07.2023).

Teil 4

Praktische Anwendungen

Teil 4: Praktische Anwendungen und exemplarische polizeiliche Gesprächsführungen

1 Einführung

Im Folgenden werden einzelne Fälle zu den wichtigsten schwierigen polizeilichen Gesprächsführungen vorgestellt. Zunächst erfolgt ein kurzer theoretischer Abriss zum jeweiligen Fall mit den besonderen Anzeichen, die die jeweiligen Personenkreise kennzeichnen. Anschließend werden die wichtigsten Ziele und Maßnahmen zur Vorbereitung einer solchen Lage entwickelt. Das Schema lässt Raum für die selbstständige Ergänzung weiterer polizeilicher und rechtlicher Maßnahmen.

Um die Lage professionell vorzubereiten, dient das nachfolgende Modell der Vorbereitung nach dem Drei-Stufen-Modell.

1. Schritt	2. Schritt	3. Schritt
Wahrnehmung der Lage: Was? Wer? Wo? Wie?	**Bewertung der Lage und Auswahl der:** • polizeitaktischen • rechtlichen • psychologischen **Ziele/Maßnahmen**	**Umsetzung in:** lageangepasste Ziele und Maßnahmen

Abbildung 39: Vorbereitung der Gesprächsführung

Daneben werden die wesentlichen Kompetenzen dargestellt, die von der Polizei in der betreffenden Lage eingesetzt werden sollen. Die besonderen Gefahren, die sich in den Lagen ergeben, ergänzen die praktische Falldarstellung.

Übersetzt werden diese theoretischen Vorbereitungen in eine konkrete Lage, wobei die einzelnen Handlungsschritte der professionellen polizeilichen Gesprächsführung in einem Schema abgearbeitet werden. Dies erfolgt durch exemplarische Gesprächssequenzen. Sie können zur Vorbereitung auf die praktischen Übungen der Gesprächsführung dienen.

Was (Maßnahmen und Ziele) Methodisch-fachliche Kompetenzen	**Wie** (Beziehungsgestaltung) Soziale/personale Kompetenzen
Eröffnungs-Phase	
Transparenz der Lage	
Maßnahmen-Phase	
Abschluss-Phase	

Abbildung 40: Schema zur Durchführung der professionellen Gesprächsführung

Zur Nachbereitung der verschiedenen Gesprächsführungen soll das vorgestellte Analysemodell der Einsatzlehre herangezogen werden. Dieses wird nachfolgend exemplarisch aufgezeigt.

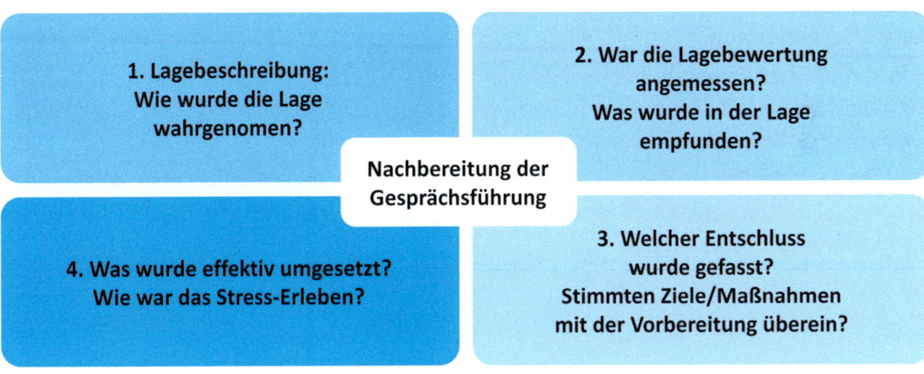

Abbildung 41: Nachbereitung der Gesprächsführung

2 Die deeskalierende Gesprächsführung mit gewaltbereiten Personen

Im Folgenden wird die häusliche Gewalt als eine der wesentlichen Lagen mit aggressiven und gewaltbereiten Personen beschrieben. Gerade häusliche Gewalt stellt immer eine schwere Verletzung des Rechts auf körperliche und seelische Unversehrtheit dar. Die körperlichen und seelischen Wunden wirken oft Jahre, ja ein Leben lang nach. Gewalt zerstört die Selbstachtung der betroffenen Opfer. Erschwerend kommt hinzu, dass die Anzeigebereitschaft und damit die Chance auf Gegenwehr und Enttabuisierung sowie eine rechtliche Wiedergutmachung rapide abnimmt, wenn Opfer und Täter sich kennen und miteinander verwandt sind. Die Opfer sind in ihrer Hilflosigkeit und in ihrer Scham isoliert, die Täter agieren über viele Jahre weiter. Im Durchschnitt brauchen Opfer häuslicher Gewalt sieben Jahre, bis sie sich zur Wehr setzen und die Polizei oder andere Hilfsangebote annehmen und eine Trennung vorbereiten. Erschwerend kommt hinzu, dass das Ausmaß an Gewalt gegen die Betroffenen wächst, sobald die Männer von den Trennungswünschen erfahren, insbesondere wächst die Gefahr für weibliche Opfer.

Gewaltdelikte gegen Frauen sind meistens Beziehungstaten, bei denen eine Verwandtschaft oder Bekanntschaft zum Tatverdächtigen besteht. Dies betrifft insbesondere die Körperverletzungs- und Tötungsdelikte. Studien zur Lebenssituation, Sicherheit und Gesundheit von Frauen in Deutschland haben ergeben, dass insgesamt 40 % der in Deutschland lebenden Frauen seit dem 16. Lebensjahr körperliche oder sexuelle Gewalt oder beides erlebt haben. 90 % aller Frauen, die körperliche Gewalt seit ihrem 16. Lebensjahr erlebt haben, nannten männliche Täter; in knapp 30 % der Fälle wurden auch weibliche Täter genannt. Bei sexueller Gewalt und bei Gewalt in Paarbeziehungen wurden zu 99 % Männer als Täter angegeben. Als Tatort nannten die befragten Frauen am häufigsten das Zuhause. Täter waren am häufigsten aktuelle oder frühere Beziehungspartner.[197] Jeden Tag, so die BKA-Statistik für 2018, versuchte ein Mann, seine Partnerin bzw. Ex-Partnerin zu töten. 149 Frauen wurden 2019 durch ihren Partner oder Ex-Partner getötet. Femizid ist der Fachbegriff für dieses Tötungsdelikt. Er soll zum Ausdruck bringen, dass Frauen aufgrund ihres weiblichen Geschlechts getötet werden. Das Risiko von Frauen, im Falle von Trennung und Scheidung Opfer von schwerwiegender Gewalt durch männliche Beziehungspartner zu werden, ist sehr hoch, wie aktuelle Auswertungen zeigen.

Von körperlicher Gewalt in heterosexuellen Paarbeziehungen scheinen Männer zahlenmäßig ähnlich häufig wie Frauen betroffen zu sein. Frauen sind aber häufiger von schwerer und wiederholt auftretender Gewalt in Paarbeziehungen betroffen.[198]

Die Familie ist der Ort, an dem Körperkontakt zugelassen, ja sogar erwünscht ist. Aber gerade der Wegfall des ansonsten geltenden Berührungstabus setzt auch die Hemmschwelle zur Vermeidung von Gewalt herab.

---

197 Vgl. Heiliger et al. in Cornelißen (2005), S. 667 f.

198 Vgl. Heiliger et al. in Cornelißen (2005), S. 668.

Laut einer Studie des BMFSfJ[199] zur Gewalt gegen Frauen in Partnerbeziehungen in Deutschland aus dem Jahr 2014 existieren Gewalt und schwere Misshandlungen in allen sozialen und ethnischen Gruppen sowie in verschiedenen Altersgruppen und bei Paarbeziehungen aus allen Bildungsschichten.

Abbildung 42: Gesprächsführung mit Täter häuslicher Gewalt

Das Ausmaß von psychischer, körperlicher und sexueller Gewalt in bestehenden Paarbeziehungen ist nicht unerheblich. Diese Gewalt ist in ihren Schweregraden und Folgen beträchtlich. Zusätzlich zu körperlicher und sexueller Gewalt werden auch Formen von psychischer Gewalt, wie verbales Bedrohen und Demütigen, Beleidigen sowie ständige Eifersucht, ökonomische und soziale Kontrolle sowie Dominanzverhalten von Partnern eingesetzt. Gewalt, die sich anfangs nur in psychischer Gewalt oder in leichteren oder beginnenden Formen von körperlicher Gewalt zeigt, kann trotzdem mit erheblichen psychischen und gesundheitlichen Folgeproblemen einhergehen. Und sie kann sich weiterentwickeln und im Verlauf der Paarbeziehung eskalieren. Wenn sexuelle Gewalt in der Paarbeziehung auftrat, dann im Kontext von schwererer und mehrmalig auftretender körperlicher und psychischer Gewalt gegen die Partnerin.[200]

Traditionelle geschlechtshierarchische Aufgaben und Rollenverteilungen sowie das Ungleichgewicht der Macht und Ressourcenverteilung in den Geschlechterbeziehungen tragen langfristig zur Entstehung und Aufrechterhaltung von Gewalt in Partnerbeziehungen bei. Für Paare zeigen sich hierin die entscheidenden Risikofaktoren für Gewalt gegen Frauen. Vor allem wenn eine Angleichung von männlichen und weiblichen Lebensbedingungen von den männlichen Beziehungspartnern als Bedrohung der eigenen männlichen Identität und als Machtverlust erlebt wird, erhöht sich die Gefahr der Gewalt. Gewalt wird dann als ein Mittel eingesetzt, traditionelle Geschlechterverhältnisse aufrechtzuerhalten oder wiederherzustellen. Gewalt dient den männlichen Tätern aber auch dazu, die eigenen Ohnmachtsgefühle zu

199 Vgl. BMFSfJ (2014), S. 27.

200 Vgl. BMFSfJ (2014), S. 15 f.

kompensieren. Gerade Männer, die als Kinder selbst Gewalt ausgesetzt waren und starke Ohnmachtsgefühle erlebt haben, versuchen auf diese Art, Ohnmachtsgefühle durch aktive Gewaltstrategien zu umgehen. Ihnen fehlen andere konstruktive Bewältigungsmuster.

Die Arbeitslosigkeit des männlichen Beziehungspartners und sehr geringe ökonomische Ressourcen sind vor allem in der Altersgruppe der unter 35-Jährigen ein Risikofaktor für Gewalt gegen Frauen in Partnerschaften. Bei den ab 45-Jährigen sind die Haushalte mit relativem Wohlstand und hohem Bildungsniveau tendenziell höher durch männliche Partnergewalt belastet. Frauen, die sozial isoliert sind, sind erheblich häufiger von schweren Misshandlungen betroffen. Schwere Misshandlungen führen häufiger zu sozialer Isolation der Frauen, was eine Loslösung aus gewaltbelasteten Paarbeziehungen zusätzlich erschwert. Meist haben beide Beziehungspartner eigene Gewalterfahrungen in der Kindheit erlebt, was immer zu einem großen Vertrauensverlust in mitmenschliche Beziehungen führt.[201]

Ein erhöhter Alkoholkonsum der männlichen Beziehungspartner konnte gerade bei schwerer Misshandlung von Frauen und psychischer Gewalt nachgewiesen werden. Aber Alkohol kann nicht als zentrale Ursache bei der Entstehung von Gewalt in Paarbeziehungen angesehen werden, da über ein Drittel der Fälle von Gewalt in Paarbeziehungen nicht mit Alkohol in Verbindung stand.

2.1 Ziele, Maßnahmen, Kompetenzen, Haltungen

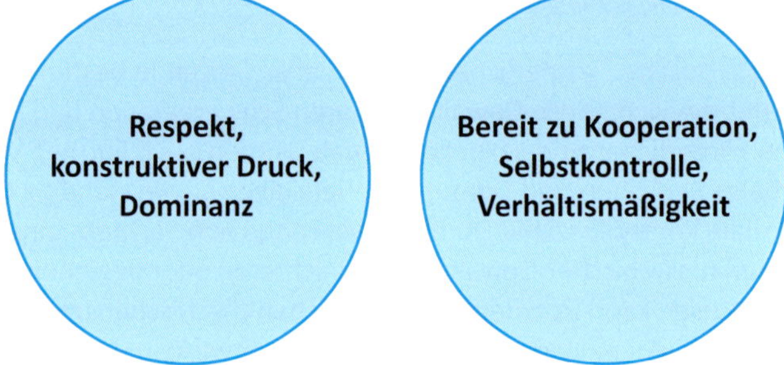

2.2 Lage

Der getrennt lebende Ehemann Erwin Huber ist vor der neuen Wohnung seiner noch nicht von ihm geschiedenen Ehefrau (Frauke Huber) gestanden. Sie hatte ihm die Wohnungstür geöffnet, da er im Treppenhaus lautstark den Kontakt mit seinem Kind gefordert hatte. Nach einem kurzen Streitgespräch, in dem ihm Frau Huber einen sofortigen Kontakt mit dem gemeinsamen Kind verweigerte, bedrohte und schlug er seine Frau. Die Frau konnte mit dem gemeinsamen Kind unter Schlägen und Beschimpfungen des Mannes aus der Wohnung fliehen und die Polizei verständigen. Zurzeit befindet sie sich bei einer Nachbarin.

Erwin Huber hat Einträge wegen Besitz und Handel mit BTM sowie gefährlicher Körperverletzung.

201 Vgl. BMFSfJ (2014), S. 40 f.

Zur selbstständigen Ergänzung: Polizeilich taktische Ziele/Maßnahmen; Rechtliche Ziele/Maßnahmen.

2.3 Schema

Was? (Maßnahmen)	Wie? (Beziehungsgestaltung)
Vorbereitung Informationen einholen, Rollen im Team verteilen.	Betreten fremder Wohnung ist immer eine Gefahrenlage, Bürger ist im Vorteil, Überraschungsmoment einplanen, Person im Stress und mit Vorstrafen. Sich auf Wahrnehmung von Raum, Person und direkter Umgebung fokussieren.
Ziel und Maßnahmen Ziele: Betreten und Durchsuchen der Wohnung, Aufklären des Gegenübers über die Tatvorwürfe und die geplanten Maßnahmen, deeskalierend und beruhigend einwirken. Mit konstruktivem Druck oder unter Zwang eine Wegeweisung aus der Wohnung herbeiführen.	Eskalation vermeiden. Klare Vorgaben machen, Person mit konstruktivem Druck zu kooperativem Verhalten bringen.
Einstiegsphase *Guten Tag, Polizei. Sind Sie Herr Erwin Huber?*	Klare, deutliche Ansprache, polizeiliche Präsenz ausstrahlen. Unteres bis mittleres Eskalationsniveau, Tendenz liegt eher auf Präsenz und Dominanz.
Transparenz der Lage *Wir wurden verständigt, dass Sie sich hier Zutritt zur Wohnung verschafft haben und dass Sie Frau Huber bedroht und geschlagen haben.* *Was sagen Sie dazu? Wollen Sie sich dazu äußern? Als Beschuldigter haben Sie auch das Recht, die Aussage zu verweigern.* Oder: *Wir sind hier, da Sie Ihre Frau bedroht und unter Schlägen aus der eigenen Wohnung vertrieben haben.*	Präsenz, Ruhe und Kooperationsbereitschaft ausstrahlen. Bürgernähe: Zuhören, beobachten und verstehen.

Was? (Maßnahmen)	Wie? (Beziehungsgestaltung)
Maßnahmenphase *Bleiben Sie bitte ruhig sitzen, bis wir Ihnen alle Maßnahmen erklärt haben!* *Was machen Sie hier? Wie sind Sie hereingekommen? Was wollen Sie denn hier? Ihnen gehört diese Wohnung doch gar nicht!* *Wir müssen Sie der Wohnung verweisen und Sie zur Dienststelle mitnehmen!* Positionierung (Distanz) im Raum und zur Person und im Team anpassen. *Bleiben Sie ganz ruhig, machen Sie mit! Wir werden Sie jetzt fesseln! Seien Sie kooperativ, machen Sie jetzt, was wir Ihnen sagen. Ansonsten müssen wir die Maßnahme unter körperlichem Zwang durchführen!* *Wir gehen davon aus, dass Sie sich jetzt kooperativ verhalten!* *Für Sie ist es besser, wenn Sie jetzt freiwillig mitkommen! Machen Sie es jetzt nicht noch schlimmer, kommen Sie freiwillig mit!* *Falls Sie sich noch ein weiteres Mal widersetzen, werden wir Sie mit körperlichem Zwang fesseln!* *Ihr Verhalten verschlimmert so Ihre Lage, machen Sie jetzt, was wir Ihnen sagen!* *Ich kann nicht verstehen, aus welchen Beweggründen Sie handeln. Wir werden Sie mitnehmen. Wenn Sie das freiwillig tun, wird es für Sie viel leichter.* *Ich habe jetzt auch keine Handhabe mehr, das Verfahren weiter zu verzögern. Jetzt werden folgende Konsequenzen umgesetzt. Uns als Polizei bleibt nichts anderes übrig als Sie jetzt zu fesseln.* *Sie verschlimmern Ihre Lage immer weiter, das können Sie doch nicht wollen.* *Wir möchten die Situation in Ruhe zu Ende bringen. Nun zeigen Sie auch etwas Zugeständnis. Sie müssen schon auch mithelfen, damit die Lage nicht noch schlimmer wird.* *Im nächsten Schritt werden wir Ihnen Zwangsmaßnahmen androhen. Sie können doch nicht wollen, dass Sie mit Handschellen durch das ganze Haus geführt werden. Die Konsequenzen Ihrer Handlungen sind verheerend.* Durchführen der Maßnahme, fesseln und durchsuchen und entfernen aus der Wohnung.	Gespräch herstellen, um Informationen zu bekommen zur weiteren Einschätzung der Person sowie Zeitgewinn zur Wahrnehmung der Umgebung und gefährlicher Gegenstände. Person so lange stabil halten, bis klar ist, ob sie freiwillig oder unter Einsatz von Zwangsmitteln aus der Wohnung verbracht wird. Klare Aufforderungen mit positivem Charakter, körperliche und polizeiliche Präsenz erhöhen, durch Stimme, Körperhaltung, Position, Erhöhen des Eskalationsniveaus bei Widerstand oder kooperativ bei freiwilliger Einwilligung. Während dieser Einwirkungen sollten die Beamten die Lage und die Person so weit unter Kontrolle behalten, dass diese keine unkontrollierten Bewegungen macht, Zeit wird genutzt, um einen Plan für den Zugriff zu machen. Bei Widerstand muss das Eskalationsniveau kurzzeitig sehr hochgefahren werden, dann zurück auf ein mittleres Eskalations- und Aufmerksamkeitsniveau.

Abschlussphase *So, wir verlassen jetzt gemeinsam die Wohnung. Wir verbringen Sie jetzt zum Revier.* *Sie gehen jetzt ganz ruhig mit uns mit!*	Mittleres bis unteres Eskalationsniveau: Ausstrahlen von Ruhe und Präsenz. Aufforderung zu Kooperation durch kooperativen Druck.
Nachbereitung (wie in Abbildung 41 beschrieben)	Konstruktive Kritik und unterstützend arbeiten.

Nach Betreten der Wohnung wird Herr Huber angetroffen. In dieser ersten Phase ist es wichtig, Herrn Huber sprechen zu lassen, da so ein sicherer erster Eindruck von der Person des Gegenübers entstehen kann, der hilfreich ist, um die Lage einzuschätzen. Wie ist sein Erregungs- und Eskalationsniveau? Ist er gestresst/ängstlich/aggressiv/kooperativ? Das Sprechen hilft Herrn Huber auch, sich selber zu beruhigen und Stress und Anspannung loszulassen. Zuhören und sinnvolle Fragen stellen sind die wesentlichen Maßnahmen in der Anfangsphase.

Die Frage nach dem *„Warum sind Sie hier"* sollte unterlassen werden. Das „Warum" zieht in der Regel eine Reihe von Rechtfertigungen nach sich, die nur z. T. der Beschreibung, aber eher doch der Legitimierung der begangenen Handlungen dienen sollen. Diese haben häufig imperativen Charakter und sollen das Verhalten als alternativlos deklarieren. Sobald sich der Polizeibeamte auf diese Rechtfertigungsebene eingelassen hat, wird es sehr schwer, wieder zur professionellen Distanz zurückzufinden. Genau darin liegen auch Ziel und Zweck der Rechtfertigungen. Sie sollen Verbündete schaffen, entweder durch Verständnis oder durch Schweigen. Bei Widerspruch kommt es dann zu einer Verschärfung der Strategie, wobei die Argumente nicht mehr rational zugänglich sind.

Sehr viel sinnvoller ist die Frage nach dem *„Was ist passiert?"* oder *„Was haben Sie getan oder erlebt?"*

Auf diese Frage können sowohl Geschehnisse wie auch Gefühle benannt werden. Ein Fokussieren auf Ereignisse oder Sachverhalte ist für polizeiliches Handeln sinnvoll. Polizeiliche Befragungen haben immer das Ziel, Informationen, Hintergründe, Ereignisse, Beweise oder Indizien zusammenzutragen. Dies lässt sich mit der Frage *„Was ist passiert?"* am einfachsten erfahren. Geschilderte Gefühle dienen als Gradmesser der Verfasstheit des Gegenübers und sind aufmerksam wahrzunehmen, da sie für das weitere polizeiliche Handeln wichtig sind. Sie sind im Sinne der Bürgernähe wahrzunehmen, aber sie sind nicht therapeutisch oder seelsorgerisch zu bearbeiten. Fragen wie *„Was ist passiert?"* oder *„Wer hat was getan?"* erzielen sinnvollere Antworten.

Diese erste Phase der Gesprächsführung dient auch dazu, dass die Polizei sich selber im Raum orientieren kann, um die weitere Lage besser antizipieren zu können. (Lagefortschreibung: Wie positionieren sich die Beamten? Wie sollen die weiteren Schritte aussehen? Wo soll eventuell gefesselt werden? Gefährliche Gegenstände?)

Herr Huber muss in der ersten Kontaktaufnahme gleich ein professioneller polizeilicher Eindruck entgegengebracht werden, der Entschlossenheit und Handlungswillen zeigt, aber noch keinen Grund zur Eskalation bietet.

2.4 Gefahren und Ergänzungen für die Lage

Häufig wird in den Einsatztrainings schon in der Eröffnungsphase sofort mit der Aufforderung: *„Stehen Sie auf! Stellen Sie sich an die Wand!“* begonnen. Diese konkrete Maßnahme gehört in die Maßnahmenphase, falls nicht besondere Umstände ein sofortiges Eingreifen erforderlich machen. Herr Huber soll zunächst ruhig sitzen bleiben, da dies für alle Beteiligten der sicherste Ort für ihn ist. Außerdem führt eine so frühe und unerwartete Aufforderung meist sofort zu Widerstand. *„Warum soll ich aufstehen? Ich habe Sie nicht gerufen! Ich gehe nirgends hin!“*

Somit haben die jungen Polizistinnen und Polizisten schon einen ersten Widerstand provoziert, und das ohne Not. Diese Aufforderung ist sinnvoll, aber erst zu einem späteren Zeitpunkt, wenn die Polizei einen guten Überblick über die Lage gewonnen hat und die Kontrolle über das Geschehen hergestellt wurde. Es ist auch noch unklar, ob Herr Huber nicht doch zur Kooperation bereit ist.

Es kann auch passieren, dass Herr Huber nach dieser Aufforderung wirklich sofort aufspringt und auf die Beamten zukommt. Das wird dann eher als Bedrohung und damit als Eskalation gewertet. Die Aufforderung *„Bleiben Sie bitte ruhig sitzen, bis wir Ihnen alle Maßnahmen erklärt haben“* wäre somit sinnvoller.

Bei der häufig gestellten Frage: *„Haben Sie uns verstanden?“* lautet die Antwort entweder *„Ja“* oder *„Nein“*. Diese Frage sollte nur gestellt werden, wenn angenommen wird, dass das Gegenüber bereit ist zu kooperieren. Dann kann die Frage ergänzt werden durch: *„Sie haben das ja verstanden, dann stehen Sie jetzt auf und ...“*

Wenn das Gegenüber schon mehrfach angedeutet hat, dass es nicht willig ist mitzukommen, sollte vermieden werden, dass Herr Huber immer wieder gefragt wird: *„Haben Sie das verstanden?“* in Kombination mit den weiteren Fragen wie *„Wollen Sie uns freiwillig begleiten?“*, *„Kommen Sie freiwillig mit, sonst wenden wir Zwang an!“*, *„Wollen Sie kooperativ sein oder müssen wir Sie mit körperlichem Zwang zur Dienststelle bringen?“*, *„Haben Sie das verstanden?“*

Wenn diese Fragen zu früh oder zu oft gestellt werden, verringert sich die Bereitschaft zur Kooperation. Diese Fragen müssen sofort mit den folgenden Konsequenzen und Maßnahmen bei Nichtbefolgung verknüpft werden, ansonsten werden sie nicht mehr ernst genommen und es kommen Antworten wie *„Ich bin doch nicht blöd.“*, *„Warum sollte ich Sie nicht verstehen?“* Erst wenn eine eindeutige komplementäre Struktur der Beziehung hergestellt wurde und das Gegenüber sicher ist, dass die Beamten die Führung und die Kontrolle über die Lage haben (kompetenter und entschlusskräftiger Auftritt der Polizeibeamten), dann machen solche Fragen Sinn, da sie als Rückkopplung der Beziehungsstruktur dienen.

Das polizeiliche Gegenüber muss spüren, dass die Polizei so viel Druck über ihr Auftreten aufbauen kann, dass anzunehmen ist, dass sie alle ihre Maßnahmen durchsetzen wird. Die soziale Kompetenz, konstruktiven Druck aufzubauen, verschiedene Deeskalationstechniken abrufen zu können und sich selbst immer wieder zu kontrollieren, falls das Gegenüber einlenkt, werden helfen, die Lage möglichst gewaltfrei zu beenden.

Als Grundhaltung sollte eine Haltung von Respekt gegenüber dem Anderen zum Ausdruck gebracht werden. Mit dieser respektvollen Haltung soll dem Gegenüber die Chance eingeräumt werden, bei konflikthaften Gesprächen das Gesicht wahren zu können. Solange das polizeiliche Gegenüber sich im Rahmen gewisser Regeln bewegt, ist ihm Respekt entgegenzubringen. Genauso muss eingefordert werden, dass die Polizei mit Respekt behandelt werden soll. Respekt und Würde sind die demokratisch verfassten Haltungen der Polizei in jeder polizeilichen Lage. Bei konflikthaften Lagen, in denen Druck auf das Gegenüber aufgebaut werden muss, müssen diese demokratischen Grundhaltungen den Boden für die Akzeptanz von Maßnahmen legen. Sie sind Anzeichen einer professionellen polizeilichen Distanz, die erforderlich ist, um nicht emotional und subjektiv in einer Lage zu agieren.

So kann die Polizei in einer deeskalierenden Gesprächsführung darauf hinweisen, dass sie *„langsam sehr ungeduldig werde, wenn Sie den Anforderungen nicht entgegenkommen."* Oder: *„Meine Geduld ist nun am Ende."* Oder: *„Ich kann jetzt nicht verstehen, aus welchen Beweggründen Sie so handeln. Ich habe jetzt auch keine Handhabe mehr, das Verfahren weiter zu verzögern. Jetzt werden folgende Konsequenzen umgesetzt. Uns als Polizei bleibt nichts anderes übrig, als Sie jetzt zu fesseln. Sie verschlimmern Ihre Lage immer weiter, das können Sie doch nicht wollen. Wir möchten die Situation friedlich zu Ende bringen. Nun zeigen Sie auch etwas Zugeständnis. Sie müssen schon auch mithelfen, damit die Lage nicht noch schlimmer wird. Im nächsten Schritt werden wir Ihnen Zwangsmaßnahmen androhen. Sie können doch nicht wollen, dass Sie wegen dieser Kleinigkeit jetzt noch ein Bußgeldverfahren bekommen. Die Konsequenzen Ihrer Handlungen sind verheerend. Sie gefährden andere Verkehrsteilnehmer. Das können und werden wir nicht hinnehmen."*

Im Vorfeld sind positive Bilder hilfreich: *„Bleiben Sie ruhig."*, *„Bleiben Sie stehen/sitzen."*, *„Seien Sie kooperativ."*, *„Verhalten Sie sich friedlich."* statt: *„Leisten Sie keinen Widerstand."*, *„Stehen Sie nicht auf."*, *„Wehren Sie sich nicht."*, *„Greifen Sie nicht zum Messer oder ähnliches."* Im Stress bleiben beim Gegenüber nur die Begriffe Widerstand, Aufstehen, Messer hängen, genau das, was nicht erwünscht ist. Oder das Gegenüber wird durch solche Aufforderungen erst auf die Idee gebracht, Widerstand leisten zu können.

Die sprachlichen Maßnahmen sollen klare, einfache, positive und unmissverständliche Formulierungen der polizeilichen Anweisungen und Aussagen beinhalten.

- Wir-Sätze: *„Wir wollen uns doch mal beruhigen. Wir sind uns doch einig, dass das zu nichts führt. Wir wollen doch beide schnell fertig werden."*
- Schmeichel-Sätze: *„Sie sehen doch vernünftig aus. Ich kann mir nicht vorstellen, dass Sie die Maßnahme nicht verstehen. Sie wirken so verständig auf mich. Sie sind auch Verkehrsteilnehmer und wollen auch nicht, dass Sie von anderen so behindert werden."*
- Verstehe-Sie-Sätze: *„Ich kann Sie gut verstehen, aber Sie müssen auch Verständnis für die Maßnahme der Polizei haben. Wir können hier nicht anders, auch wenn ich persönlich verstehen kann, dass Sie aufgebracht sind."* Verständnis zeigen bedeutet Bürgernähe, aber es bedeutet nicht, dadurch Schwäche zu zeigen.
- Höhere-Macht-Sätze: *„Mir als Beamter bleibt gar nichts anderes übrig. Sie wollen doch auch, dass Recht und Ordnung gelten."*, *„Wir müssen alle gleich behandeln, das verstehen Sie doch, da können wir nichts anderes machen."*, *„Ich sehe mich gezwungen, in der Lage jetzt so zu handeln."*, *„Unser Dienstherr erwartet, dass wir in solchen Situationen ganz klar handeln."*, *„Ich war jetzt lange genug geduldig, jetzt bin ich gezwungen, Sie ..."*
- Erklär-Sätze und Transparenz: *„Ich erkläre Ihnen genau die Maßnahme. Ich will Ihnen sagen, was jetzt passieren wird."*

Zu vermeiden sind auch ständige Wiederholungen einzelner Begriffe oder von Satzteilen: *„Legen Sie das Messer weg, legen Sie das Messer weg, legen Sie das Messer weg, ...“.*

Diese wirken wie Schallplatten, die hängen geblieben sind. Das Gegenüber nimmt diese nach der zweiten, dritten Wiederholung nicht mehr ernst. Die Polizei zeigt damit, dass sie im Denken und im Handeln festhängt. Die polizeilichen Kompetenzen zur Kontrolle über die Lage sind stark eingeschränkt. Es fehlt ein Plan für die weiteren Maßnahmen. Dies ist ein deutliches Signal an das Gegenüber, dass die Polizei ihre professionelle Handlungskompetenz aufgegeben hat. Unangepasste Verhaltensweisen von Menschen sind häufig das Resultat von ungelösten Problemen oder Überforderungen bei der Bewältigung von Aufgaben. Da durch den Stress keine weiteren Ressourcen zur Verfügung stehen, wird das unangepasste Verhaltensrepertoire stets wiederholt und sogar verschärft. Es entsteht eine Wiederholungsschleife, die in einen Tunnel führt, der nicht mehr verlassen werden kann. Von außen wird das unangemessene Verhalten schnell wahrnehmbar, da deutlich wird, dass es nicht zur Lösung oder Weiterentwicklung der Lage beiträgt. Der Betroffene selber nimmt diese Wiederholungen häufig nicht wahr, da sein Stresslevel zu hoch ist. Dann sollte der Teampartner unterstützend eingreifen oder die Kontrolle übernehmen.

3 Professionelle polizeiliche Gesprächsführung mit Opfern von Gewalt, von Unfällen und Katastrophen: Erste-Hilfe-Kommunikation

Nach schweren traumatischen Gewaltereignissen zeigen sich die Auswirkungen durch erhebliche Beschwerden im seelischen, körperlichen sowie sozialen Erleben. Es handelt sich um:

- Verletzung des Vertrauens in menschliche Beziehungen
- Verletzung des Körpers, der Körpergrenzen, der Körperteile, der Haut
- Verletzung der Identität, Integrität, Erschütterung des eigenen Kerns/Selbstbildes
- Verletzung der Autonomie, der Selbstbestimmung, der Eigenkontrolle.[202]

Die Besonderheit sozialer Gewalterfahrungen zeigt sich auch in den psychosomatischen Folgen. Daneben zeigen sich die sozialen Folgen in der sogenannten Viktimisierungsstörung mit zahlreichen Folgen im Bereich sozialer Bindungserfahrungen. Für die betroffenen Personen verändern sich die Gefühle der eigenen Wertschätzung, sie erleben einen Verlust an Selbstvertrauen, sie fühlen sich für andere nicht mehr attraktiv, sie neigen zum Rückzug aus sozialen Beziehungen, da ihre Fähigkeiten, anderen zu vertrauen, untergraben worden sind. Insbesondere Frauen nach sexuellen Gewalterfahrungen sind davon betroffen.[203] Frauen verharmlosen dann die eigenen erlebten Verletzungen, ganz im Sinne der Täter, die diese Tendenz der Verharmlosung und Bagatellisierung als Strategie gegenüber Opfern und den Institutionen der sozialen Kontrolle benutzen. Es kommt sogar so weit, dass Opfer sich selber als Verursacher der Gewalt sehen und die Täter nach außen in Schutz nehmen, die Weltsicht und die Erklärungen der Täter als ihre eigenen übernehmen. Sie setzen sich immer wieder neuen Verletzungen durch andere aus, sie übernehmen die Opferrolle als eigenes Lebenskonzept.

Diese Folgen der Traumatisierung machen die Arbeit mit den Opfern oft so schwierig und lassen die Hoffnung auf Veränderung gering erscheinen. Gerade für die Polizei scheint das lange Ausharren von Frauen in Gewaltbeziehungen nicht nachvollziehbar und wenig verständlich. Jedoch sind die Erfahrungen der existentiellen Bedrohung durch Täter sehr real. Das Erleben der eigenen Hilflosigkeit und des Nichtgeholfen-Bekommens in größter Not haben bei vielen Betroffenen zu zwischenmenschlicher Entfremdung und einem tiefgreifenden Vertrauensverlust geführt. Viele der Betroffenen sind im Kontakt misstrauisch. Sie haben Angst vor zwischenmenschlicher Nähe und zeigen ein übersteigertes Kontrollbedürfnis.

202 Beitrag in Sammelband zu M. Symposium, Orlando (1999), S. 138.

203 Vgl. Fischer/Riedesser (1998), S. 294 ff.

Abbildung 43: Opfer häuslicher Gewalt

3.1 Erste-Hilfe-Kommunikation der Polizei mit Traumatisierten oder Opfern

Sicherheit, Schutz, Zuwendung und Stabilisierung der Opfer sind von großer Bedeutung. Die Handlungsleitlinien für Polizeibeamte bei erlebter Gewalt leiten sich aus dem Gewaltschutzgesetz oder Opferschutzgesetz ab mit dem Ziel, die akute und weitere Gewalt gegen das Opfer zu unterbinden.

„Interaktionen mit Gewaltopfern, vor allem wenn sie sich direkt auf den Vorfall beziehen und in der ersten Zeit danach stattfinden, müssen verständnisvoll, unterstützend und akzeptierend ablaufen, transparent sein und dem Opfer eine größtmögliche Handlungskontrolle ermöglichen."[204] Beim Umgang mit traumatisierten Menschen stehen das Schützen, das Respektieren von Grenzen und das Mitaushalten des erlebten Leidens im Vordergrund.

Im Gewaltschutzgesetz wird das Herstellen von Sicherheit für die Betroffenen als oberstes Ziel genannt. Schützen und Sicherheit vermitteln bedeuten im polizeilichen Handeln, die Traumatisierten sobald als möglich aus der Gefahrenzone zu bringen, vom Ort des traumatischen Geschehens zu entfernen (z. B. Unfallort, Ort der Katastrophe) oder vom Täter, von dem Gewalt ausgeht, zu trennen und an einen sicheren Ort zu bringen. Dies gilt natürlich ganz besonders, wenn die Personen unbekleidet oder nur halb bekleidet sind. Schamgrenzen sind unbedingt zu respektieren und die Personen sind aus dem Blickfeld von umstehenden Beobachtern und Zuschauern zu bringen. Der Aufbau einer ordentlichen Absperrung ist nicht nur für die ungestörte Arbeit der Rettungs- und Polizeikräfte bedeutungsvoll, sie bietet auch den Opfern und Angehörigen Schutz und Sicherheit. Sie schützt aber auch alle umstehenden Zuschauer davor, sich zu traumatisieren, indem sie sich mit etwas konfrontieren, das ihre Verarbeitungsmöglichkeiten übersteigt. Besonders Kinder sind hier gefährdet.

204 Ministerium für Arbeit, Gesundheit und Soziales des Landes Nordrhein-Westfalen (1998), S. 12.

Betroffene Personen können z. B. in einen Dienstwagen gesetzt werden. Wenn möglich, wird das Funkgerät ausgeschaltet, um einer weiteren Überflutung an Reizen entgegenzuwirken.

Sicherheit herstellen heißt, neben der räumlichen auch eine psychische Distanz zum traumatischen Geschehen herzustellen. Traumatisierte brauchen sichere Orte. Deswegen ist es hilfreich, im Akutgeschehen den Betroffenen zu sagen, dass man für sie da ist und so lange dableibt, bis alle nötigen Hilfsmaßnahmen eingeleitet sind. Wichtig sind Sätze wie *„Jetzt sind Sie in Sicherheit, wir sind jetzt für Sie da.", „Vertrauen Sie uns, wir tun alles, um Ihnen zu helfen oder um etwas aufzuklären."* Dies kann ggf. unterstützt werden durch leichten Körperkontakt, immer nur im Bereich des Armes, der Schulter oder einer Hand und nur mit Einwilligung des Opfers. Helfer sollten nicht hinter den Betroffenen stehen oder konfrontativ davor, lieber leicht seitlich vor der betroffenen Person.

Sicherheit kann weiterhin vermittelt werden durch ruhigen Blickkontakt, unterstützt durch das Reichen einer warmen Decke, eines Mantels oder eines warmen Getränks.

Insgesamt sollten professionelle Helfer und die Polizei mit Ruhe und Kompetenz der chaotischen Situation entgegenwirken. Sicherheit und Stabilisierung können nur durch ein ruhiges und kompetentes Auftreten vermittelt werden. Weiß der Polizeibeamte nicht genau, was zu tun oder zu sagen ist, können dem Traumatisierten kaum Sicherheit und Stabilität vermittelt werden. Die Beruhigung von Opfern wird auch nicht über Sätze wie *„Nun beruhigen Sie sich doch mal."* herbeigeführt. Sie ist Folge eines kompetenten, ruhigen und schützenden Umgangs der Polizei mit dem Opfer.

Dabei sind die Abwehrmechanismen der Betroffenen zu respektieren, gerade in der akuten Phase, da sie einen unverzichtbaren Selbstschutz darstellen.[205] Als typisch für die psychotraumatische Abwehr sind die Notfallreaktionen, wie die katatone Starre oder der panikartige Bewegungsdrang, zu nennen.

Wenn die Betroffenen nach einem traumatischen Ereignis aufgeregt hin- und herlaufen und sich panikartig gegen jedes Beruhigen wehren, ist dies ein Verarbeitungsmechanismus, der nicht gewaltsam gebrochen werden sollte. Helfer wie die Polizei sollten ruhig nebenher gehen und die Person vor Gefahren schützen. Dabei soll ein Kontakt mit der Person aufrechterhalten werden, in dem beruhigend auf die Person eingewirkt wird. Mit der Zeit kann die betroffene Person durch langsames Gehen, langsames Sprechen in ihrem Bewegungsdrang beruhigt werden. Wenn man sich dann irgendwo hinsetzen kann, ist die Person meist zur Ruhe gekommen. Man kann die betroffene Person auch auffordern, mit von A nach B zu kommen, um sie so durch aktive Bewegung zu beruhigen.

Zeigt die traumatisierte Person im anderen Extrem eine psychische und körperliche Erstarrung (Apathie), soll behutsam durch ein Gespräch ein Kontakt hergestellt werden. Beim Ansprechen der Person kann sie zu kleinen Reaktionen oder Handlungen ermutigt werden: *„Schauen Sie mich bitte mal an, falls Sie mich hören können.", „Bitte nicken Sie mal mit dem Kopf.", „Geben Sie mir ein Zeichen, wenn Sie mich verstehen."* Ziel ist, das Opfer durch kleine Reaktionen zugänglich zu machen und in Kontakt zu bringen, um es vorsichtig aus der Erstarrung zu lösen. Hierbei kann eine leichte Berührung an der Hand oder am Oberarm hilfreich sein. Das häufige Nennen des Namens der betroffenen Person verstärkt die Wirkung, da es ähnlich wie Berührungen wirkt.

---

205 Vgl. Fischer/Riedesser (1998), S. 182.

Der Name ist das vertrauteste Kennzeichen aller Menschen, insbesondere der Vorname ist das Früheste, was Menschen über sich erfahren und was an vertraute Stimmen gebunden ist. Falls es in der Lage möglich ist, kann auch der Vorname verbunden mit einem „Sie" und der Erlaubnis dazu benutzt werden. *„Ist es in Ordnung, wenn ich Sie jetzt mal kurz mit Ihrem Vornamen anspreche, Anton? Können Sie mir erzählen, was gerade passiert ist?"* Bei gleichgeschlechtlichen Kontakten ist dies einfacher umzusetzen. Wenn die betroffene Person wieder etwas orientiert ist, wird wieder der Nachname benutzt. Das Duzen von Personen sollte auf alle Fälle vermieden werden, da es nicht dem formalen und professionellen Arbeitsverhältnis entspricht.

Die ständige Transparenz im weiteren Vorgehen ist für Traumatisierte ein wichtiger Schritt, um Kontrolle und Vertrauen zu erfahren. *„Wir werden jetzt zum Streifenwagen gehen. Die Rettungskräfte werden gleich eintreffen und Sie untersuchen. Ich bleibe solange bei Ihnen. Wir müssen Ihnen gleich verschiedene Fragen stellen. Fühlen Sie sich dazu in der Lage?"*

Bei allem gilt, dass die Grenzen des Betroffenen mit Respekt und Würde gewahrt werden, denn sie dienen zum Selbstschutz gegen weitere Übergriffe.

Über das Geschehen und seine möglichen Folgen aufzuklären ist ein weiterer Aspekt der polizeilichen Aufgabe im Umgang mit Opfern. Opfer sind Zeugen, häufig sogar die einzigen, die am Geschehen beteiligt waren neben den Tätern. Sie müssen respektvoll und behutsam befragt werden, um so eine lückenlose Aufklärung des Tathergangs oder der Katastrophe oder des Unfalles rekonstruieren zu können. Für die Suche nach den Tätern oder den Verursachern eines Ereignisses sind diese Informationen sehr wichtig. Gleichzeitig muss der Schutz der Opfer vor einer Überflutung, vor Flashbacks oder Angstgefühlen respektiert werden.

Aufklären und Informieren dienen den Opfern zur Stärkung oder Wiedererlangung ihrer Selbstkontrolle und können zur kognitiven Verarbeitung anregen. Die passenden Fragen hierzu sind: *„Was ist passiert? Woran können Sie sich gerade erinnern?", „Was ist passiert? Wo ist es passiert? Wann ist es passiert? Wie ist es passiert? Wer war beteiligt? Was weiß die Polizei? Was wissen Zeugen? Was wissen die betroffenen Opfer?"*

Die polizeiliche Gesprächsführung soll den Betroffenen einen „biphasischen Verarbeitungsprozess" ermöglichen, der ihnen hilft, nicht in Verdrängung und Erstarrung zu verharren oder durch hilflose Überflutung überfordert zu werden. Ein Anstoß in Richtung Selbstheilung gelingt dort, wo beides möglich ist.

Professionelle polizeiliche Gesprächsführung muss den Betroffenen empathisch im Blick behalten und spüren, wenn eine Überflutung mit bedrohlich erlebten Bildern und Gefühlen stattfindet. Dann sollte das Gespräch durch Beruhigen und Ablenkung wieder in ein ruhiges Fahrwasser gebracht werden. Dort, wo das Opfer jegliche Fragen vermeidet und erstarrt wirkt, kann durch Fragen und Beschreibung dessen, was schon bekannt ist, eine Tür zur Selbstheilung geöffnet werden. Dabei muss der Selbstschutz der Betroffenen gewahrt werden. Dies kann gelingen, wenn die Polizei behutsam die Fakten des Geschehens bearbeitet.

Die Beschreibung von Sachzusammenhängen und Tatsachen stärkt die kognitive Verarbeitung, die durch das traumatische Geschehen außer Kraft gesetzt wurde. Sie schützt vor Überflutung durch zu viele Gefühle. Der Betroffene kann sich dadurch aus der Welt der Emotionen kurz zurückziehen, hin zur Beschreibung von Geschehnissen. Natürlich sind auch diese Geschehnisse von Emotionen begleitet, die sich aufdrängen können. Manche Teile des Geschehens werden auch ausgeblendet und sind aufgrund der drohenden Überflutung durch die Erinnerung nicht mehr zugänglich. Zum Teil bleibt die Erinnerung an das traumatische Geschehen fragmentarisch und hat den Charakter von einzelnen Puzzleteilen.

Wenn Traumatisierte von den Ereignissen berichten, sollte die Polizei sich auf das Zuhören konzentrieren und in die Schilderungen der Opfer nur strukturierend und unterstützend eingreifen. Wenn nicht unbedingt notwendig, sollte nicht vertiefend nachgefragt werden. Der Wunsch, vergessen zu wollen, soll respektiert und angenommen werden. So fühlen sich die Betroffenen ernst genommen und spüren die Bereitschaft der Polizei, ihnen als Freund und Helfer zur Verfügung zu stehen.

Diese Grundprämissen lassen sich auch in dem polizeilichen Konzept der Bürgernähe sowie in der demokratisch verfassten Haltung von Respekt und Würde gegenüber dem erlebten Leid der Betroffenen wiederfinden.

3.2 Gefahren für den Umgang mit traumatisierten Personen

Auch aufseiten der professionellen Helferinnen und Helfer finden Abwehrmechanismen statt, die dazu dienen, die Bedrohung des eigenen Sicherheitsgefühls durch das Geschehene, insbesondere bei Opfern von Gewaltverbrechen und Katastrophen, zu bekämpfen. Jedem stellt sich als Erstes die Frage, ob so etwas nicht auch im eigenen Leben hätte passieren können. Um die immer wiederkehrende Bedrohung durch die vielen Unglücke und Gewalterfahrungen im Polizeidienst abzuwehren, kann es dazu kommen, dass Opfer ausgegrenzt oder abgewertet werden. Schnell wird dann den Opfern eine gewisse Mitschuld am Geschehen zugesprochen. Das kann sich in Sätzen äußern wie *„Hier waren Sie aber besonders leichtsinnig, wie konnte jemand so naiv sein.", „Das Opfer lebt ja auch in einem besonderen Wohnviertel.", „Wie kann man als Frau auch nachts alleine durch die Gegend laufen? Und dann in so einem kurzen Kleid?", „Da fehlte doch jede Geistesgegenwart, sonst hätte man das nicht gemacht. Mir wäre das jedenfalls nicht passiert."*

Eine andere Variante ist die Überidentifikation mit den betroffenen Opfern. Sie kann dazu führen, dass beispielsweise ein Helfer betroffener scheint als das Opfer selbst. Die Polizei verliert damit die professionelle Distanz zum Geschehen und kann den Opfern keine Sicherheit und Stabilität vermitteln. Für das reale Opfer bleibt psychisch gesehen wenig Raum, die eigene Erfahrung zu erleben und zum Ausdruck zu bringen.

Hilflose Opfer fordern im Umgang mit der Polizei manchmal auch ganz besonders deren Stärke und Problemlösungskompetenz heraus. Sie wirken so schutzlos und wehrlos, dass die Polizei sich umso größer darstellt und sich zum Experten für die Probleme des Betroffenen macht. Die Polizeibeamten hören weniger zu und zeigen kaum Empathie, sondern sie reden und geben Tipps und Anweisungen an das Opfer. Dadurch wird das Opfer umso kleiner und wehrloser und verliert noch mehr an Kontrolle über die eigene Situation. Das Opfer soll stets Experte des eigenen Zugangs zur Heilung oder Verarbeitung bleiben. Die Kompetenzen dazu sollen durch die Polizei oder andere Ersthelfer gestärkt und nicht geschwächt werden. Der polizeiliche Ersthelfer begleitet Opfer dabei. Im Sinne des Opferschutzes ist jede weitere Grenzverletzung und Verstärkung der Opferhaltung zu vermeiden, damit Retraumatisierung verhindert wird und die Selbstheilung verbessert werden kann.

Zum Einstieg in die Gesprächsführung soll sich die Polizei dem Opfer als Kontaktperson anbieten. Dabei soll nicht zu viel Nähe entstehen. Die Professionalität und Sachlichkeit der Polizei hilft, schamhafte und schwierige Teile des Erlebten oder Gefühlten zu schildern, ohne selbst wieder in nicht gewollte Gefühle zu geraten. So kann Unangenehmes externalisiert werden und an eine andere, professionell geschulte und als vertrauenswürdig erlebte Person abgegeben werden. Das Opfer muss sich dabei keine Sorgen machen, ob die Polizei das Geschilderte verkraften kann. Solange die Polizei das Gefühl vermittelt, das Geschilderte nicht zu werten, sondern zuhört und aushält, werden wichtige Impulse für einen natürlichen Heilungsprozess gesetzt. Häufig ist die Schilderung von konkreten Erlebnissen der Viktimisierung im familiären oder engen privaten Umfeld schwierig, da die Schilderung mit großen Schamgefühlen verbunden ist. Die Betroffenen wollen engere Angehörige und Freunde schonen und lassen wesentliche und schwierige Teile des Geschehens aus. Der Polizeibeamte ist oft der Einzige, dem das Geschehen in wesentlichen Teilen erzählt wird. Die Polizei hat deswegen für Opfer eine große Bedeutung, nicht nur als Ansprechpartner, sondern auch für den weiteren Verlauf der Verarbeitung des Traumas.

3.3 Ziele, Maßnahmen, Kompetenzen, Haltungen

Will die Polizei beruhigend auftreten, muss sie selbst Ruhe und Sicherheit ausstrahlen. Damit hilft sie den Betroffenen, sich in der Gegenwart zu fühlen. In der Gegenwart zu sein bietet Sicherheit vor den vielen Emotionen während der akuten Krise. Die Polizei beruhigt weiterhin, indem sie zuhört und nur strukturierend und unterstützend eingreift. Der Wunsch, vergessen zu wollen, sollte respektiert werden, solange er im Rahmen der polizeilichen Ermittlungen möglich ist. Hilfreich kann es sein, darauf hinzuweisen, dass die Erinnerung bei der Aufklärung des Tatgeschehens helfen kann.

- Sicherheit für die Traumatisierten herstellen, um dem Verlust des Sicherheitsgefühls entgegen zu wirken. Bei Opfern von häuslicher Gewalt bedeutet Sicherheit herstellen Täter und Opfer zu trennen, den Täter der Wohnung zu verweisen und ihm die weitere Annäherung zu verbieten.

- Transparenz bei allen Maßnahmen einhalten, um dem erlebten Kontrollverlust entgegenzuwirken. (Aufzeigen, was jetzt passiert, warum etwas gemacht wird, wie geholfen wird.) Stützend einwirken, aber zur Übernahme selbstständiger Ich-Funktionen anregen, um der erlebten Hilflosigkeit und der Fremdbestimmtheit entgegenzuwirken.
- Schuldgefühle, Selbstvorwürfe und Selbstzweifel unterbinden. *„Sie sind nicht schuld. Es war nicht Ihr Fehler! Sie können nichts dafür! Machen Sie sich keine Vorwürfe!“* Die Schuld liegt beim Täter und niemals beim Opfer.
- Opfer nicht alleine lassen und Hilfesysteme aktivieren oder organisieren.
- Dem Traumatisierten mit Empathie und Respekt, Geduld und Ruhe entgegentreten.
- Den Opfern Anstöße zum kognitiven Verarbeiten des Geschehens geben. *„Was ist passiert?“* Mit dieser Frage lässt sich der Prozess der kognitiven Verarbeitung des Geschehenen einleiten. Die Frage dient gleichzeitig der polizeilichen Aufklärung des Tathergangs.
- Stabilisieren und Beruhigen. Hierbei helfen Fragen wie *„Fühlen Sie sich jetzt in der Lage, die Befragung fortzusetzen?“, „Können wir etwas für Sie tun, damit Sie sich jetzt wohler fühlen können?“, „Was machen Sie im Alltag, um sich besser zu fühlen?“, „Wen können wir unterstützend hinzuziehen?“*

3.4 Lage

Der getrennt lebende Ehemann Erwin Huber ist vor der neuen Wohnung seiner noch nicht von ihm geschiedenen Ehefrau (Frauke Huber) gestanden. Sie hatte ihm die Wohnungstür geöffnet, da er im Treppenhaus lautstark den Kontakt mit seinem Kind gefordert hatte. Nach einem kurzen Streitgespräch, in dem ihm Frau Huber einen sofortigen Kontakt mit dem gemeinsamen Kind verweigerte, da es sich in der Schule befand, bedrohte und schlug er seine Frau. Die Nachbarin der Frau konnte die Polizei benachrichtigen.

Erwin Huber hat Einträge wegen Besitz und Handel mit BTM sowie gefährlicher Körperverletzung.

Zur selbstständigen Ergänzung: Polizeilich taktische Ziele/Maßnahmen; Rechtliche Ziele/Maßnahmen.

3.5 Schema

Was? (Maßnahmen)	Wie? (Beziehungsgestaltung)
Vorbereitung Informationen über Opfer und Geschehen einholen. Was ist wo passiert, bei welchen Personen?	Sich mental, aber vorurteilsfrei auf schwierige und eventuell gewaltvolle Geschehnisse oder schwere Verletzungen bei Unfällen einstellen.
Ziel und Maßnahmen Sicherheit herstellen, beruhigen (stabilisieren), zur kognitiven Verarbeitung anregen (Was ist passiert?), Hilfesysteme organisieren	Dem Opfer ist mit Respekt und Würde zu begegnen. Zu viel Nähe ist nicht angebracht. Nur so viel Nähe anbieten, wie zur Stabilisierung und zur Wiedererlangung von Sicherheit und Kontrolle notwendig sind.
Einstiegsphase *Guten Tag, Frau Huber, wir sind von der Polizei, mein Name ist …* *Wir sind jetzt für Sie da, wir bleiben jetzt erst mal bei Ihnen.* *Sie sind jetzt bei uns in Sicherheit. Es ist vorbei, die Polizei ist jetzt bei Ihnen. Arzt und Rettungskräfte sind unterwegs.* *Wir tun alles uns Mögliche, um Ihnen jetzt zu helfen.* *Ich bin Polizeibeamter und bin jetzt für Sie da. Ich passe auf Sie auf! Seien Sie unbesorgt, Sie sind jetzt bei uns sicher.*	Ruhe und Sicherheit ausstrahlen. Mit Würde und Respekt entgegentreten.
Transparenz der Lage *Wir brauchen aber auch wichtige Informationen für unsere Arbeit von Ihnen und müssen Sie befragen, um zu verstehen, was passiert ist.* *Was ist denn passiert?* *Wer war beteiligt? Nur Ihr Mann? Wo ist Ihr Mann jetzt? Wo ist Ihr Kind? Ist es in Sicherheit?* *Haben Sie keine Scheu, alles zu erzählen, auch Unangenehmes oder Schwieriges.* *Ich höre Ihnen zu. Erzählen Sie mir einfach alles, was Ihnen jetzt einfällt.*	Professionelle Distanz zum Geschehen wahren, aber dem Bürger mit empathischer Bürgernähe entgegentreten, zuhören und dasein. Die Verfasstheit des Gegenübers aufmerksam beobachten als Gradmesser der Traumatisierung, des Schockzustandes. Sich als „Fels in der Brandung“ anbieten, aber keinen Druck ausüben.

<table>
<tr><th>Was?
(Maßnahmen)</th><th>Wie?
(Beziehungsgestaltung)</th></tr>
<tr><td>Maßnahmenphase

An was genau können Sie sich erinnern? Können Sie sich noch weiter erinnern? Wo kamen Sie her? Wo wollten Sie hin?,
(z. B. bei Unfällen.)

Sind Sie verletzt, wo sind Sie verletzt?

Wissen Sie, wann es geschehen ist? Was ist danach passiert? Was hat Ihr Mann genau getan? Können Sie uns das genauer erläutern?

Wir passen jetzt auf Sie auf und bleiben so lange bei Ihnen, bis jemand zur weiteren Unterstützung hier ist.

Sie können jetzt alles loswerden. Sie brauchen keine Angst zu haben.

(Brauchen Sie etwas zu trinken? Setzen Sie sich hier hin, wir geben Ihnen eine Decke.)

Schauen Sie mich einmal an. Ich bin für Sie da.
(z. B. bei Unfällen)

Der Arzt wird gleich hier sein und sich um Sie kümmern.

Die Gefahr ist jetzt vorbei, Sie sind bei uns sicher. Mein Kollege hat Ihren Mann woanders hingeführt.

Sie sind nicht schuld, Sie sollen sich nicht schuldig fühlen. Nein, Sie brauchen sich nicht zu schämen.

Weitergehende polizeiliche oder ärztliche Maßnahmen erläutern, alles Geschehen transparent machen, ankündigen, was gleich geschehen wird.

Wir werden Ihrem Mann ein Annäherungsverbot auferlegen. Er darf sich Ihnen und Ihrem Kind nicht nähern.</td><td>Informieren und Aufklären. Zur Beruhigung, Stabilisierung beitragen durch ruhiges und sicheres Auftreten und professionelles Verhalten: Absperren, Gaffer und Fremde verweisen und Distanz zum Ort des Geschehens herstellen, sicheren Ort herstellen, Täter und Opfer trennen, Blick vom Geschehen weglenken, Ruhe und Sicherheit ausstrahlen, wissen, was zu tun ist. Beobachten, ob Betroffener mit kognitiver Verarbeitung beginnt: Kann er Sachverhalte wiedergeben und ordnen?

Schockzustand im Auge behalten, Gefühle wahrnehmen, aber nicht verstärken. Wirkt das Gegenüber apathisch? Ist es orientiert? Kennt es Namen und weiß es, was passiert ist? Wie sind die körperlichen Reaktionen? Friert es? Wird es unruhig? Ist es blass?

Dasein, zuhören und aufpassen oder Aushalten des Erlebten und des aktuellen Geschehens.

Bei Anzeichen von zu großer Erregung wieder stabilisieren und Sicherheit herstellen. Helfen, wieder Kontrolle über die eigene Situation herstellen zu können. Schuld und Scham nicht verstärken.
Informieren über Maßnahmen.</td></tr>
</table>

Was? (Maßnahmen)	Wie? (Beziehungsgestaltung)
Rechtliche Maßnahmen genau erläutern. *Es gibt in der Stadt gute Beratungen für Frauen, die unabhängig arbeiten. Dort werden Sie beraten, wie Sie die Sicherheit für sich und Ihr Kind erhöhen können und was Ihnen hilft, sich besser zu fühlen. Es geht dort nicht darum, dass Sie sich sofort trennen müssen. Es geht um Ihre Sicherheit und Ihr Wohlergehen. Wir können für Sie einen Kontakt herstellen, die Frauen von dort setzen sich dann mit Ihnen in Verbindung. Wir haben immer wieder gehört, dass das sehr hilfreich ist. Sollen wir das für Sie tun?* *Wollen Sie jemanden kontaktieren, der jetzt kommt und Sie die nächsten Stunden unterstützt? Wer könnte jetzt für Sie hilfreich sein? Aus unserer Sicht wäre es sehr hilfreich, wenn Sie jemanden zu Ihrer Unterstützung hinzubitten. Wir können für Sie eine Unterstützung durch das Kriseninterventionsteam anfordern. Diese Personen kennen sich aus und bleiben für Sie da, solange Sie das jetzt brauchen.* *Kommen Sie jetzt allein zurecht? Denken Sie daran, jemanden zur Unterstützung zu holen, falls Sie das noch brauchen.*	Hilfesystem organisieren: Familie, Freunde, Nachbarn, Bekannte, vor institutionalisierten Systemen. Gefahr für Leib und Leben abwägen. Falls akute Sicherheitsbedenken bestehen, Arzt hinzuziehen und evtl. ärztliche Unterbringung anregen.
Abschlussphase *Gibt es noch etwas, das wir für Sie tun können? Wir sind aus unserer Sicht soweit mit unserer Arbeit fertig. Wir werden jetzt gehen.* *Aus unserer Sicht bestehen keine weiteren Fragen. Über den weiteren Verlauf werden Sie zeitnah informiert. Bei weiteren Fragen wenden Sie sich bitte an uns.* *Haben Sie keine Scheu, sich jederzeit an uns zu wenden, wenn Sie Fragen haben.* *Melden Sie sich sofort, falls Ihr Mann wieder auftaucht!* *Die Polizei ist für Sie da! Wir werden verhindern, dass Ihr Mann Ihnen oder Ihrem Kind in der nächsten Zeit zu nahe kommt.* *Dann wünschen wir Ihnen jetzt erst mal alles Gute und verabschieden uns.*	Einen professionellen und bürgernahen Eindruck hinterlassen. Die Polizei als empathischer Partner für alle Opfer von Gewalt. Zuversicht und Sicherheit ausstrahlen.
Nachbereitung (wie in Abbildung 41 beschrieben)	Konstruktive Kritik und unterstützend arbeiten.

4 Professionelle polizeiliche Gesprächsführung mit suizidgefährdeten Personen

Alle fünf Minuten versucht ein Mensch in Deutschland, sich das Leben zu nehmen. Alle 53 Minuten begeht ein Mensch Suizid. Das sind 10.000 Suizide jedes Jahr. So gut wie nie tötet sich aber ein Mensch spontan oder aus einer Laune heraus.

Die Suizidalität ist ein verzweifelter Zustand, der lebensgefährlich ist, da die innere Bereitschaft, sich selber zu töten, stetig anwächst. Hierzu braucht es eine innere Entschlossenheit, bei der alle inneren wie äußeren Hindernisse wegfallen. Dies setzt ein großes Gefühl der Aussichtslosigkeit, der Hoffnungs- und Perspektivlosigkeit voraus und die Gewissheit, dass nichts mehr helfen kann, aus dieser Verzweiflung herauszufinden. Menschen nach schweren oder sich wiederholenden Gewalterfahrungen oder Unfällen und Katastrophen erleben häufig so starke seelische und körperliche Schmerzen, dass sie keine Energie für das Leben mehr übrig haben und in eine tiefe und lebensbedrohliche Verzweiflung geraten. Auch die Depression kann eine lebensgefährliche Erkrankung darstellen.

„Suizide", so Ulrich Hegerl 2017 in der FAZ, Direktor der Klinik und Poliklinik für Psychiatrie und Psychotherapie der Universität Leipzig, „erfolgen zu etwa 90 % im Rahmen psychiatrischer und in der Mehrzahl depressiver Erkrankungen." Eine schwere Depression ist jedoch nicht gleichzusetzen mit einer gedrückten Stimmung bei Stress, Überforderung, Trauer, Kränkung oder anderen Bitternissen des Lebens. Es handelt sich hierbei um eine eigenständige Erkrankung, die jeden mit einer entsprechenden Veranlagung treffen kann.

Die Depression ist keine alltägliche Erfahrung nach Frustrationen. Sie besitzt zwar kein einheitliches Krankheitsbild, aber sie zeigt ein charakteristisches Muster einer über Wochen andauernden schleichenden Verzweiflung mit weinerlicher und/oder bedrückter Stimmung bis hin zur Suizidalität.[206] Depressionen gehören zu den sogenannten affektiven Störungen (F3) im ICD-10 und zu den häufigsten psychiatrischen Erkrankungen.

Viele Depressive glauben, ihr Gedächtnis zu verlieren, nichts mehr auf die Reihe zu bekommen und gar zu verblöden.[207] Die Betroffenen sind durch nichts aufzuheitern und beschäftigen sich häufig mit quälendem Grübeln, das immer wieder um belastende Themen kreist. Hobbys und Freunde werden vernachlässigt und Bekannten wird sogar auf der Straße ausgewichen. Entscheidungen fallen schwer und die kognitiven Fähigkeiten sind stark reduziert. Die depressiven Menschen fühlen sich meist wertlos und haben kein Vertrauen in sich und ihre Zukunft. Sie sind übellaunig und missmutig und häufig am Jammern und Klagen. Manchmal kommt es auch zu starken und übertriebenen Ängsten.

Daneben zeigen sich Schlafstörungen und somatische Symptome wie Druckgefühle, Magen-Darmbeschwerden und Appetitverlust. Zudem können auch Wahngedanken oder Halluzinationen auftreten.[208]

Bei suizidalen Krisen lassen sich im Allgemeinen verschiedene Ursachen in der Biografie der Personen finden. Rupp (2003) beschreibt folgende Risikofaktoren, die sich bei weiteren

206 Vgl. Rupp (2003), S. 24.

207 Vgl. Bandelow/Gruber/Falkai (2008), S. 97.

208 Vgl. Bandelow/Gruber/Falkai (2008), S. 94.

ungünstigen Bedingungen zu einer schweren Notsituation mit suizidalen Absichten steigern können:

- Schwer kränkende oder die Integrität verletzende Ereignisse in der Vorgeschichte.
- War Opfer von Verbrechen oder Unfällen.
- Seelische Erkrankungen, die den inneren Spielraum zunehmend einschränken, wie Depressionen, Suchterkrankungen sowie Störungen der Persönlichkeitsentwicklung.
- Körperliche Erkrankungen mit Veränderungen der Hirnfunktion.
- Soziale Belastungen und soziale Not, Einsamkeit.
- Einschneidende Verlusterlebnisse.
- Lange andauernde Diskriminierung und Isolation.
- Geringe soziale Beziehungen und Beziehungsstörungen.
- Suizide in der Familie, Suizidversuche in der Vorgeschichte.[209]

Männer und ältere Menschen haben einen höheren Anteil an den Suiziden, während Frauen häufiger Suizidversuche begehen, meist durch Tablettenintoxikation. Viele Suizidversuche enden mit schwersten Verletzungen und Schädigungen. Ungefähr 10 % der Suizidversuche enden tödlich.

4.1 Anzeichen im polizeilichen Umgang

Die Meldung erfolgt häufig durch die Familie, das soziale Umfeld, wie Arbeitskollegen, Freunde oder Nachbarn. Sie haben große Besorgnis, dass etwas Schlimmes passiert sein könnte oder passieren kann. Häufig scheint das soziale Umfeld selbst überfordert, panisch und in großer Sorge um den Betroffenen. Manchmal werden dramatische Umstände und akute Auslöser für Krisen geschildert, wie z. B. Streit, Trennungen, Verluste oder schwere Kränkungen.

Meist ist es durch solche akuten Auslöser zu einer Verdichtung der krisenhaften Entwicklung hin zu einer Notfallsituation gekommen. In solchen Situationen offenbart sich dann mit großer Deutlichkeit die schon lange anhaltende Verzweiflung der betroffenen Person. In der akuten Gefährdungssituation zeigen sich die Anzeichen der inneren Zerrissenheit, die Wut und Perspektivlosigkeit sowie die erlebten Schuldgefühle.

Die verschiedenen Symptome von Zerrissenheit, Ambivalenz und Verzweiflung können auch die eingesetzten Polizeibeamten viel Kraft und Geduld kosten.

Zur Vorbereitung sollen Informationen über bisherige psychiatrische Unterbringungen oder Suizidversuche und Angehörige eingeholt werden.

Oberstes Ziel für die Gesprächsführung ist die Einschätzung der akuten Gefahr für Leib und Leben der Person. Falls diese Gefahr nach Befragung und Beobachtung gegeben scheint, muss eine klinische Betreuung nach dem PsychKG eingeleitet werden. Nur so können vonseiten der Polizei Sicherheit und Schutz für die Betroffenen gewährleistet werden.

209 Vgl. Rupp (2003), S. 122.

Oftmals sind alle privaten Ressourcen der Familie und der Freunde aufgebraucht. Die sozialen und kognitiven Kompetenzen des Umfeldes sind durch die Krise des Betroffenen verloren gegangen. Deswegen ist bei akuter Gefahr eine freiwillige oder zwangsweise Vorstellung in der psychiatrischen Klinik (Arzt) eine wichtige Voraussetzung zur Verbesserung der Gesamtsituation. Eventuell ist eine Hinzuziehung des sozialpsychiatrischen Dienstes des zuständigen Gesundheitsamtes in Erwägung zu ziehen.

Den Betroffenen muss deutlich gemacht werden, dass die Polizei bei Kenntnis über eine mögliche Gefahr für Leib oder Leben diesen Sachverhalt durch Fragen und/oder Beobachtungen vor Ort abklären muss. Nur wenn keine direkte Gefahrenlage erkennbar ist, kann die Polizei sich zurückziehen und, wenn es zur Situation passt, einen Verweis an den Hausarzt oder ein anderes professionelles Hilfesystem hinterlassen.

Die Polizei trifft in verschiedenen Situationen auf suizidgefährdete Personen. Am spektakulärsten sind die noch nicht vollendeten Aktionen beim Sturz aus der Höhe. Hier wird in der Regel eine sogenannte Verhandlungsgruppe der Polizei hinzugezogen.

Im Folgenden wird auf die viel häufigeren Suizidankündigungen eingegangen, wie beispielsweise beim Ansprechen als vermisst gemeldeter Personen mit Suizidankündigungen. Oder bei den Fällen, in denen sich ein Familienangehöriger oder ein Freund meldet und eine Suizidandrohung oder eine mögliche Suizidgefährdung eines Betroffenen schildert, mit der Bitte, die Person aufzusuchen und eine akute Gefährdung abzuklären und zu verhindern.

Zusammenfassend ergeben sich die folgenden Ziele für die Gesprächsführung bei Verdacht auf eine akute Suizidgefährdung:

Ziele als Leuchttürme des Handelns:

- Aufsuchen der Person, Identitätsfeststellung.
- Aufklärung der Lage, ob eine akute und konkrete Gefahr für Leib und Leben besteht.
- Wenn nein: Rückzug und eventuell Information über den Sachstand an Angehörige.
- Wenn ja: Sicherheit herstellen durch Zuführung zu einem Arzt in das zuständige Krankenhaus, freiwillig oder unter Einsatz von Zwangsmitteln, PsychKG.
- Sicherheit herstellen und stabilisieren.
- Sammeln von Indizien zur Beantwortung der Frage nach der Gefahr für Leib und Leben durch Fragen und das Beobachten der Person und ihrer Umgebung.
- Zur freiwilligen Annahme von Hilfe durch einen Arzt, Krankenhausaufenthalt anregen oder ggf. unter Zwangsmitteln durchführen, Rettungswagen anfordern und übergeben.

4.2 Ziele, Maßnahmen, Kompetenzen, Haltungen

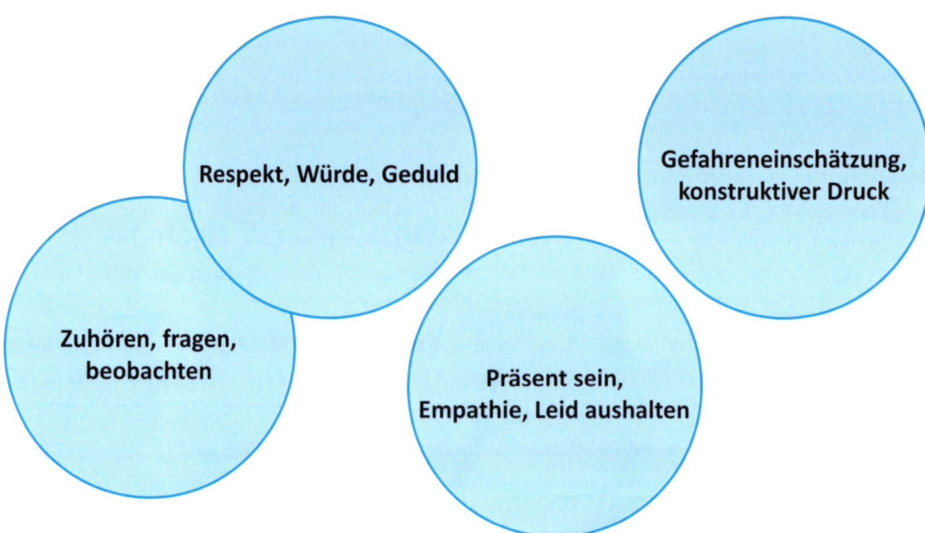

4.3 Lage

Frau Gertrudis Müller aus München teilt per Anruf die Suizidabsichten des Sohnes mit, Franz Müller, in Kassel, Mühlbergerstraße 110 im 3. Stock.

Sie gibt an, dass sie soeben ein Telefonat mit ihrem Sohn geführt habe. Nun ist sie in großer Sorge, dass dieser sich das Leben nehmen könnte.

Sie gibt an, dass der 20-jährige Sohn im letzten Jahr bei einer Autofahrt unter Alkoholeinfluss einen schweren Unfall mit Personenschaden verursacht habe. Frau Müller gibt weiterhin an, dass sich der Gemütszustand ihres Sohnes nach diesem Unfall immer mehr verschlechtert habe. Herr Müller sei kurzzeitig in ärztlicher Behandlung gewesen, habe diese jedoch schnell abgebrochen und nicht wieder aufgenommen. Er habe sich zunehmend zurückgezogen und auch von seinen Freunden entfernt. Seine Ausbildung habe er abgebrochen. Nun stehe die Gerichtsverhandlung an und sie habe Angst, dass er dies zum Anlass nehmen könnte, sich zu töten. Sie selbst wirkt sehr aufgeregt und voller Angst um ihren Sohn.

Herr Müller wohnt in der Mühlbergerstraße 110 im 3. Stock, 34134 Kassel.

Die Mutter des Herrn Müller wohnt in München. Sie ist über die EZ telefonisch erreichbar.

Zur selbstständigen Ergänzung: Polizeilich taktische Ziele/Maßnahmen; Rechtliche Ziele/Maßnahmen.

4.4 Schema

Was? (Maßnahmen)	Wie? (Beziehungsgestaltung)
Vorbereitung Einholen von Informationen: Wer oder wo sind Angehörige? Hatte der Betroffene bisherige psychiatrische Unterbringungen oder Suizidversuche? Gibt es Informationen über besondere Ereignisse in seiner Biografie oder der direkten Vergangenheit?	
Ziel und Maßnahmen Aufsuchen der Person, Identitätsfeststellung. Aufklärung der Lage, ob eine akute und konkrete Gefahr für Leib und Leben besteht. Wenn nein: Rückzug und eventuell Information über den Sachstand an Angehörige. Wenn ja: Sicherheit herstellen, durch Ingewahrsamnahme und Zuführung in das zuständige Krankenhaus, freiwillig oder unter Einsetzen von Zwangsmitteln. Sicherheit herstellen. Stabilisieren. Sammeln von Indizien zur Lageaufklärung durch Fragenstellen. Beobachten der Person und ihrer Umgebung.	
Einstiegsphase *Guten Tag, Polizei, mein Name ist ..., mein Kollege ...* *Sind Sie Herr Müller?* *Wir bitten Sie, eintreten zu können, wir wurden beauftragt, nach Ihnen zu sehen.*	
Können wir hereinkommen? Wir wurden darauf hingewiesen, mit Ihnen etwas Persönliches zu besprechen. *Lassen Sie uns bitte eintreten, durch Ihre Mutter wurden uns Informationen gegeben, die wir mit Ihnen abklären möchten.*	In die Wohnung eintreten, ruhigen Ort suchen, Gespräch im Sitzen führen.
Können wir mit Ihnen sprechen? Wir haben etwas, das Sie persönlich betrifft, mit Ihnen zu besprechen. *Es ist nichts Schlimmes passiert, da können wir Sie erst mal beruhigen.*	Ruhe und Sicherheit ausstrahlen, professionelle Distanz, empathische Bürgernähe.

Was? **(Maßnahmen)**	**Wie?** **(Beziehungsgestaltung)**
Transparenz der Lage *Wir wurden gerufen, da Ihre Mutter ernsthafte Sorgen gegenüber der Polizei vorgetragen hat, dass Sie sich womöglich etwas antun könnten. Wir bitten, dass Sie uns ermöglichen, das mit Ihnen zu besprechen oder abzuklären.*	Dem Gegenüber mit Respekt und Würde begegnen, um den Raum zu schaffen, über dieses schwierige Thema zu sprechen. Empathie und Bürgernähe ausdrücken.

Was? (Maßnahmen)	Wie? (Beziehungsgestaltung)
Maßnahmenphase *Wir als Polizeibeamte müssen jetzt klären, ob Sie sich in Gefahr befinden oder nicht.* *Da wir als Polizeibeamte jetzt dafür Sorge tragen müssen, dass Sie eventuell wirklich nicht in Gefahr sind, müssen wir uns vor Ort* (oder *bei Ihnen) ein Bild darüber machen.* *Herr Müller, damit wir Ihnen helfen können, müssen wir zuerst verstehen, wie es Ihnen geht. Gibt es etwas, was Sie uns darüber sagen möchten/können? Sie hatten einen Unfall?* *Was ist mit Ihrer Ausbildung, Herr Müller?* *Herr Müller, was ist los bei Ihnen?* (Je nach Gesprächsverlauf wird der Faden der Antworten aufgenommen und weiterverfolgt.) *Trifft die Sorge zu, dass Sie sich in Gefahr befinden? Was macht Sie so verzweifelt?* *Können Sie die Sorgen Ihrer Mutter verstehen? Bestätigen?* *Haben Sie Suizidgedanken? Seit wann denken Sie daran? Hatten Sie früher schon Suizidabsichten? Haben Sie konkrete Pläne gemacht? Nehmen Sie Tabletten? Trinken Sie vermehrt Alkohol? Nehmen Sie Schlafmittel, um zur Ruhe zu kommen?* *Welche Aktivitäten haben Sie in der letzten Zeit unternommen?* *Sind Sie allein? Gibt es Unterstützung oder Familie oder Freunde? Wer könnte Ihnen jetzt helfen, Herr Müller?* *Brauchen Sie Hilfe? Brauchen Sie ärztliche Unterstützung?* *Sie wirken auf uns mutlos und sehr erschöpft.* *Wir können uns vorstellen, dass Sie wegen dem Unfall Schuldgefühle haben und verzweifelt sind. Deswegen brauchen Sie jetzt Hilfe.* *Sie kommen uns sehr einsam und hilflos vor.*	Aktives Zuhören, Spiegeln des Gesagten, ruhiges Auftreten, empathisch zugewandt, wertschätzende, respektvolle Unterstützung anbieten und verstehen wollen. Zum Reden ermutigen, Ruhe und Sicherheit ausstrahlen. Raum geben für schwierige Gefühle, aber diese nicht verstärken. Es soll im Gespräch nicht zu sehr auf die verzweifelten Gefühle fokussiert werden. Sie dienen als Gradmesser, ob die Person in Sicherheit verbracht werden muss. Polizei ist kein Arzt oder Therapeut. Zuhören und immer wieder auf die Gegenwart oder Zukunft zu sprechen kommen. Suizidwunsch oder suizidale Gedanken erfragen oder ansprechen ohne Bewertung. Sich selbst nicht von Verzweiflung anstecken lassen, professionelle Distanz wahren.

Was? (Maßnahmen)	Wie? (Beziehungsgestaltung)
Maßnahmenphase (Fortsetzung) *So kann es doch nicht weitergehen, Herr Müller. So, wie es jetzt ist, muss es nicht weitergehen. Sie haben es verdient, dass Ihnen geholfen wird. Wir können Ihr Leid verstehen und wir sehen auch, wie sehr es Sie quält. Wir sind da und hören zu, aber helfen kann Ihnen dann viel besser noch ein Arzt.* *Wir wollen Ihnen nichts Böses, wir sind da, um Ihnen zu helfen, vielleicht brauchen Sie Hilfe.*	Professionelle Distanz hilft, Stärke und Sicherheit auszustrahlen, die das Gegenüber ermutigt, schwierige Themen und Verzweiflung auszudrücken. Zuhören und Wertschätzung ausdrücken.
Wir als Polizeibeamte sind ja keine Spezialisten, wir können Ihnen zuhören und für Sie jetzt da sein, aber Sie brauchen professionelle Hilfe durch einen Arzt. Wir können dafür sorgen, dass Sie jetzt in ärztliche Behandlung kommen und es wird Ihnen dann wieder besser gehen. Aus unserer Sicht und aus unserer Erfahrung gehören Sie in ärztliche Behandlung. Da bekommen Sie alle Hilfe und Unterstützung, die Sie brauchen. *Sie haben uns Ihre Situation geschildert, wir denken, es wäre notwendig, dass Sie Hilfe bekommen. Denken Sie nicht auch, dass es Ihnen guttut, wenn Sie sich in Behandlung begeben? Wenn Sie mit Menschen zusammenarbeiten, die Ihnen weiterhelfen können?*	Wenn solche Gedanken und verzweifelte Gefühle genannt werden, soll das Gespräch behutsam auf Hilfemaßnahmen gelenkt werden. Dem Gegenüber aber zu verstehen geben, dass man das erlebte Leid und die Verzweiflung anerkennt. Das Anerkennen des Leids ist eine wichtige Voraussetzung für den Betroffenen, sich ernst genommen zu fühlen.
Sie haben noch so viel im Leben, was Sie erreichen können, da wird Ihnen ein Arzt helfen können. Denken Sie an Ihre Familie, die braucht Sie, und Sie können sich jetzt Hilfe holen. *Wenn Sie Bauchschmerzen haben, gehen Sie doch auch zum Arzt. Die kennen sich aus mit solchen schwierigen Lebenssituationen. Die wissen genau, wie man Ihnen jetzt am besten helfen kann. Sie brauchen sich für gar nichts zu schämen.* *Wir haben den Eindruck, dass Sie bei passender Hilfe wieder viel stabiler und mutiger werden können. Sie können das schaffen. Sie brauchen sich nicht zu schämen. Sie brauchen einfach Unterstützung, das ist normal in solchen schwierigen Zeiten.* *Herr Müller, wir können Sie so in diesem Zustand nicht alleine hier zurücklassen. Wir müssen Sie in Sicherheit bringen. Es bleibt uns nichts anderes, als Sie in ärztliche Behandlung zu bringen. Wir müssen das dann unter Zwang durchführen. Das ist doch nicht nötig.*	Wichtig ist das Vermeiden von Psychologisierungen, Beschwichtigungen *(Das wird schon wieder)* oder vorschnellen Lösungsangeboten. Diese verschärfen bei Betroffenen das Gefühl der Unzulänglichkeit und Verstörtheit. Alle geäußerten Schuldgefühle nicht verstärken. Über Behandlungsmöglichkeiten sprechen, falls die Notwendigkeit ersichtlich geworden ist. Person deutlich machen, dass sie mit ihrem Leid und Kummer angenommen wird und das Geschilderte ernst genommen wird.

Was? (Maßnahmen)	Wie? (Beziehungsgestaltung)
Maßnahmenphase (Fortsetzung)	
Waren Sie schon mal in ärztlicher Behandlung? Wer ist denn Ihr Arzt? Wo waren Sie denn bisher in Behandlung? *Wenn Sie sich freiwillig behandeln lassen, können Sie auch jederzeit wieder nach Hause.*	Deutlich machen, dass Betroffener nicht alleine damit sein muss, sondern Hilfe und Unterstützung bekommen kann. Zuversicht ausstrahlen, Empathie und Respekt zeigen.
Wir müssen Sie jetzt zwangsweise zum Arzt verbringen und werden Sie jetzt fesseln und so in den Rettungswagen setzen müssen.	Deutlich machen, dass die Polizei eine Vorstellung beim Arzt als notwendig ansieht und diese umgesetzt werden muss. Die Vorteile einer freiwilligen ärztlichen Behandlungsmöglichkeit hervorheben. Leichten konstruktiven Druck ausüben, damit Gegenüber Bereitschaft spürt, Hilfe anzunehmen durch ärztliche Behandlung. Beobachten der Person, ob sie bereit ist einzuwilligen und Bereitschaft zeigt oder ob eine zwangsweise Vorstellung notwendig ist. Druck etwas erhöhen, indem die Konsequenzen aufgezeigt werden, wenn er sich nicht freiwillig in ein Krankenhaus begibt.

Was? (Maßnahmen)	Wie? (Beziehungsgestaltung)
Abschlussphase *Wir gehen nach unseren jetzigen Erkenntnissen davon aus, dass Sie nicht akut in Gefahr sind, sich etwas anzutun. Wir entschuldigen damit die Störung. Aber bei so schwerwiegenden Fragen müssen wir uns vor Ort ein genaues Bild machen.* *Da wir bei Ihnen keine suizidale Gefahr sehen, verabschieden wir uns.*	Entscheidung treffen, ob eine akute Gefahr vorliegt und eine Unterbringung angeregt werden muss. Wenn keine Gefahr vorliegt: Rückzug.
Ich denke, wir sind uns einig, dass bei Ihnen keine akute Selbstgefährdung vorliegt? Dann verabschieden wir uns jetzt.	Entschlossenheit ausdrücken.
Falls sich bei Ihnen etwas ändert, hier sind unsere Kontaktdaten. Rufen Sie uns an.	Sicherheit ausstrahlen und stabilisierend wirken.
Vielleicht kontaktieren Sie die nächsten Tage mal Ihren Hausarzt und fragen nach Unterstützung für die jetzige Situation.	Zuversicht zeigen.
Wir werden Ihrer Mutter Bescheid geben, dass wir Sie angetroffen haben und keine Anzeichen für eine akute Gefahr feststellen können. Das wird Ihre Mutter hoffentlich beruhigen. *Vielleicht melden Sie sich auch noch mal bei Ihr.* Oder: *Der Rettungswagen ist jetzt unterwegs, wir packen für Sie noch die wichtigsten Sachen, die Sie für die nächsten Tage brauchen.* *Wir werden Sie jetzt mitnehmen müssen. Wir können Sie nicht alleine hierlassen, da Sie aus unserer Sicht in großer Gefahr sind!*	Unterstützend und engagiert für die Hilfemaßnahme eintreten.
Nachbereitung (wie in Abbildung 41 beschrieben)	Konstruktive Kritik und unterstützend arbeiten.

Falls sich die Hinweise auf eine Gefahr für Leib und Leben verdichten, muss das Gespräch auf professionelle Hilfe gelenkt werden. Dabei sollte stets deutlich gemacht werden, dass polizeiliches Handeln zur Gefahrenabwehr dient und nicht der Bedrohung.

Zu vermeiden ist, mehrmals zu betonen, dass die Person XY sich Sorgen mache. Dies kann als Anlass in die Gesprächssituation eingeführt werden. Sobald jedoch die Polizei vor Ort ist, ist sie für die Überprüfung der Gefahr zuständig und muss sich ein Bild der Lage verschaffen. Für die polizeiliche Gesprächsführung ist es sinnvoller, darauf hinzuweisen und aktiv die Verantwortung für die Einschätzung der Lage zu übernehmen. Dem Gegenüber kann deutlich gemacht werden, dass der Polizei keine andere Handhabe zur Verfügung steht, als jetzt für die Sicherheit der Person zu sorgen. Dafür müssen womöglich auch Freiheitsrechte der Person eingeschränkt werden.

4.5 Gefahren und Ergänzungen für die Gesprächsführung

Ohne eine Konkretisierung von der Sorge hin zur akuten Suizidgefahr wird es schwierig, freiheitsentziehende Maßnahmen anzukündigen. Teilweise wird in den Trainingssituationen immer wieder von unspezifischen Sorgen gesprochen und das Thema Suizid wird vermieden. Es müssen schon akute Hinweise auf eine Gefahr für Leib und Leben vorliegen, damit die Polizei in solchen Fällen aktiv wird. Deswegen sollte die Suizidgefahr deutlich angesprochen werden, denn ansonsten wirkt das polizeiliche Vorgehen nicht überzeugend und damit wenig professionell.

Auch ist die Transparenz der Suizidgefahr ein wichtiger Baustein, um über heikle und schwierige Angelegenheiten zu sprechen. Für die Betroffenen liegt hierin die Chance, bei einer fremden Person die schwierigen und verzweifelten Gefühle und Absichten offener zu äußern als gegenüber dem engeren Umfeld, da diese meist mit starker Abwehr und mit Schuldgefühlen reagieren. Der Polizei gegenüber wird freier von heiklen und befremdlichen Zuständen berichtet und die Befürchtung, dass durch das Ansprechen der Suizidalität durch die Polizei die Suizidideen verstärkt oder in die Tat umgesetzt werden, ist nicht begründet. Im Gegenteil wirkt das Ansprechen entlastend. Das Ansprechen ist auch der erste Schritt hin zum Akzeptieren von Hilfsmaßnahmen oder Unterstützungssystemen wie einer ärztlichen Behandlung.[210]

Die Fragen *„Ist alles gut bei Ihnen? Wie fühlen Sie sich?“* können problematisch sein. Sie sind keine polizeilich relevanten Fragestellungen, sie können damit eher provozierend wirken. Das polizeiliche Gegenüber braucht eine Person, die ihm zuhört und die professionell wirkt. Bei der Polizei handelt es sich nicht um einen Arzt oder Therapeuten oder um einen Seelsorger. Zwar „missbrauchen“ Menschen in besonderen Lagen die Polizei als solche. Das bedeutet aber nicht, dass die Polizei ganz in eine solche zugewiesene Rolle schlüpfen sollte. Durch Fragen wie *„Was ist los bei Ihnen?“, „Können Sie uns etwas über Ihren Zustand schildern?“, „Können Sie uns Ihren Alltag beschreiben?“* werden wichtige Informationen zusammengetragen, ohne allzu psychologisierend zu wirken. Die Polizei soll als Freund und Helfer zuhören. Sie muss immer wieder auf ihre eigene Rolle achten, denn sie muss unter Umständen Maßnahmen mit freiheitsentziehendem Charakter veranlassen.

Zu viel Empathie kann dabei eher schwierig werden. In dem Moment, wenn vonseiten der Polizei die zwangsweise Zuführung in die Klinik ansteht oder in anderen Fällen eine Verhaftung oder Wegweisung, fühlen sich die Menschen dann persönlich enttäuscht.

Die Polizei soll zuhören, ohne zu werten, und die Schilderungen der Betroffenen mit Respekt aufnehmen. Das Gespräch sollte jedoch immer wieder auf das Hier und Jetzt gelenkt werden. Häufig sind suizidale Personen einsam und verzweifelt, das Aussprechen dieser destruktiven Gefühle bei einem unbeteiligten Dritten, der wertschätzend bleibt und zuhört, ist dann ein erster Schritt, sich anderen Personen anzuvertrauen und sich für Hilfe zu öffnen.

Das häufige Ansprechen mit Namen, vielleicht auch einem Vornamen mit Sie (nach einer Ankündigung: *„Darf ich Sie gerade einmal bei Ihrem Vornamen nennen?“*), und ein behutsames Berühren am Oberarm, an der Schulter kann beruhigend wirken und die empathische Beziehungsgestaltung verstärken. Hier gilt es, als Polizeibeamter einen kompetenten und vertrauenswürdigen Eindruck zu hinterlassen.

---

210 Vgl. Bandelow/Gruber/Falkai (2008), S. 202.

Falls keine Gefahr vorliegt, sollte dies abschließend offen angesprochen werden: *„Wir müssen Ihnen glauben können, dass bei Ihnen keine Gefahr besteht. Sonst können wir Sie nicht einfach alleine hierlassen! Wir gehen davon aus, dass Sie sich nichts antun werden."*

Als abschließende Maßnahme kann das Besprochene noch einmal zusammengefasst werden mit einer positiven Vereinbarung im Sinne der getroffenen Maßnahmen: *„Kann ich mich darauf verlassen, dass Sie uns anrufen, falls Sie Hilfe brauchen? Wir gehen davon aus, dass es Ihnen im Moment gut geht, und verabschieden uns jetzt."*

Im unteren Schema sollen noch einmal vertiefend die Beobachtungen aufgezeigt werden, auf die während der Gesprächsführung geachtet werden sollte. Für die Entscheidungsfindung, ob eine akute Gefahr für Leib und Leben vorliegt, muss die Polizei sich ein genaues Bild machen (PsychKG). Hierzu müssen die folgenden Fragen gestellt und verschiedene Informationen ausgewertet werden.

Fragen stellen	Beobachtungen machen und bewerten Zuhören/Informationen sammeln und bewerten
Trifft die Sorge zu, dass Sie sich in Gefahr befinden? *Wir sind keine Spezialisten, aber uns können Sie jetzt erzählen, was bei Ihnen los ist. Wir sind da und hören Ihnen zu.* *Sie brauchen sich nicht zu schämen für Ihr Leid.* *Haben Sie denn Suizidgedanken? Seit wann denken Sie daran? Hatten Sie früher schon Suizidabsichten? Wer sagt Ihnen das?* *Ist Ihnen alles zu viel?*	Wirkt interessiert, aufmerksam und aktiv oder desinteressiert und niedergeschlagen. Sprache: wirr, zerfahren, unlogisch, wahnhaft, ohne Affekte, ohne Betonung. Anzeichen für Wahn, Halluzinationen. *(Die verfolgen mich alle! Ich habe den Auftrag, mich und andere zu töten. Die Stimme sagt, ich soll im Bett bleiben!).* Wirkt wie versteinert und ohne Gefühle *(Mir ist alles egal, ich weiß nicht, es ist alles ein riesiger Berg; eine Last! Mir ist alles zu viel!).*
Haben Sie konkrete Pläne gemacht? Nehmen Sie Tabletten? Trinken Sie vermehrt Alkohol? Nehmen Sie Schlafmittel, um zur Ruhe zu kommen?	Tabletten, Alkohol, Waffen. *(Ich brauche was zur Beruhigung, zum Schlafen!)* Ungeöffnete Post. *(Ich habe keine Lust, das alles zu lesen, mich interessiert das alles nicht. Ich schaffe es nicht, aufzustehen und aufzuräumen!)*
Welche Aktivitäten haben Sie in der letzten Zeit unternommen?	Ordnung/Unordnung/Chaos in der Wohnung.
Wie sieht Ihr Alltag aus? *Haben Sie Pläne für die Zukunft?*	Hygienezustand, Anzeichen von Selbstverletzung, Verwahrlosung. *(Ich bin gern allein, ich bin nicht gern draußen, Freunde brauch ich nicht. Ach, die Ausbildung war nichts für mich!)*
Haben Sie Kontakt zu anderen? Haben Sie Unterstützung? Gibt es jemanden, der Ihnen guttut? Jemanden, für den es sich lohnt, weiterzuleben?	Äußern von Schuldgefühlen oder Rachefantasien, Anklagen gegen sich oder andere.

Fragen stellen	Beobachtungen machen und bewerten Zuhören/Informationen sammeln und bewerten
Brauchen Sie Hilfe? Brauchen Sie ärztliche Unterstützung? *Sie wirken auf mich mutlos und sehr erschöpft.* *Sie kommen mir einsam und hilflos vor.*	Motorik, Mimik, Gestik: wenig/ohne Affekte in der Körpersprache, Weinen, Niedergeschlagenheit, Klagen oder aggressive, nach Rache suchende Anklagen mit Anzeichen von großer innerer Anspannung, Wut. *(Meine Eltern haben mich nie unterstützt! Was wollen Sie jetzt? Glauben Sie, Sie können alles besser? Ich habe keine Chancen mehr in diesem Leben! Das Leben ist grausam zu mir! Mir kann keiner helfen!)* Schluchzen und dramatische Beschwörungen.
Können Sie die Sorgen von Ihrer Mutter verstehen? Bestätigen? *Ich erlebe Sie als aufgewühlt und verzweifelt, was ist passiert?*	Zustand der Verzweiflung mit Anzeichen von Aussichtslosigkeit, Ohnmachtserfahrungen, des Scheiterns und dem Verlust von Kontrolle, innere Leere. *(Es geht alles verloren! Ich brauche niemanden! Mich vermisst keiner! Ich bin selber schuld!)*
So kann es doch nicht weitergehen. So, wie es jetzt ist, muss es nicht weitergehen. Sie haben es verdient, dass Ihnen geholfen wird. Wir können verstehen, wie verzweifelt Sie jetzt gerade sind.	Gefühle der Wertlosigkeit, Resignation. *(Das schaff ich nicht, mir kann eh keiner mehr helfen! Ich weiß nicht mehr weiter!)*
Wie sind ja keine Spezialisten, aber wir sorgen dafür, dass Sie zu Ärzten gebracht werden, die Ihnen helfen können. *Sie brauchen Hilfe, häufig schaffen Menschen so schwere Situationen nicht allein. Wir bringen Sie zu Spezialisten, die genau wissen, wie man Ihnen helfen kann. Dort haben Sie Ruhe, sich zu erholen.*	Perspektivlosigkeit, keine Zukunft mehr möglich. *(Das bringt alles nichts, es gibt eh keine Hoffnung für mich! Was soll das alles noch!)*

5 Professionelle polizeiliche Gesprächsführung für die Überbringung von Todesnachrichten

Das Überbringen einer Todesnachricht gehört zu den stark belastenden polizeilichen Tätigkeiten des Einzeldienstes. Die Polizei wird zum Überbringer einer menschlichen Katastrophe. Die Überbringung einer Todesnachricht ist eine hoheitliche Aufgabe, sie unterliegt immer der Polizei oder einem Arzt. Durch die Polizei werden solche Nachrichten nur überbracht, wenn es sich um plötzliche und unnatürliche Todesfälle handelt. Dies sind Todesfälle durch Verkehrs- oder Arbeitsunfälle, durch plötzliche Katastrophen oder es handelt sich um Suizide oder Opfer von Gewaltverbrechen. Es kann mit einem großen Ausmaß an Verzweiflung und Erschütterung bei den Angehörigen gerechnet werden.

Die möglichen Reaktionen hängen von der Persönlichkeit des Angehörigen, seinen aktuellen Lebensumständen und seiner sozialen Eingebundenheit ab. Auch die emotionale Beziehung zum Toten wird eine große Rolle spielen. Ebenso kann das Gefühl von Schuld oder Verantwortlichkeit ein weiterer Faktor für die emotionalen Reaktionen sein.

Die Reaktionen der betroffenen Angehörigen sollen nicht bewertet, nicht unterdrückt und auch nicht gelindert werden. Die Polizei muss, wie im Opferschutz vorgesehen, für die betroffenen Personen präsent sein, zuhören, alle wichtigen Informationen vermitteln und für die Sicherheit der Betroffenen sorgen. Aus diesen Gründen kann eine solche Nachricht auch nicht telefonisch überbracht werden. Sie sollte immer zeitnah überbracht werden. Hierzu ist es unter Umständen erforderlich, Betroffene am Arbeitsplatz oder an einem anderen derzeitigen Aufenthaltsort aufzusuchen.

Teilweise wird bei der Überbringung ein Notfallseelsorger oder ein Ehrenamtlicher des Kriseninterventionsteams vor Ort hinzugezogen. Notfallseelsorger sind Pfarrer, die zusätzlich eine Fortbildung in Krisenintervention und Traumata gemacht haben. Diese haben sich für bestimmte Regionen zusammengeschlossen und sind jeweils in einem bestimmten Zeitraum für die Polizei als Begleitpersonen ansprechbar. Mittlerweile gibt es in vielen Städten auch Imame, die sich als Notfallseelsorger haben schulen lassen. Die jeweilige Telefonnummer der Notfallseelsorger ist bei den Dienststellen oder über die Einsatzzentrale erreichbar.

Beim Kriseninterventionsdienst (KIT) handelt es sich um Ehrenamtliche, häufig aus gesundheitsnahen Berufen, die sich für die Krisenintervention haben schulen lassen. Die KITs sind bei den Rettungsorganisationen wie den Maltesern oder Johannitern oder dem Roten Kreuz angesiedelt und sind auch über die Einsatzzentralen erreichbar.

Beide Organisationen können und dürfen der Polizei nicht die Überbringung der Nachricht sowie die Übermittlung der damit verbundenen Informationen abnehmen. Aber sie können unterstützend oder begleitend der Maßnahme beiwohnen oder später hinzugezogen werden und die betroffenen Angehörigen nach Abzug der Polizei betreuen. Falls die Polizei eine akute Gefahr für das gesundheitliche Wohl der Angehörigen feststellt, ist immer ein Notarzt oder ein Rettungswagen hinzuzuziehen.

Abbildung 44: Überbringung der Todesnachricht

Die polizeiliche Maßnahme der Überbringung einer Todesnachricht erscheint vielen Polizisten aufgrund folgender Gründe besonders schwierig:

- Sie ist mit großen Emotionen verbunden.
- Sie erfordert neben der formalen Rolle eine gute Portion an Menschlichkeit und Empathie.
- Sie erfordert Geduld und das Aushalten belastender Gefühle.
- Sie bietet wenig Raum für polizeiliche Routinetätigkeiten.

In der wissenschaftlichen Literatur ist häufig zu lesen, dass es kein Schema für diese Tätigkeit gebe, da die Menschlichkeit im Vordergrund zu stehen habe. Unklare Anweisungen hinsichtlich der Erfordernisse und der notwendigen Kompetenzen machen das Abarbeiten einer solchen Aufgabe aber noch schwieriger.

Auch für das Überbringen einer Todesnachricht lassen sich die Ziele und Maßnahmen sowie notwendige Kompetenzen beschreiben. Auch hier ist das Einhalten des eingeübten Ablaufes ein hilfreiches Unterfangen, da es zu Sicherheit und Ruhe aufseiten der Polizei beiträgt und damit Ressourcen für den Umgang mit den schwierigen Gefühlen der Betroffenen schafft.

5.1 Lage

Anton Huber, 19 Jahre, wohnhaft bei seinen Eltern Melanie und Gerhardt Huber in Kassel, Frankfurter Straße 365, befand sich am Sonntagabend gegen 19 Uhr bei eingeschränkter Sicht mit seinem Kleinwagen, einem Corsa, auf der B 51 zwischen Wolfhagen und Kassel. Entgegenkommend ein männlicher Autofahrer, 48 Jahre, mit einem Porsche Panamera. Aus noch nicht geklärten Gründen kam es in der Mitte der Fahrbahn zu einem Touchieren der beiden Fahrzeuge mit anschließendem Verunfallen beider Fahrzeuge. Die B 51 bot ein Trümmerfeld an Fahrzeugteilen, Anton Huber musste aus seinem Wagen geschnitten werden und verstarb an der Unfallstelle. Der Panamera-Fahrer überlebte leicht verletzt.

5.2 Ziele, Maßnahmen, Kompetenzen, Haltungen

Die Ziele und die psychologischen und polizeilichen Maßnahmen, die hier zum Einsatz kommen, orientieren sich an Maßnahmen des polizeilichen Umgangs mit Opfern oder Traumatisierten. Das bedeutet, dass hier die Prämissen des Opferschutzes und der Krisenintervention eingesetzt werden.

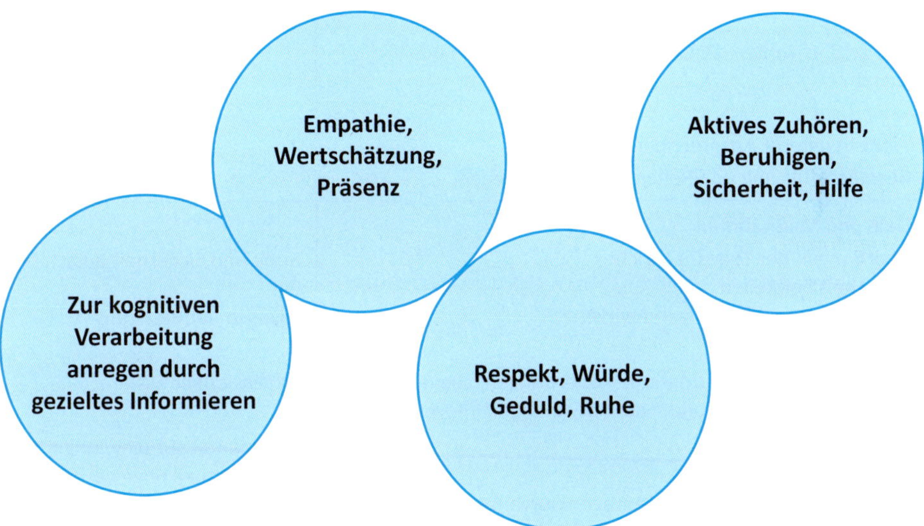

5.3 Schema

Zur selbstständigen Ergänzung: Polizeitaktische Ziele/Maßnahmen; Rechtliche Ziele/Maßnahmen.

Was? (Maßnahmen)	**Wie? (Beziehungsgestaltung)**
Vorbereitung Informationen sammeln und bereithalten, die für die Angehörigen von Interesse sein werden. Wo ist es passiert? Wann ist es passiert? Wer war beteiligt? Wieso ist es passiert? Wer war schuld? Wo befindet sich die tote Person? Kann sie jetzt gesehen werden? Musste sie leiden? Wo und wie ist sie verstorben? Wie geht es weiter? Was müssen Angehörige tun oder wissen? Wer ist weiterer Ansprechpartner für sie? Gesprächsführung und Rollen im Team festlegen.	Fühlt sich Beamter durch bestimmte eigene Erlebnisse nicht in der Lage, die Aufgabe zu übernehmen?
Ziele und Maßnahmen Überbringen der Todesnachricht. Sicherheit herstellen. Stabilisieren und beruhigend wirken. Alle notwendigen Informationen überbringen, alle nicht unbedingt hilfreichen und nicht notwendigen Informationen auf später verschieben. Zur kognitiven Verarbeitung anregen durch Beantworten von Fragen und das Bereitstellen von Informationen. Hilfe anbieten, abklären, ob Gefahr für Leib oder Leben bestehen könnte, und wenn notwendig, nicht alleine lassen, eventuell medizinische Unterstützung in Betracht ziehen. Erreichbarkeit hinterlassen.	Ruhe und Sicherheit ausstrahlen („Fels in der Brandung“). Professionelle Distanz. Sich mental auf schwierige und eventuell ungewöhnliche Reaktionen der Betroffenen einstellen.

Was? (Maßnahmen)	Wie? (Beziehungsgestaltung)
Einstiegsphase *Guten Tag, Polizei:* Namen einzeln vorstellen, Revier nennen. *Sind Sie Herr und Frau Huber?* *Sind Sie verwandt mit Anton Huber? Ist das Ihr Sohn?* *Dürfen wir eintreten?* *Wir müssen Ihnen eine Mitteilung machen.* *Es ist wichtig, dass wir eintreten dürfen, da wir Ihnen eine Mitteilung machen müssen.* *Lassen Sie uns erst mal eintreten. Alles Weitere werde ich Ihnen gleich mitteilen.* *Können wir uns irgendwo setzen?* *Wer ist denn in der Wohnung noch anwesend?*	Zugewandtes und professionelles polizeiliches Auftreten. Identität eindeutig klären. Bestimmtheit bei der Bitte, eintreten zu dürfen, damit hier keine Diskussionen aufkommen. Bei Fragen, ob etwas passiert sei, oder konkreten Fragen nach bestimmten Personen kann hier eventuell schon eine nickende Andeutung gemacht werden.
Transparenz der Lage *Wir müssen Ihnen eine schwierige Mitteilung machen.* Oder: *eine traurige Nachricht überbringen.* Oder: *Wir müssen Ihnen etwas mitteilen.* Nachdem ein sicherer Ort aufgesucht wurde, wird die Todesnachricht sachlich überbracht. Hierbei können verschiedene Wege aufgezeigt werden.	Sicherheit herstellen, in die Wohnung kommen und setzen. Ein Beamter kann auch stehen bleiben als sichernde Person, die im Weiteren das Geschehen und die Reaktionen beobachtet und helfend eingreifen kann. Ruhe und Empathie.

<table>
<tr><th>Was?
(Maßnahmen)</th><th>Wie?
(Beziehungsgestaltung)</th></tr>
<tr><td>Maßnahmenphase
1. Zuerst über den Tod des Angehörigen informieren und dann die weiteren Informationen geben:
Wir müssen Ihnen leider mitteilen, dass Ihr Sohn Herr Anton Huber heute Morgen gegen sieben Uhr bei einem Autounfall ums Leben kam.

2. Behutsam zur Information über den Tod des Angehörigen hinführen, indem über Fragen und Informationen über den Verbleib des Angehörigen vor dem tödlichen Ereignis bis zum Tod hingeleitet wird:
Ihr Sohn Anton Huber ist heute Morgen mit seinem Auto unterwegs gewesen? Ja. Mit einem Corsa von Wolfhagen in Richtung Kassel? Ja.
Es gab einen Unfall auf der B 51 heute Morgen gegen sieben Uhr. Ihr Sohn ist dabei leider tödlich verunglückt.

Fragen beantworten und behutsam alle notwendigen Informationen nennen.
Die erste Reaktion der Angehörigen wird ein Nichtverstehen und ein Nichtakzeptieren der Tatsachen sein:
Das kann doch nicht sein! Nein, das glaube ich nicht. Sind Sie sicher, dass das unser Sohn ist? Woher wissen Sie, dass das unser Sohn sein soll? Das kann alles nicht sein! Das kann ich nicht glauben.</td><td>Respekt gegenüber Betroffenen ausstrahlen.
Achtsamkeit zeigen für die Reaktionen und Bedürfnisse der Betroffenen.
Würde des Betroffenen wahren, das bedeutet, dort eingreifen, wo der Angehörige sich in seiner Würde verletzt fühlt oder sich selbst verletzt, durch Stabilisieren und Sicherheit vermitteln.
Stabilisierend wirken durch ruhige Stimme und sicheres Auftreten. Dasein und Gefühle zulassen und aushalten, Pausen zulassen.
Ist die Mitteilung beim Gegenüber angekommen? Ist die kognitive Verarbeitung der Informationen zum plötzlichen Tod in Gang gesetzt worden?
Professionelle Distanz bewahren, damit der Angehörige mit seinen Gefühlen Platz hat und spürt, dass die Polizei die emotionalen Reaktionen aushält („Fels in der Brandung“).</td></tr>
</table>

Was? (Maßnahmen)	Wie? (Beziehungsgestaltung)
Maßnahmenphase (Fortsetzung) Wichtige Fragen können sein: *Hat die Person leiden müssen?* *Soviel wir wissen, ist alles sehr schnell gegangen. Die Rettungskräfte waren auch sofort vor Ort. Soweit wir informiert waren, war Ihr Sohn sofort tot. Es gibt im Moment keine Hinweise, dass er noch gelebt hat und leiden musste* *Wo ist die Person jetzt?* Informationen geben. *Kann ich sie oder ihn sehen?* Bejahen, aber Begleitung anregen und Zeitpunkt festlegen. Hierbei kann auf einen Bestatter verwiesen werden. Diese organisieren mit dem Krankenhaus das weitere Vorgehen und gestalten die Leichenschau in einem würdigen Rahmen. *Es wäre hilfreich, wenn Sie sich die nächsten Tage nach einem Bestatter umschauen. Der klärt für Sie alles Weitere und Sie werden Ihren Sohn dann auch sehen können.* *Wer ist denn schuld? Wer hat das verursacht?* *Dazu liegen uns zurzeit noch keine genauen Informationen vor, das wird aber sorgsam aufgeklärt werden.*	Körperliche Berührungen, wenn notwendig: am Arm oder Handkontakt, nur so lange wie notwendig zur Beruhigung des Betroffenen.

<table>
<tr><th>Was?
(Maßnahmen)</th><th>Wie?
(Beziehungsgestaltung)</th></tr>
<tr><td>Maßnahmenphase (Fortsetzung)</td><td></td></tr>
<tr><td>Wie ist das genau passiert? Wo ist es passiert?
Das Unfallgeschehen nochmals schildern. Manchmal müssen solche Informationen wiederholt werden, weil sie von den Betroffenen durch den Schock nicht verstanden werden können.
Ihr Sohn ist auf der B 51 mit einem anderen Wagen kollidiert und ist dabei von der Fahrbahn abgekommen. Die genauen Umstände und die Fragen, warum das so passiert ist, müssen noch untersucht werden. Es ist zu früh, hier schon Genaueres zu wissen.
Warum nur? Warum musste das meinem Kind passieren?
Entweder einfach schweigen und aushalten.
Oder:
Das kann ich Ihnen leider auch nicht beantworten. Hierauf habe ich auch keine passende Antwort. Es tut mir sehr leid, was passiert ist.
Informationen müssen teilweise wiederholt werden, da die kognitive Verarbeitung in der Schockphase nur langsam wieder in Gang kommt.
Nach Hilfesystemen fragen: Verwandte, Freunde, Nachbarn, Kollegen.
Wen können wir denn informieren? Können wir jemanden informieren, der jetzt zu Ihnen kommt und Ihnen die nächsten Stunden beisteht? Es wäre gut, wenn jemand jetzt für die nächsten Stunden bei Ihnen ist.
Ansonsten Krisenintervention, Seelsorger oder medizinische Betreuung anbieten.</td><td>Reaktionen des Gegenübers beobachten und zulassen, aber nicht verstärken, Fragen nach Schuld auf einen späteren Zeitpunkt verlagern.
Ist die Person soweit, dass der Eindruck entsteht, dass die wesentlichen Fakten gehört und verstanden wurden?
Das Tempo des Gespräches soll von den Betroffenen bestimmt werden.
Schockzustand einschätzen.

Beobachten, Ruhe und Geduld ausstrahlen, aber auch Kompetenz und eine gewisse professionelle Distanz, die für Sicherheit sorgt.
Wie ist das Stresserleben des Gegenübers?

In welchem emotionalen Zustand befinden sich die betroffenen Personen?
Personen, die sich stark in sich zurückziehen und nicht ansprechbar sind, sollten einem Arzt vorgestellt werden.</td></tr>
</table>

Was? (Maßnahmen)	Wie? (Beziehungsgestaltung)
Maßnahmenphase (Fortsetzung) *Wir können für Sie jemanden vom Kriseninterventionsteam oder jemanden von der Seelsorge holen. Das sind speziell geschulte Personen, die Ihnen die nächste Zeit beistehen und Ihnen bei den nächsten Schritten helfen können.* Falls die Lage als bedrohlich für Leib oder Leben eingeschätzt wird, sollte medizinische Unterstützung angefordert werden. *Wir haben einen Rettungswagen bestellt für Sie. Uns ist es lieber, Sie werden noch medizinisch betreut, bevor wir gehen werden. Wir sind in Sorge um Sie und haben deswegen den Arzt informiert. Der wird gleich hier sein und Ihnen etwas zur Beruhigung geben und nach Ihnen schauen.* *Schauen Sie mich mal an. Mein Kollege holt Ihnen ein Glas Wasser, geben Sie mir Ihre Hand, der Arzt wird auch gleich hier sein.* Wenn professionelle Helfer oder Familie oder Freunde eingetroffen sind, kann sich die Polizei verabschieden. Telefonische Erreichbarkeit hinterlassen. *Hier sind unsere Visitenkarten mit der Telefonnummer unserer Dienststelle und unsere Namen. Jeder auf dem Revier weiß Bescheid und Sie können Ihre Fragen auch an unsere Kollegen richten, falls Sie uns nicht persönlich erreichen.*	Bei Sorge über den Gesundheitszustand sollte immer ein Arzt oder der Rettungswagen hinzugezogen werden. Leichter Körperkontakt dient dazu, im Kontakt mit der Person zu sein und ihren Zustand zu erspüren: Puls rast oder ist ganz schwach, Hände sind nass vor Schweiß, Hände zittern.
Abschlussphase *Können wir noch etwas für Sie tun?* Zum Abschluss sollte ein Handschlag stehen mit einer üblichen Beileidsbekundung. *Wir möchten Ihnen noch einmal unser Beileid ausdrücken!* *Bei Fragen sind wir und die Kollegen jederzeit erreichbar, hier unsere Telefonnummer.* *Falls Sie Hilfe brauchen, rufen Sie an oder melden Sie sich beim Kriseninterventionsteam. Hier ist die Nummer, die wissen Bescheid, wir geben schon mal eine Mitteilung.*	Hand und Augenkontakt zum Abschied zeigen, Nähe zum Bürger ausdrücken. Die Beileidsbekundung zeigt professionelles Auftreten.
Nachbereitung (wie in Abbildung 41 beschrieben)	Konstruktive Kritik und unterstützend arbeiten.

Der Unterschied zur Gesprächsführung mit Opfern besteht darin, dass bei den Opfern die kognitive Verarbeitung angeregt wird, indem sie behutsam zum Erzählen des Geschehens aufgefordert werden. Bei der Überbringung der Todesnachricht ist es umgekehrt. Die Polizei sollte die kognitive Verarbeitung der traumatisierenden Nachricht durch das behutsame Übermitteln der dazugehörigen Informationen in Gang setzen.

Bei der Übermittlung der eigentlichen Todesnachricht gibt es verschiedene Wege:

1. Schnelles und vollständiges Übermitteln der Todesnachricht mit anschließenden Informationen über die Umstände.

   Manchen Personen fällt es leichter, die Nachricht schnell hinter sich zu bringen und sich dann Zeit zu nehmen für die Übermittlung der verschiedenen Informationen.

   Der Tote sollte mit Namen benannt werden. Ort und Zeitpunkt des Todes sollten gleich offen angegeben werden. Danach braucht es Zeit, das Gesagte zu verarbeiten. Die weiteren Informationen sollten behutsam und wiederholend beschrieben werden.

2. Behutsames Hinarbeiten über verschiedene Fragen und Informationen zur eigentlichen Todesnachricht.

Welcher Weg eingeschlagen wird, hängt allein von der persönlichen Wahl der Polizei ab.

5.4 Gefahren bei der Überbringung der Todesnachricht

Eine der Gefahren liegt in der Scheu der Polizei, den Tod offen anzusprechen und dann die emotionalen Reaktionen der Betroffenen auszuhalten. Rettungskräfte und auch die Polizei sind Personengruppen, die es gewohnt sind, das Tempo und die Richtung bei ihren Tätigkeiten vorzugeben. Bei der Todesnachricht wird das Tempo von den Betroffenen und ihrer emotionalen und kognitiven Verfassung bestimmt. Alles Drängen würde bei dieser Aufgabe weder menschlich noch professionell wirken und muss deswegen vermieden werden.

Eine wichtige Aufgabe ist das Aushalten des Leides, für Sicherheit und Ruhe zu sorgen und die Informationen womöglich mehrmals zu wiederholen, bis die Betroffenen diese aufnehmen konnten. Diese Aufgabe erfordert Geduld und Demut und ist sehr gegensätzlich zu den sonstigen Tätigkeiten bei der Polizei. Auch werden in der Regel solche Aufgaben als sinnvoll angesehen, die zur Rettung oder zur Sicherheit von Personen beitragen oder die einen vermeintlichen Täter überführen können. Das Überbringen einer Todesnachricht führt zum Leid der Angehörigen, da für die tote Person keine Rettung möglich war. Der Sinngehalt einer solchen Aufgabe ist nur schwer in den polizeilichen Arbeitsalltag einzuordnen.

Zum Ende muss eine Einschätzung getroffen werden, ob die betroffenen Personen allein gelassen werden können, falls keine privaten oder ehrenamtlichen Kontakte erwünscht sind. Die polizeiliche Beantwortung der Frage nach einer Gefahr für Leib und Leben der Angehörigen muss darüber entscheiden, ob ein Arzt hinzugezogen werden muss oder ob die Personen alleine bleiben können.

6 Professionelle polizeiliche Gesprächsführung mit Personen mit Anzeichen einer psychotischen Erkrankung

Unter den psychotischen Störungsbildern lassen sich verschiedene Erkrankungen einordnen. Die Psychose umfasst unterschiedliche Symptome wie die Halluzinationen, den Wahn, den Realitätsverlust oder die Ich-Störungen. Es zeigen sich affektive Symptome in Form von gesteigerten oder verflachten Gefühlszuständen. Die verschiedenen Symptome können einzeln oder in Kombination auftreten.

Zusätzlich zum eigentlichen Störungsbild kann es bei besonderen Anlässen zu einer akuten Verschärfung der Störung oder der Gesamtsituation der Person kommen. Dieser Zustand kann dann in einem sogenannten seelischen Notfall (Rupp 2003) enden. Ein seelischer Notfall tritt dann ein, wenn die bisherigen Muster zur Problembewältigung versagen. Das geschieht häufig im Zusammenhang mit einer Überforderung des Beziehungsnetzes, also der Familie, den Angehörigen, den Kollegen oder den Nachbarn. Meist besteht dann eine akute oder drohende Selbst- oder Fremdgefährdung durch die Betroffenen. Es wird von den intervenierenden Polizeibeamten eine unverzügliche Hilfe erwartet, die die seelische Krise und die Gefahr für Leib und Leben abwenden kann.[211] In solchen Fällen sollte auch das beteiligte Umfeld durch die Polizei gezielt angesprochen und über das Vorgehen und weitere Hilfsangebote informiert werden.

Insgesamt sollte die Gesprächssequenz mit den erkrankten Personen eher kurz gehalten werden. Je länger sich das Gespräch hinzieht, umso größer werden die Unruhe und die Unsicherheit und damit die weitere Überforderung der erkrankten Person. Wenn die Polizei einen vertrauensvollen Kontakt herstellen konnte, kann unter Umständen auch eine Beruhigung der Betroffenen erreicht werden.

Häufig sind es Personen aus dem Umfeld der Betroffenen, die sich an die Polizei wenden, um Hilfe zu organisieren. Melden sich die betroffenen Personen selbst, befinden sie sich meist in akuten bedrohlichen Situationen. Diese treten auf, da die Betroffenen akute Halluzinationen erleben, wie Stimmen hören, sich verfolgt fühlen, oder von anderen Menschen gedanklich beeinflusst zu sein scheinen.

Aus diesem inneren Erleben können Wahnvorstellungen entstehen, die die irrealen inneren Erlebnisweisen zu einer zwar realitätsfernen, aber doch konsistenten Idee ordnen. Der seelische Wirrwarr wird durch den Wahn geordnet und bekommt so einen Sinn für die betroffenen Personen.[212] Diese Wahnvorstellungen ersetzen die reale Welt und sind nicht verhandelbar. Sie können je nach Stimmungslage misstrauisch (paranoid), depressiv oder euphorisch eingefärbt sein. Eine Krankheitseinsicht ist nicht vorhanden und die Interventionen des Umfeldes werden als weitere Bedrohung wahrgenommen. Das Wahrnehmen, das Denken, die Gefühle, das Handeln und das Beziehungsverhalten verlieren den inneren Zusammenhang und der Bezug zur äußeren Wirklichkeit geht verloren. Die Erlebens- und Verhaltensweisen der betroffenen Personen wirken wirr, nicht normal. *„Er hat nicht alle Tassen im Schrank, ziemlich Gaga, vollkommen daneben."* So könnten die Beschreibungen des Umfeldes dazu lauten.

211 Vgl. Rupp (2003), S. 2.

212 Vgl. Rupp (2003), S. 19.

6.1 Merkmale des Wahnerlebens

Folgende Merkmale können als Kriterien für einen Wahn[213] genannt werden: Die Betroffenen erleben eine Wahngewissheit, deren Inhalte und Existenz nicht korrigierbar, aber objektiv gesehen falsch sind. Der Wahn ist ohne Anregung von außen entstanden und wird von niemandem sonst geteilt. Die Ursache liegt in der Erkrankung. Das wahnhafte Erleben kann verschiedene Formen annehmen. Es kann als Wahnstimmung auftreten, in der die Personen die Welt als unheimlich, bedrohlich oder nur als sehr verändert erleben, ohne dabei genaue Anhaltspunkte für die Angst zu haben.

Der Wahn kann als Verfolgungswahn auftreten, in dem Betroffene sich als Ziel von Feindseligkeiten erleben. Die Personen denken z. B., dass sie heimlich beobachtet werden, dass ihnen jemand etwas antun will oder dass sie verfolgt werden. So werden durch die Stromleitungen Gase oder Gifte geleitet. Das kann so weit gehen, dass die Erkrankten in Todesangst die Wände aufreißen oder andere Gegenstände vernichten. Diese paranoiden Ideen lösen oft Angst, Misstrauen, Erregungszustände, Suizidalität oder Fremdaggression aus.[214]

Im Beziehungswahn werden Verhalten anderer oder fremder Gegenstände auf sich selbst bezogen. So werden Hinweise wie Kissen auf den Gartenstühlen der Nachbarn als versteckte Botschaften für die Betroffenen gewertet, nach denen gesucht werden muss.

Im Größenwahn erleben sich die Betroffenen als etwas ganz Besonderes oder eine berühmte Person. Oder die Person fühlt sich zu Großem berufen und spürt eine direkte Verbindung z. B. zu Gott und muss seine Aufträge wahrnehmen und ausführen.

6.2 Merkmale des Erlebens von Halluzinationen

Bei der Halluzination handelt es sich um eine Sinnestäuschung, deren Überprüfung prinzipiell möglich ist. So kann eine ältere Dame mit dementiellem Syndrom auf ihrer Terrasse Ziegen weiden sehen. Bei genauerer Betrachtung finden die Angehörigen alte braune Decken, mit denen sie die Pflanzenkübel zum Schutz vor Frost eingewickelt hatte. Diese bewegen sich, wenn der Wind über die Terrasse weht. Nachdem die Angehörigen die Decken beiseite geräumt hatten, berichtet die ältere Dame recht traurig, dass es keine Ziegen mehr auf ihrer Terrasse gäbe, da sie jetzt woanders weiden würden.

Halluzinationen können nicht gesteuert werden und fühlen sich real an. Sie können in olfaktorischer, taktiler, optischer oder akustischer Form vorkommen. Am häufigsten zeigen sich die akustischen Formen, das Hören von Stimmen. Es können mehrere oder eine Stimme wahrgenommen werden, die über oder zu dem Betroffenen sprechen oder auch miteinander. Manche Erkrankte beschreiben die Stimmen als auffordernd und befehlend oder als kommentierende Stimmen. Der Ursprung kann nicht festgemacht werden, manche Personen erleben sie von außen kommend, andere als innere Stimmen. Auch können Sprechweise und Lautstärke variieren, von Hintergrundgemurmel, das leise und verworren ist, bis hin zu lauten, klaren und deutlich zu vernehmenden Befehlen, die auszuführen sind. Manche Betroffene haben die Vorstellung, dass ihnen die eigenen Gedanken von einer fremden, meist höheren und göttlichen Macht eingeflößt oder auch entzogen werden.

213 Vgl. Bandelow/Gruber/Falkai (2008), S. 66.

214 Vgl. Bandelow/Gruber/Falkai (2008), S. 66.

Als Psychosen werden zusammenfassend Krankheiten beschrieben, die zumindest zeitweise zu einer Verkennung der Realität führen und mit den Symptomen der Halluzination, des Wahns, schweren Erregungszuständen und der Überaktivität oder auch einer ausgeprägten psychomotorischen Hemmung, den katatonen Symptomen, einhergehen.[215] Die Symptome der Erkrankungen werden als ich-synton, also zur Person gehörend, wahrgenommen.

6.3 Anzeichen einer Schizophrenie

Eine der häufigsten psychotischen Störungen ist die Schizophrenie. Das individuelle Risiko, jemals im Leben an einer als Schizophrenie diagnostizierten Psychose zu erkranken, liegt in Deutschland etwas unter 1 %. Wenn man auch alle leichten Formen der Krankheit mitberücksichtigt, steigt das individuelle Lebenszeitrisiko auf etwa 2 % an.[216] Die Schizophrenie kann in jedem Lebensalter auftreten, vornehmlich jedoch in der Adoleszenz und im jungen Erwachsenenalter. Im hohen Lebensalter treten die der Schizophrenie ähnlichen paranoiden Wahnkrankheiten gehäuft auf. Beide unterscheiden sich nur teilweise in ihrem Erscheinungsbild, der Art und Häufigkeit der Symptome von den Erkrankungen, die im mittleren Lebensalter auftreten.[217]

Die Schizophrenie ist eine in ihren Kernsymptomen (Wahn, Sinnestäuschungen und Denkstörungen) ziemlich einheitliche, in ihren Randphänomenen aber vielgestaltige und individuell unterschiedlich verlaufende psychische Krankheit. Die wesentliche Symptomatik lässt sich mit der Positivsymptomatik beschreiben, die mit Wahn, Halluzinationen und Denkstörungen sowie der häufig übersehenen oder unterschätzten depressiven Symptomatik einhergeht. Dazu kommt die Negativsymptomatik, die sich durch kognitive und soziale Beeinträchtigungen beschreiben lässt.[218]

Die formalen Denkstörungen zeigen sich in einer wirren, unlogischen Sprache mit starkem Rededrang und bizarrem Sprachstil und Wortneubildungen (Neologismen). Die Betroffenen springen gedanklich von einer Idee zur anderen, bilden abgehackte und unlogische Sätze ohne Zusammenhang. Die Antworten passen nicht zur gestellten Frage oder es werden Sachverhalte miteinander kombiniert, die nicht zusammengehören. Die Beeinträchtigung der Sprache kann sich auch in Sprachverarmung, Gedankenabreißen oder Danebenreden äußern.[219]

Zu den Wahnideen oder -vorstellungen und Halluzinationen kommen kognitive Störungen, wie die Einschränkung bei den Fähigkeiten, Sachverhalte zu erfassen, zu erinnern oder sich zu merken. Gedanken wirken, als wenn sie sich ausbreiten und einfach verschwinden. Die Kontrolle über die Denkprozesse ist verloren gegangen. Dazu kommen meist verschiedene affektive Störungen wie unpassende emotionale Reaktionen auf eine gegenwärtige Situation, z. B. ein aggressives oder angstvolles Schreien bei Auftreten der Polizei. Die affektive

215 Vgl. Bandelow/Gruber/Falkai (2008), S. 62.

216 Vgl. Häfner (2017), S. 13.

217 Vgl. Häfner (2017), S. 12.

218 Vgl. Häfner (2017), S. 15.

219 Vgl. Heibach/Lincoln (2017), S. 7.

Störung kann sich auch in einer Gefühlsarmut zeigen, auch nahen Menschen gegenüber. Die Personen isolieren sich zunehmend, sie sind depressiv und sehr zurückgezogen.[220]

Die Symptome einer Schizophrenie werden in die katatonen Symptome und die Positiv- und Negativsymptome eingeteilt, die beide nicht zeitgleich auftreten können.

Die Positivsymptome sind alle Symptome, die zum normalen Zustand dazukommen, wie der Wahn, die Halluzinationen, die Denkstörungen oder die Affektstörungen, wenn sie als unpassende oder übertriebene Gefühle auftreten. Der Ausdruck der Gefühle passt nicht zur Situation, die Person lacht in einer sehr traurigen Situation. Gefühle und Verhaltensweisen der anderen Menschen werden häufig fehlinterpretiert, da die Fähigkeiten, sich in andere hineinzuversetzen, nur noch gering vorhanden sind.

Wenn die Person Antriebs- und Entschlusslosigkeit zeigt und sich in einem Zustand der Freudlosigkeit und der sozialen Isolierung befindet, dann werden diese affektiven Störungen den Negativsymptomen zugerechnet. Hier werden soziale Kontakte vermieden, die Fähigkeiten zu Nähe und Intimität nehmen stark ab und die Betroffenen befinden sich in einem Zustand der Gleichgültigkeit. Zu den Negativsymptomen gehört auch der katatone Stupor, in dem die Aktivität zurückgeht bis zur körperlichen Erstarrung. Betroffene bewegen sich kaum oder gar nicht mehr, sie erstarren in einer Bewegung und sind nicht ansprechbar bzw. reaktionsunfähig. Als Positivsymptom ist die katatone Erregung zu nennen, die als motorisch erhöhte Aktivität in Form von wiederkehrenden Grimassen oder zwanghaften Bewegungsabläufen auftritt.

Teilweise zeigen Schizophrene auch auffällige Verhaltensweisen wie das Tragen mehrerer Schichten dicker Kleidungsstücke im Sommer. Oder es werden verschiedene Gegenstände auf Möbelstücken verteilt. Das Verhalten wirkt ziellos und sehr ausgefallen oder es folgt einem nicht nachvollziehbaren Plan.

Das Diagnosesystem der Weltgesundheitsorganisation (WHO), die internationale Klassifikation psychischer Störungen (ICD-10; WHO 2000), fasst die schizophrenen und die dazugehörigen Störungsbilder im Unterkapitel F2 „Schizophrenie, schizotype und wahnhafte Störungen" zusammen. Im Klassifikationssystem der American Psychiatric Association (APA), dem Diagnostischen und Statistischen Manual Psychischer Störungen (DSM-IV; APA 1998), sind schizophrene Erkrankungen mit dem Diagnoseschlüssel 295 kodiert.

6.4 Psychische Erkrankung und Gewalt- oder Delikt-Risiko

Unter den psychischen Erkrankungen ist insbesondere für die Schizophrenie ein gegenüber der Allgemeinbevölkerung erhöhtes Gewalt- und Delikt-Risiko gut belegt. Während die ganz überwiegende Mehrheit von erkrankten Personen nicht häufiger gewalttätig ist als die Allgemeinbevölkerung, geht das erhöhte Risiko auf eine kleine, aber bedeutsame Untergruppe zurück. Diese ist für einen Großteil der von schizophren erkrankten Personen begangenen Gewalttaten verantwortlich. Laut Studien (Häfner 2017) zum Gewaltrisiko von Schizophrenen lag das Risiko zu Gewalttaten bei den Schizophrenen mit Symptomen des paranoiden Wahns bei immerhin 84 %. Bei Schizophrenen mit chronisch paranoiden Wahnsymptomen lag das Gewaltrisiko bei 77 %. Das gewalttätige Verhalten war Ausdruck einer „wahnhaften

220 Vgl. Hein (2018), S. 270.

Notwehr" gegen die scheinbare Bedrohung des eigenen Lebens. Die häufigsten Opfer waren mit 58 % Verwandte ersten Grades. Bei Personengruppen wie Ärzten, Richtern oder Politikern lag die Rate bei 11 %. Das Gewaltrisiko erhöht sich, wenn weitere Faktoren dazukommen wie antisoziales Verhalten, chronischer Alkohol- und Drogenmissbrauch.[221]

6.5 Anzeichen im polizeilichen Umgang

Personen mit einem psychoseartigen Zustandsbild wirken auf das Umfeld meist unruhig und unkontrolliert. Dies kann ein Hinweis auf die innere Reizüberflutung durch Halluzinationen, Wahn und andere innere Störungen sein. Jede weitere äußere Reizüberflutung im Kontakt führt zu einer Steigerung der Erregung.

Häufig wird der Kontakt zur Polizei durch Angehörige oder das soziale Umfeld herbeigeführt. In anderen Fällen kommt es zu einem auffälligen oder gefährlichen Verhalten im öffentlichen Raum. In diesen Fällen fühlt sich das Umfeld der Personen entweder bedroht oder sie machen sich Sorgen um den Zustand dieses Menschen.

In den Fällen, in denen die Betroffenen sich selbst bei der Polizei melden, erwarten sie Hilfe vor Bedrohung und Verfolgung. Aus diesen Gründen ist davon auszugehen, dass die Hilfe, die die Polizei anbieten kann, nicht unbedingt mit den Bedürfnissen der Betroffenen übereinstimmen wird. Deswegen sollte auf eine ruhige Umgebung geachtet werden, wenn möglich im Beisein von vertrauten Personen.

Die Ansprache sollte klar und deutlich erfolgen, ein direkter Blickkontakt soll vermieden werden. Betroffene wollen häufig nicht in eine Klinik, da sie ihre Behandlungsbedürftigkeit nicht erkennen. Die Betroffenen werden dann erregt und reagieren chaotisch, manche schimpfen und bedrohen die Polizei. Diese Verhaltensweisen müssen als Ausdruck der inneren Notlage und Überforderung verstanden werden. Die polizeiliche Gesprächsführung sollte behutsam sein und jeden unnötigen Druck vermeiden. Fragen sollten konkret sein und dazu dienen, die Gefahrenlage zu erkennen und einzuschätzen. Ist die betroffene Person in einer solchen akuten Bedrohung, dass eine Einweisung notwendig werden könnte? Hierzu sind die Umgebung und die Informationen des Umfeldes einzubeziehen: Wie sieht die Wohnung aus? Gibt es Hinweise auf Selbstgefährdung, z. B. wahllos ausgedrückte Zigarrenstummel im Bett, auf dem Teppichboden, angebrannte Papiere oder ähnliches? Die Person berichtet von Mächten, die sie die ganze Nacht bedrohten und die versuchten, sie zu vergewaltigen. Sie habe sich durch Feuer gewehrt oder mit dem Messer Wohnungsgegenstände zerschnitten. Zuhören und Beobachten sind die Grundlagen, um angemessene Maßnahmen treffen zu können. Der Zustand der Verwirrung, das emotionale Chaos, die Angst und die Aggressionen sind als Ausdruck der Erkrankung zu werten und müssen in die Risikobewertung einbezogen werden.

In der Gesprächsführung sollte vermieden werden, zu argumentieren oder zu rechtfertigen. Scherze werden von den betroffenen Personen nicht oder falsch verstanden. Der Gesprächsverlauf sollte sich an gezielten Fragen zum Verständnis der Gefahrenlage orientieren sowie die Betroffenen stabilisieren und zur Ruhe bringen. Hierbei hilft ein ruhiges und sicheres Auftreten der Polizei.

221 Vgl. Häfner (2017), S. 379 f.

Es stellt sich immer wieder die Frage, inwiefern auf die Wahninhalte eingegangen werden sollte. Prinzipiell sollten Wahnideen nicht bewertet oder abgelehnt werden. Sie sollten aber auch nicht verstärkt werden. Wenn möglich, können diese im Gespräch etwas abgeschwächt werden wie *„Sie werden von jemanden bedroht, der Sie schon lange verfolgt? Ich glaube nicht, dass hier in der Nähe noch jemand anderes ist. Wir können da keine Bedrohung sehen und wir haben auch keine Personen gefunden. Sie können ganz beruhigt sein."*

Der Wahn stellt die private Welt des Erkrankten dar. Er ist wie eine private Insel, die von der Person allein belebt wird. Der Kontakt zur Außenwelt ist verloren gegangen, die Wahrnehmung, die Gepflogenheiten, Rituale und die Sprache haben sich von der Welt der Bewohner anderer Inseln immer weiter wegentwickelt. Die Außenwelt wird als bedrohlich wahrgenommen, Fremde gelten häufig als Eindringlinge.

Nun sind die Bewertungen und Wahrnehmungen wie auch die Gepflogenheiten der Menschen vielfältig und jeder Mensch bewohnt seine eigene Insel, manchmal geteilt mit vielen anderen einer Familie oder engen Freundesgruppen, manchmal auch nur mit wenigen anderen Menschen. Zwischen den Inselbewohnern gibt es in der Regel jedoch große Überschneidungen und rege Beziehungen. Man versteht sich und kann prinzipiell an den Welten der anderen Inseln teilnehmen. Es existieren viele gemeinsame Normen und Regeln und die gemeinsame Sprache ist für alle verständlich. Die Fähigkeiten des gemeinsamen Verstehens und des Konsens mit anderen Menschen sind den psychotisch Erkrankten jedoch weitestgehend verloren gegangen.

Beim Betreten der Insel des psychotisch Erkrankten ist große Vorsicht geboten. Die Wahnideen geben Aufschluss über die Inselwelt des Betroffenen. Die Polizei wird wenig Erfolg haben, wenn sie in ihrer eigenen Sprache bleibt und versucht, diese als Verständigungs-Code vorauszusetzen. Dieser ist für den größten Teil der Bürgerinnen und Bürger selbstverständlich, aber nicht für Menschen mit psychischen Erkrankungen und Menschen, die sich im Wahn befinden. Das bedeutet, dass die Wahnideen entweder unkommentiert hingenommen werden sollten oder dass sie als Hilfsmittel benutzt werden. Dies sollte respektvoll geschehen. Ähnlich wie im sozialen Austausch mit einem Fremden, der eine andere Sprache spricht, auch versucht wird, einzelne anderssprachige Worte aufzugreifen und nachzufragen, können hier einzelne Begriffe aufgenommen und als Frage betont werden. Sie können im Handlungsverlauf dort wieder herangezogen werden, wo es hilfreich erscheint. So kann der Person, die überall nach Botschaften suchen muss, gesagt werden, dass sie Botschaften finden kann, wenn sie jetzt mitkommt und die Polizei sie bei der Suche begleitet. Solch eine Verbrüderung mit der Wahnidee sollte natürlich nur benutzt werden, um eine Zwangslage, z. B. bei der Zuführung in die Klinik, so gering wie möglich halten zu können. Niemals sollte dies aus Ironie oder als verletzendes Verhalten dem Kranken gegenüber benutzt werden.

Womöglich muss eine Person unter Zwang dem Arzt zugeführt werden. Diese Maßnahmen müssen dann auch sprachlich angekündigt werden. Es kann jedoch sein, dass eine solche Ankündigung zu Angst und Aggression führt, da der Realitätsbezug nicht mehr vorhanden ist. Die Maßnahmen sollten dann zügig durchgeführt werden und so, dass das Gegenüber sich nicht würdelos behandelt fühlt. Hier sind Fingerspitzengefühl, Empathie und eine respektvolle Haltung den kranken Menschen gegenüber gefragt.

6.6 Ziele, Maßnahmen, Kompetenzen, Haltungen

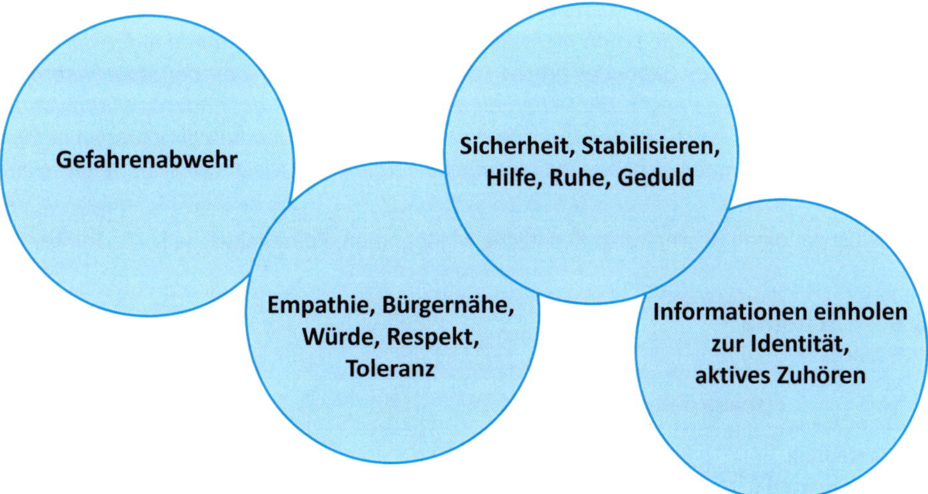

6.7 Lage

In der Bachstraße 9 in 34134 Kassel wohnt eine alleinstehende Dame, Frau Adelheid Meier, geboren am 10.9.1960, die schon mehrmals wegen wahnhafter Zustände aufgefallen war. Die anderen Mieter des Gebäudes hatten Polizei und Gesundheitsamt der Stadt mehrmals darauf aufmerksam gemacht. Die Sicherheit der Frau Meier wie der anderen Mitbewohner des Hauses scheint durch vermeintliche Bedrohungsszenarien und Beschimpfungen gefährdet. Angehörige konnten nicht ausfindig gemacht werden. Frau Meier will nicht freiwillig ihre Wohnung verlassen.

Zur selbstständigen Bearbeitung: Rechtliche Maßnahmen; Polizeitaktische Maßnahmen

6.8 Schema

Was? (Maßnahmen)	Wie? (Beziehungsgestaltung)
Vorbereitung Auf Widerstand und Unverständnis vorbereitet sein. Person wird in Metaphern sprechen, Stimmung und Gefühle können schwanken, mit unberechenbaren Handlungen rechnen. Sich nicht verwickeln lassen.	Achtsamkeit und besondere Aufmerksamkeit auf Person und Umgebung richten, Zuhören können und professionelle Distanz wahren (Raum, Position und mental).
Ziele und Maßnahmen Abwehr von Gefahr für Leib und Leben durch Feststellen der Identität, des genauen Aufenthaltsortes. Abklären, ob eine Einweisung nach PsychKG angeregt werden muss oder die Hinzuziehung des sozialpsychiatrischen Dienstes des zuständigen Gesundheitsamtes. Stabilisieren und auf Sicherheit aller Beteiligten achten.	
Einstiegsphase *Guten Tag, Frau Meier, hier ist die Polizei, mein Name ist XY.* *Verstehen Sie mich? Sie sind doch Frau Meier?* *Wir müssen mal in Ihre Wohnung kommen. Bitte lassen Sie uns reinkommen.*	Vertrauensvolles und respektvolles Auftreten, professionelle Distanz wahren, da zu große Nähe eher bedrohlich wirken kann. Zeit lassen. Keine frontale Positionierung, eher seitlich und Waffen abgewandt, direkten Blickkontakt vermeiden.

Was? (Maßnahmen)	Wie? (Beziehungsgestaltung)
Transparenz der Lage *Wir haben gehört, hier bei Ihnen, Frau Meier, ist etwas Ungewöhnliches?* *Frau Meier, ist bei Ihnen alles in Ordnung? Wir sind hier, um mal nach dem Rechten zu sehen.* *Sind Sie ganz alleine, Frau Meier? Wer ist noch hier? Was ist denn los, Frau Meier?*	Häufiges Benutzen des Namens soll Nähe herstellen und die Person kognitiv/emotional erreichen. Zuhören, was die Person erzählt: Metaphern, Bilder, Bedrohliches, Fremdes, zur Kenntnis nehmen, ohne es zu bewerten. Keine unvorhergesehenen Bewegungen und Aktionen starten. Ruhe und Präsenz ausstrahlen. Bürgernähe zeigen und zugewandt sein.

Was? (Maßnahmen)	**Wie? (Beziehungsgestaltung)**
Maßnahmenphase *Was können wir für Sie jetzt tun?* *Erklären Sie uns doch, was los ist.* *Wir sind jetzt für Sie da, wir helfen Ihnen. Wir sind da, um aufzupassen. Ich glaube, es geht Ihnen nicht so gut.* *Frau Meier berichtet davon, dass ihr Mann gerade gestorben sei und Gott ihr befohlen habe, eine Beerdigung zu organisieren. Sie habe Kerzen angezündet und wolle ein Grab schaufeln. Gleich würden ganz viele Menschen kommen. Die Lichter da draußen seien schon ganz hell und viele Engel seien auch schon da.* *Frau Meier, haben Sie Kinder, die kommen können? Nein, keine Kinder? Wo ist denn Ihr Mann?* *Alle sind tot. Keiner hilft mir. Alles muss ich hier alleine machen.* *Wo haben Sie denn die Kerzen aufgestellt? Lassen Sie uns mal nachschauen.* *Das ist bestimmt alles sehr anstrengend für Sie. Wollen Sie sich nicht mal hinsetzen und ausruhen?* Metaphern oder Bedrohungen sollen in sprachlichen Mustern aufgenommen oder wiederholt werden und in Fragen umformuliert werden, um die Bedrohungslage zu erfassen. Beruhigung und Hilfe anbieten.	Fragen stellen und Beobachten der Person und der Umgebung. Gibt es eine akute Gefahr für Leib und Leben? Kann die Person ihre Lage erkennen und selber einschätzen? Welche wahnhaften Bilder und vor allem Bedrohungsängste werden geschildert? Wie viel Angst hat die Person? Wovor fürchtet sie sich? Sich nicht provozieren lassen durch aggressive oder wirre Antworten. Welche Hilfemaßnahmen können angeboten werden? Bedrohungslage im Umfeld klären. Überall stehen brennende Kerzen, ein Hammer liegt herum, manche Möbel wurden demoliert.
Gott hat mir befohlen, weiterzumachen. Wer sind denn die vielen Leute? Wollen Sie auch zum Gottesdienst? Keiner hilft mir! Alle benutzen mich! Und wenn ich dann das A und das Ö mit dem Ä kombiniere, dann ist alles zu viel. Ich musste so viel durchmachen. *Sie brauchen mal eine Pause, das versteht jeder. Setzen Sie sich zu uns. Sie sind doch ganz erschöpft von den Anstrengungen. Wir kümmern uns. Das schaffen Sie alleine nicht. Wir werden Ihnen helfen.*	Gibt es Anzeichen für Drogen, Alkohol, Medikamente? Beruhigend wirken und professionelle Distanz wahren. Sich nicht verwickeln und emotionalisieren lassen.

Was? (Maßnahmen)	Wie? (Beziehungsgestaltung)
(Fortsetzung) **Maßnahmenphase** *Wir machen jetzt Folgendes: Wir werden Sie zu einem Arzt bringen.* Oder: *Wir bringen Sie jetzt dahin, wo Sie sich erst mal erholen und ausruhen können. Sie brauchen jetzt ein bisschen Ruhe!* *Sie brauchen jetzt Sicherheit! Sie müssen erst mal zur Ruhe kommen. Wir sorgen dafür, dass Sie sich erst mal erholen und werden Sie zu einem Arzt bringen.* *Das kann alles warten, wir haben den Befehl, auf Sie aufzupassen, damit Sie keiner ausnutzen kann. Das machen wir jetzt.*	Zuversicht ausstrahlen und empathisch sein. Die Person ohne zu großen Druck zum Mitkommen auffordern. Transparenz.
Abschlussphase *Wir gehen jetzt einfach mal gemeinsam los. Vertrauen Sie uns und kommen Sie mit.* *Wir nehmen Sie mit, damit Sie ein bisschen Ruhe bekommen. Wenn das Begräbnis ist, sind Sie wieder da. Da wird man sich drum kümmern.*	Mitnahme nach PsychKG und Überstellung an einen psychiatrischen Arzt oder Informationen an den sozialpsychiatrischen Dienst des zuständigen Gesundheitsamtes oder Information an Angehörige.
Nachbereitung (wie in Abbildung 41 beschrieben)	Konstruktive Kritik und unterstützend arbeiten.

6.9 Gefahren in der Gesprächsführung

Durch die Verkennung der Realität kann es immer wieder zu großen Missverständnissen kommen. Die betroffenen Personen haben aber eine sehr sensible Wahrnehmungsgabe dafür, ob sie fair, menschenwürdig und mit Respekt behandelt werden oder nicht. Sie fühlen sich schnell bedroht, ohne dass die Anzeichen für Außenstehende erkennbar sind. Sie werden dann aggressiv oder sie wollen flüchten. Ruhe, Distanz, Respekt und Empathie sind wichtige Kompetenzen, um den genannten Gefahren entgegenzuwirken. Die Personen unterliegen oft Stimmungsschwankungen und sind schnell verwirrt von zu vielen unbekannten Reizen. Eine ruhige und als sicher erlebte Gesprächssituation ist für die Betroffenen hilfreich. Unklare Formulierungen, Provokationen, auch ein zu direktes Anschauen oder ein schnelles Berühren werden leicht als übergriffig wahrgenommen.

7 Professionelle polizeiliche Gesprächsführung mit Personen mit Anzeichen für eine Demenz

Demenz ist ein Oberbegriff für viele verschiedene Krankheitsformen, die unterschiedlich verlaufen, aber die alle langfristig zum Verlust der geistigen Leistungsfähigkeit führen. Auch die Ursachen sind vielfältig. So liegt bei der sekundären Demenz eine bereits vorher bestehende Erkrankung, wie eine Schilddrüsenerkrankung oder eine schwere Alkoholerkrankung vor. Bei der primären Demenz, am bekanntesten ist die Alzheimer-Erkrankung, liegt die Ursache im Gehirn. Hier kommt es zum Absterben von Nervenzellen und die Verbindungen gehen verloren. Meist betrifft die Demenz ältere Personen ab 65 Jahren, deswegen wird auch von der Altersdemenz gesprochen.

Zu den häufigsten Verhaltensauffälligkeiten zählen die Störungen des Schlaf-Wach-Rhythmus, durch den die Betroffenen nicht mehr zwischen Tag und Nacht unterscheiden können. Es kommt zu nächtlichem Herumirren im Dunkeln, was zu Unfällen und Verletzungen führen kann. Die Betroffenen werden nachts im Schlafanzug im Freien aufgegriffen oder von Angehörigen oder Pflegern aus dem Heim als vermisst gemeldet.

Weitere typische Anzeichen sind die körperliche Unruhe und das Umherwandern von Demenz-Kranken. Manche gehen einfach im Haus herum, andere wollen nach draußen. Meistens gibt es einen Grund für das Wandern, z. B. Langeweile, Unbequemlichkeit oder das Gefühl, an einem falschen Ort zu sein. Doch die Erkrankten haben vergessen, warum sie eigentlich losgegangen sind und wohin sie wollen. Auch die Hände können ständig in Bewegung sein, werden geknetet und Jacken werden permanent auf- und zugeknöpft.[222] Diese Verhaltensauffälligkeiten können auch im Beisein der Polizei auftreten und sollten nicht als Flucht- oder Abwehrverhalten gedeutet werden, sondern als Anzeichen der Erkrankung.

Weitere Symptome der Erkrankung sind Misstrauen und Feindseligkeit sowie eine gesteigerte Aggressivität, die sich sowohl verbal als auch in körperlichen Angriffen gegen Angehörige und Polizeibeamte richten kann.

222 Vgl. Dürr (2003), S. 12.

Auch die Demenz-Kranken unterliegen oft Sinnestäuschungen (Halluzinationen), d. h., sie sehen, hören oder riechen etwas, was aber in Wirklichkeit gar nicht da ist. Sogar Wahnvorstellungen sind möglich. So wird angenommen, man werde bestohlen oder wichtige Briefe und Unterlagen würden unterschlagen. Am häufigsten sind die wahnhaften Verkennungen. Verwandte und Bekannte werden nicht mehr wiedererkannt, sie werden als Fremde oder als bekannte Schauspieler aus dem Fernsehen betrachtet. Auch kann es vorkommen, dass Demenz-Kranke sich selbst nicht mehr im Spiegel erkennen und deshalb erschrecken. Sinnestäuschungen und Wahnphänomene können Furcht und somit aggressives Verhalten auslösen.[223]

7.1 Anzeichen im polizeilichen Umgang

Die Polizei wird meist hinzugerufen, wenn z. B. ein allein lebender Demenzerkrankter die Wohnungstür nicht mehr öffnet und die Feuerwehr vom sozialen Umfeld zu einer Türöffnung gebeten wird.

Am häufigsten werden ältere Demenz-Kranke von einem Pflegeheim oder von Angehörigen als vermisst gemeldet. Oder sie werden an öffentlichen Orten aufgegriffen, manchmal nachts in unpassender Kleidung, ohne dass sie genau wissen, wo sie herkommen oder wo sie hinwollen.

- Vermisstenanzeigen durch Alters- oder Pflegeheime oder durch Familienangehörige.
- Person wird mit unpassender Kleidung oder orientierungslos im öffentlichen Raum aufgefunden.
- Person befindet sich an einem ungewöhnlichen Ort (Wald, Verkehrsinsel, Bahn, Parkbank) zu einer unpassenden Zeit (früh, sehr spät am Abend, nachts) in nicht angemessener Kleidung (Schlafanzug, Wintermantel im Sommer, nur kurzes Unterhemd und Unterwäsche).
- Person ist schon älter. Person spricht wirr und hat wenig Orientierung. Über Identität, Wohnort und Ziele kann Person wenig genaue Angaben machen. Manchmal reagieren die Personen schnell aggressiv und wollen nicht gestört werden.
- Person meldet einen Diebstahl auf einer Polizeidienststelle. Bei genauerem Nachfragen werden Anzeichen von kognitiven Defiziten erkennbar. Person wirkt unkonzentriert und kann sich nicht erinnern. Die Angaben wirken wenig plausibel. Bei gemeinsamer geduldiger Rekonstruktion kann der fehlende Gegenstand wiedergefunden oder der Ablageort geklärt werden.
- Die Personen sind auch anfällig für verschiedene Arten von Betrügereien wie den Enkeltrick oder falsche Polizeibeamte.

An der Kleidung kann teilweise erkannt werden, ob eine Heimunterbringung vorliegt. Falls im Kragen ein Namensschild angebracht ist, ist neben der Identität auch meist schon die Heimunterbringung geklärt. Auch das Benutzen eines Rollators, der namentlich gekennzeichnet ist, kann ein solcher Hinweis sein.

223 Vgl. Dürr (2003), S. 7 ff.

Die Sprache sollte einfach und in kurzen verständlichen Sätzen gehalten sein. Die Polizei soll zuhören und Empathie zeigen, aber kein Verhör führen. Den Betroffenen kann auch eine Decke angeboten werden, wenn diese nicht adäquat gekleidet sind, oder auch ein Getränk, um Ruhe in die Situation zu bringen.

Die polizeilichen Ziele für die Gesprächsführung sind zunächst die Abwendung von akuter Gefahr für Leib und Leben und das Herstellen von Sicherheit durch Feststellen der Identität und das Verbringen ins Heim oder zu den Angehörigen. Falls die Betroffenen allein leben, muss mit einem Arzt geklärt werden, ob eine Unterbringung in einem Krankenhaus vonnöten ist und ob Angehörige über den Zustand informiert werden können.

Ein weiteres Ziel der Gesprächsführung ist das Stabilisieren der Betroffenen durch eine ruhige und geduldige Ansprache. Es sollte etwas Zeit für die Gesprächsführung eingeplant werden, da die Betroffenen sich gegen jede Art von Druck häufig mit aggressiven Verhaltensweisen wehren. Das Aufgreifen durch die Polizei führt alleine schon zu einer fremden und ungewohnten Situation, die von den Betroffenen z. T. nicht mehr realitätsgetreu wahrgenommen werden kann. Womöglich wird die Gesprächssituation als bedrohlich empfunden, da die Erkrankten nicht erkennen, auf was die Gesprächssituation hinauslaufen soll. Alle Maßnahmen sollen transparent gemacht werden und das Ziel, die Betroffenen in Sicherheit zu bringen, muss manchmal mehrmals erklärt werden.

7.2 Ziele, Maßnahmen, Kompetenzen, Haltungen

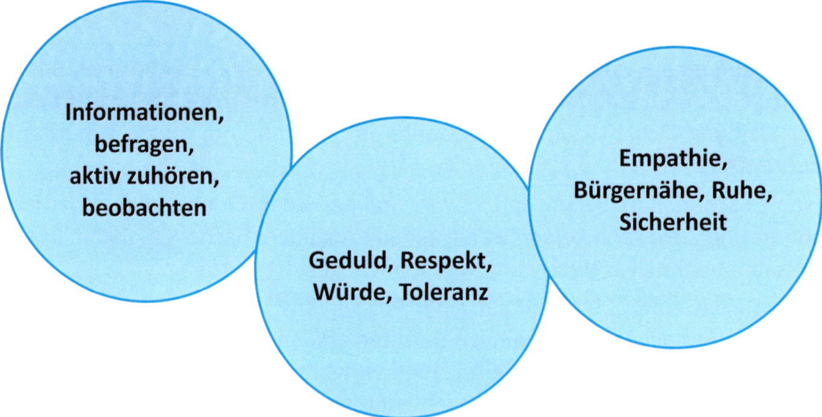

7.3 Lage

Ältere Dame (ungefähres Alter 80 Jahre) wird mit Rollator gegen 23 Uhr an der Verkehrskreuzung an der Kölnischen Straße in Kassel gesehen. Haare und Kleidung sind auffällig. Sie trägt Hausschuhe und Schlafanzugshose. Ein Passant hat sie angesprochen, wurde jedoch barsch von ihr zurückgewiesen. Dieser meldet den Vorfall der Polizei.

7.4 Schema

Zur selbstständigen Ergänzung: Polizeitaktische Ziele/Maßnahmen; Rechtliche Ziele/Maßnahmen.

Was? (Maßnahmen)	Wie? (Beziehungsgestaltung)
Vorbereitung Wer hat die Person als vermisst gemeldet? Gibt es Angehörige? War die Person schon mal als vermisst gemeldet? Was ist über Aussehen und Kleidung und möglichen Standort bekannt? Was wird vom sozialen Umfeld über das Ausmaß der Verwirrtheit berichtet? Vermisste Person im öffentlichen Raum: nach Vermisstenanzeigen suchen.	
Ziel und Maßnahmen Abwendung von akuter Gefahr für Leib und Leben und das Herstellen von Sicherheit durch Feststellen der Identität und das Verbringen ins Heim oder zu den Angehörigen. Stabilisieren der Person.	Ruhe und Vertrautheit (Bürgernähe) ausstrahlen. Nicht zu viel Nähe, da diese womöglich bedrohend wirkt. Respektvoller Umgang, beruhigende Ausstrahlung.
Einstiegsphase *Guten Tag, wir sind von der Polizei!* Namen nennen.	Genügend Distanz wahren, nicht konfrontativ aufstellen. Auf Hörfähigkeit achten.
Transparenz der Lage *Wir wurden gerufen, um Ihnen zu helfen. Sie werden schon gesucht oder vermisst. Ihre Tochter oder das Heim sucht nach Ihnen.* *Sie sind hier mitten auf der Straße alleine, wo kommen Sie her? Wo wollen Sie denn hin?* *Soll ich etwas lauter sprechen?*	Person beobachten auf Anzeichen von Verwirrtheit, Hör- und Sehfähigkeit. Wirkt die Person gestresst, aggressiv, verwirrt oder ruhig? Wie ist sie angezogen? Hat sie einen Rollator dabei?

Was? (Maßnahmen)	Wie? (Beziehungsgestaltung)
Maßnahmenphase *Sie können hier nicht alleine bleiben.* *Wir werden Sie jetzt in Sicherheit bringen. Wir sorgen jetzt dafür, dass Sie zurück nach Hause kommen. Wir sind jetzt da und passen erst mal auf Sie auf! Kommen Sie mit uns mit. Sie können uns vertrauen. Wir wissen, was wir tun.* *Wo kommen Sie her? Wo wohnen Sie? Wie ist denn Ihr Name? Können Sie uns Ihren Namen sagen?* *Wo leben/wohnen Sie? Wohnen Sie in der Nähe? Sind Sie den ganzen Weg gelaufen?* Diese Fragen sollten nicht alle auf einmal, sondern mit Ruhe und Geduld geklärt werden. Manchmal helfen Ablenkungen: *Sie haben eine schöne Jacke an. Aber es ist sehr kalt, frieren Sie nicht? Kommen Sie doch erst mal mit uns ins Warme. Sie haben doch bestimmt Durst nach dem langen Marsch, den Sie hinter sich haben. Sie sind aber sehr gut zu Fuß, alle Achtung. Aber jetzt brauchen Sie mal eine Pause, wir nehmen Sie erst mal mit zu uns, da können Sie sich aufwärmen.* *Ist Ihnen kalt, warm? Haben Sie Durst, Hunger? Brauchen Sie etwas?* *Bleiben Sie ruhig hier bei uns sitzen, bis Ihre Familie da ist. Es wird jetzt jemand kommen und Sie nach Hause bringen. Erzählen Sie uns was über Ihre Familie.* Solange die Person erzählt, einfach zuhören und für angenehme Atmosphäre sorgen. Wirkt die Person dehydriert? Muss ein Arzt hinzugezogen werden? Versuchen, mit der Person in ein Gespräch zu kommen und den Faden aufzunehmen, den die Person anbietet. *Frau Meier, machen Sie mal langsam. Ich komme gar nicht mit, so schnell sind Sie. Wo wollen Sie denn hin?* *Was macht Sie jetzt so böse oder ärgerlich? Was ist denn los, Frau Meier?* *Frau Meier, was können wir jetzt Gutes für Sie tun? Wir können über alles reden. Wir bekommen das zusammen hin. Wir sind hier, um Ihnen zu helfen, wir wollen Sie nicht ärgern!*	Ausstrahlen von Ruhe und Präsenz, ohne dabei Druck zu machen. Immer seitlich im Blickfeld bleiben, keine überraschenden Handlungen oder Bewegungen machen. Zeit haben. Kein Körperkontakt, nur wenn die Person dies zur Beruhigung braucht und zulässt (Hand oder Schulter). Zuhören, was die Person berichtet, um sich daraus ein Bild des Grades der Verwirrtheit zu machen: Häufig werden Orte angegeben, wo die Person eigentlich hinwollte, und was sie angetrieben hat, loszugehen. Einzelne wichtig scheinende Begriffe aufnehmen und nachfragen. Versuchen Sie der Spur des Gegenübers zu folgen und Informationen daraus zu ziehen. Falls die Person aggressiv wird und sich sträubt und losläuft: Laufen Sie erst mal nebenher und sprechen Sie beruhigend auf die Person ein, stellen Sie dann beruhigenden Körperkontakt her. Bleiben Sie mit der Person stehen und bringen Sie sie behutsam zur Ruhe. Falls der Name bekannt ist: häufiges Ansprechen mit Namen, eventuell auch mit Vornamen und „Sie".

Was? (Maßnahmen)	Wie? (Beziehungsgestaltung)
Abschlussphase Übergabe an den Rettungswagen oder an Angehörige. Hierbei kann es wieder zu Eskalationen kommen. Deswegen sollte hier nochmals auf die Sicherheit für die Betroffenen hingewiesen werden. *Sie kommen jetzt nach Hause. Es passiert Ihnen nichts. Sie brauchen sich nicht zu fürchten. Alle passen gut auf Sie auf! Sie sind in guten Händen jetzt!* *Sie haben das gut gemeistert. Das haben Sie gut gemacht und jetzt kommen Sie sicher nach Hause! Alle warten schon auf Sie!* *Wir verabschieden uns jetzt von Ihnen, alles Gute!*	Die Aktion mit Ruhe und professioneller Gelassenheit begleiten. Zuversicht ausstrahlen.
Nachbereitung (wie in Abbildung 41 beschrieben)	Konstruktive Kritik und unterstützend arbeiten.

8 Professionelle polizeiliche Gesprächsführung mit Personen mit Anzeichen einer antisozialen oder dissozialen Persönlichkeitsstörung

Die Ziele, Kompetenzen und Gefahren für die Gesprächsführung entsprechen der Gesprächsführung mit aggressiven und gewaltbereiten Personen. Die antisoziale oder dissoziale Persönlichkeitsstörung ist schwer zu diagnostizieren. Sie wird hier aufgeführt, um die notwendigen methodischen Kompetenzen für dieses Störungsbild vorzustellen.

Menschen mit Persönlichkeitsstörungen weisen veränderte Verhaltens- und Erlebensweisen auf, die schon in der späten Kindheit beginnen, tief verwurzelt und anhaltend sind. Diese führen zu starken Abweichungen hinsichtlich der kognitiven und emotionalen Erlebensweisen sowie zu Einschränkungen bei der Gestaltung sozialer Beziehungen. Laut ICD-10 werden die Persönlichkeitsstörungen unter der Kategorie F60 aufgeführt. Es werden dabei drei Hauptgruppen unterschieden.

Gruppe A beinhaltet die sonderbaren und exotischen Persönlichkeitsstörungen. Gruppe B umschreibt die dramatischen, emotionalen und launischen Persönlichkeitsstörungen und Gruppe C umfasst die ängstlichen und furchtsamen Persönlichkeitsstörungen.[224] Für die polizeiliche Tätigkeit relevant ist vorwiegend die dissoziale Persönlichkeitsstörung. Im DSM-5 der American Psychiatric Association (APA) wird sie auch die antisoziale Persönlichkeitsstörung genannt. Es lassen sich sechs Kriterien aufzeigen, die für eine Diagnose einer Persönlichkeitsstörung vorliegen müssen.[225]

Im ersten Kriterium wird die Stärke der Abweichung in vier Bereichen abgebildet, und zwar im Bereich der Kognition, der Affektivität, der Impulskontrolle und der Bedürfnisbefriedigung. Als weiterer Bereich wird die Art und Weise der Beziehungsgestaltung mit anderen Menschen erfasst. Abschließend werden die Folgen, die Ausprägung und der Ursprung der Abweichungen untersucht.

Eine Persönlichkeitsstörung führt in der Regel zu einem Verhalten, das unflexibel und unangepasst ist und das sich in vielen persönlichen und sozialen Situationen als nicht zweckmäßig erweist. Teilweise entwickelt sich bei den Betroffenen dadurch ein Leidensdruck, häufig besteht dieser jedoch beim sozialen Umfeld, das durch das Verhalten der Persönlichkeitsgestörten nachteilig beeinflusst wird. Die erfassten Abweichungen bestehen schon seit der späten Kindheit oder der Jugend und haben sich dadurch verfestigt. Organische Schädigungen oder andere psychische Erkrankungen im Erwachsenenleben sind als Ursache ausgeschlossen. Deswegen werden die Erlebens- und Verhaltensformen als ich-synton, als zur Person gehörend, wahrgenommen.

Für den polizeilichen Alltag ist die dissoziale (antisoziale) Persönlichkeitsstörung (F60.2) am relevantesten. Personen mit diesem Störungsbild fallen schon früh durch stark unangepasstes Verhalten in Schule oder Ausbildung auf, was dann zum Abbruch der schulischen oder beruflichen Laufbahn führen kann. Meist handelt es sich um männliche Personen. Die Auffälligkeiten äußern sich in einer starken und andauernden Reizbarkeit. Sie stören den Unterricht, zetteln Schlägereien an oder widersetzen sich Lehrkräften. Auch häufiges Ausreißen

224 Vgl. Linden/Hautzinger (2015), S. 547.

225 Vgl. Dilling/Freyberger (2015), S. 234 f.

von zu Hause kommt vor. Diese Verhaltensweisen verfestigen sich bis ins Erwachsenenalter zu einem chronisch antisozialen Verhaltensstil unter Missachtung und Verletzung der Rechte anderer, auch nahestehender Personen. Der Verstoß gegen gesellschaftliche Normen sowie die Vorliebe für einen risikoreichen Verhaltensstil führen gehäuft zu kriminellen Handlungen. In Heimen, Gefängnissen und forensischen Psychiatrien wird der Anteil an Personen mit dissozialen Persönlichkeitsstörungen auf 50 bis 90 % geschätzt.[226] Auch im hessischen Programm für jugendliche Mehrfach- und Wiederholungstäter, dem Basu 21, ist ein hoher Anteil an jungen Männern mit einem dissozialen Störungsbild zu vermuten. In Deutschland erfüllen zwischen 0,2 und 3 % der Menschen die Voraussetzungen für die Diagnose dissoziale Persönlichkeitsstörung oder eine Vorstufe wie dem antisozialen Persönlichkeitsstil. Männer sind mindestens dreimal häufiger von der Diagnose betroffen.

Auch die Verantwortung für eigene Handlungen wird auf andere abgeschoben. Sich selbst stellen die Betroffenen gerne als die eigentlichen Opfer dar. Die Frustrationstoleranz ist häufig gering und damit sinkt auch die Hemmschwelle für Aggression und Gewalt.

Therapeutisch wird versucht, die destruktiven Verhaltensweisen zu minimieren und den Aufbau von Selbstkontrolle und von sozialen Kompetenzen zu schulen. Eine Persönlichkeitsveränderung durch therapeutische Verfahren ist kaum möglich und wird von den Betroffenen selbst häufig abgelehnt.

8.1 Anzeichen im polizeilichen Umgang

Selten ist eine Veränderung der Persönlichkeit durch soziale oder staatliche Sanktionen zu erreichen, damit wird die Chance auf Resozialisierung sehr gering eingeschätzt. Eher wird die Zuwendung zu subkulturellen Verhaltensstilen durch Gefängnisse oder Heimaufenthalte verstärkt, insbesondere bei Alkohol- oder Drogenabhängigkeit.[227] Die sozialen Fähigkeiten der Empathie für andere sind nur gering bis gar nicht ausgeprägt, Reue oder Schuldbewusstsein existieren nicht. Die Betroffenen sind nicht in der Lage, Beziehungen zu anderen aufrechtzuerhalten. Ihnen fehlt das Verantwortungsgefühl anderen Menschen gegenüber, selbst zu engen Familienmitgliedern.

- Die Personen verfügen über mehrere Einträge im Strafregister wegen Widerstand, Körperverletzung, Besitz von unerlaubten Waffen.
- Sie zeigen ein provozierendes Verhalten, keine Bereitschaft zu Kooperation, sie versuchen, Macht und Druck gegenüber der Polizei aufzubauen. Eine rationale Gesprächsführung ist kaum möglich, da sie andere Personen gerne in unsinnige und destruktive Dialoge verwickeln und versuchen, die Polizei sprachlich zu verunsichern oder zu provozieren. Sie setzen auch Beleidigungen und Drohungen ein.
- Sie zeigen eine selbstbewusste Körperhaltung. Blick und Gestik sowie die Stimme werden benutzt, um Macht aufzubauen. Die Distanz wird schnell verringert.

226 Vgl. Müller/Köhler/Hinrichs (2005), S. 124.

227 Vgl. Müller/Köhler/Hinrichs (2005), S. 129 f.

- Diese Personen haben auch keine Skrupel, sich mit Gewalt oder Waffen zur Wehr zu setzen, wenn sie sich bedrängt fühlen. Es besteht jederzeit ein erhöhtes Gewaltrisiko. Häufig haben sich die Betroffenen über viele Jahre ein gewaltsames Verhaltensmuster antrainiert, das sie routinemäßig abspulen. Auch die Handhabung mit verschiedenen Waffen wird trainiert und kann jederzeit abgerufen werden.

Im polizeilichen Umgang mit den Betroffenen ist stets auf eine optimale Positionierung und Distanz zu achten. Hier muss mit größter professioneller Distanz gearbeitet werden, d. h., ein einfühlsames, empathisches Zuwenden macht wenig Sinn, da nicht mit kooperierenden Reaktionen zu rechnen ist. Die Grenzen des Entgegenkommens sollten eng gesteckt sein. Auch hier gilt der Grundsatz der deeskalierenden Gesprächsführung, die jede Provokation oder Unklarheit vermeiden soll. Das polizeiliche Auftreten sollte Dominanz ausdrücken und deutlich machen, dass jede Androhung auch zügig umgesetzt wird. Hierbei helfen klare und kurze Aufforderungen mit transparenter Androhung von Konsequenzen und Sanktionen bei Nichtbefolgung.[228] Wichtig ist es, die polizeilichen Ziele nicht aus den Augen zu verlieren, da die Betroffenen gerne durch viele Dialoge und Provokationen versuchen, die Führung im Gespräch zu übernehmen. Rechtfertigungen der polizeilichen Handlungsweisen sind nicht angebracht, sie dienen meist nur der Provokation. Wichtig ist es, sich nicht emotionalisieren und sich nicht in die aggressive Verstrickung hineinziehen zu lassen. Damit hätte das Gegenüber sein Ziel erreicht und kann später der Polizei ein provozierendes und unprofessionelles Verhalten vorwerfen.

Zu Beginn der Maßnahme sollte mit Ruhe und Aufmerksamkeit ein genaues Bild der Lage hergestellt werden. Eine gute Einschätzung der Gefahrenprognose durch Verhaltensbeobachtung und Beobachtung der Umgebung soll helfen, die Gefahren für Leib und Leben der Einsatzkräfte und anderer Menschen in der Nähe zu minimieren.

Aufforderungen und Maßnahmen sollen nicht übereifrig und zu schnell eingefordert werden. Dies verschärft meist nur den Widerstand und kann sich als unvorteilhaft erweisen, solange die Polizei sich noch keinen guten Überblick über die Lage, den Raum, beteiligte Personen oder besondere Gefahren gemacht hat. Die betroffenen Personen nutzen gerne jede Möglichkeit der Eskalation, da sie sich bei Aggression und Gewaltausbrüchen in komplexen und stressigen Lagen am sichersten fühlen. Zunächst sollte Ruhe in die Situation gebracht werden, um jede unnötige Eskalation zu vermeiden und die nötige polizeiliche Dominanz herzustellen.

Mit der Aufforderung zur Kooperation und dem Einsatz von konstruktivem Druck sollen alle geplanten Maßnahmen zügig durchgeführt werden.

228 Vgl. Hahn (2016), S. 15.

8.2 Ziele, Maßnahmen, Kompetenzen, Haltungen

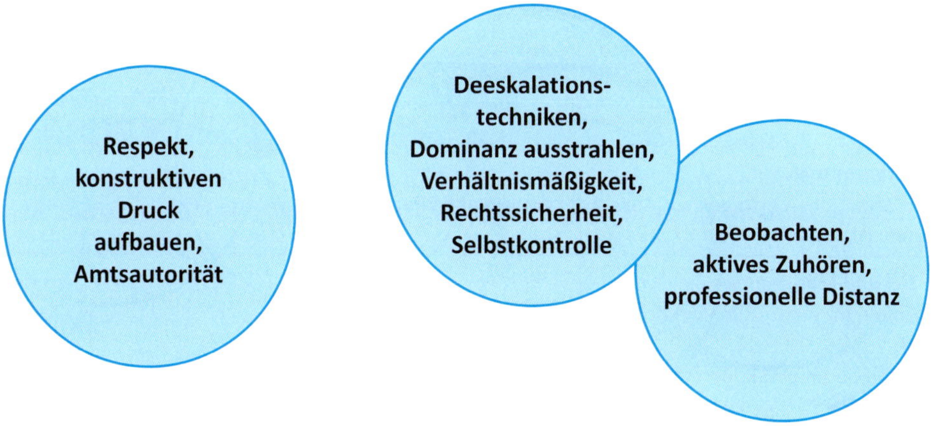

Respekt, konstruktiven Druck aufbauen, Amtsautorität

Deeskalations-techniken, Dominanz ausstrahlen, Verhältnismäßigkeit, Rechtssicherheit, Selbstkontrolle

Beobachten, aktives Zuhören, professionelle Distanz

8.3 Lage

Die Gaststätte „Zum Ochsen" in Kassel ruft die Polizei um Hilfe, da ein Besucher sich weigert, die Gaststätte zu verlassen. Er hatte im Vorfeld andere Besucher aggressiv beschimpft und beleidigt und eine körperliche Auseinandersetzung mit einem anderen Gast angefangen. Er steht unter Alkohol und der Gastwirt sieht sich und die Besucher der Gaststätte in einer akuten Gefahr. Es sind nur noch zwei weitere Personen anwesend.

Die Person ist männlich, ungefähr Mitte vierzig und alkoholisiert. Beim Eintreffen der Polizei fühlt sich die Person bedroht und reagiert aggressiv.

8.4 Schema

Zur selbstständigen Ergänzung: Polizeitaktische Ziele/Maßnahmen; Rechtliche Ziele/Maßnahmen.

Was? (Maßnahmen)	Wie? (Beziehungsgestaltung)
Vorbereitung Informationen erfragen zur Anzahl der anwesenden Personen. Ist der Gast bekannt?	
Ziel und Maßnahmen Dominanz ausstrahlen in Körperhaltung, Stimme und Position. Stabilisieren und konkrete Weisungen erteilen. Sicherheit für alle Personen erhöhen. Die Person soll aufgefordert werden, ihr aggressives Verhalten zu unterlassen und den Ort zu verlassen. Maßnahmen aufzeigen, die die Polizei ergreifen wird, wenn die Person sich widersetzt und an diesem Ort wieder auftaucht. Ziel ist es, den Druck so zu erhöhen, dass der Betroffene sich genötigt sieht, allen polizeilichen Maßnahmen nachzukommen.	
Einstiegsphase *Guten Abend, Polizei!* *Was ist denn hier los? Sie haben andere bedroht und randaliert?*	Professionelle Distanz ausdrücken. Freundliches, aber bestimmtes Auftreten zeigen. Wo ist die sicherste und für die Lage beste Positionierung im Raum? Anzeichen bei Person beobachten: Sitzt oder steht sie? Am besten zum Sitzen bringen oder im Sitzen halten. Wirkt Person aufgebracht und gestresst? Aggressive Merkmale im nonverbalen Verhalten erkennbar?

Was? (Maßnahmen)	Wie? (Beziehungsgestaltung)
Transparenz der Lage *Wir wurden gerufen, da Sie sich weigern, den Raum hier zu verlassen.* *Was ist passiert?*	Zugewandt sein, aber Distanz wahren und keine unnötige Nähe zulassen. Beobachten und zuhören. Keine Fragen nach Schuld zulassen: Warum haben Sie dies oder jenes getan? Nicht auf Rechtfertigungen der Person eingehen.
Maßnahmenphase Andere Personen auffordern, ruhig sitzen zu bleiben oder sich umzusetzen. Sicherheit herstellen. *Bleiben Sie ganz ruhig sitzen! Sie bleiben da sitzen und legen die Hände auf den Tisch, damit ich sie sehen kann!* *Sie haben hier andere gefährdet. Gegen Sie wird ermittelt. Was ist denn passiert? Weshalb sind Sie so am Toben? Was ist los?* *Wir müssen Sie jetzt auffordern, mit uns nach draußen zu kommen.* Oder: *mit zur Dienststelle zu kommen.* *Gar nix mache ich! Was soll das denn, habt Ihr nix anderes zu tun heute Abend? Ist sonst nichts los? Ich kann hier sitzen, solange ich will!* *Ich fordere Sie jetzt noch einmal auf, mit nach draußen zu kommen! Falls Sie dem nicht Folge leisten, werden wir das unter körperlichem Zwang durchsetzen! Wir können auch in Ruhe gemeinsam hier rausgehen und in Ruhe die Sachlage klären!* *Sie stehen jetzt auf und kommen mit!* *Ich habe gar nichts gemacht! Der Wirt hat mich beleidigt, das lass ich mir nicht gefallen! Ich mache nur, was ich will. Ich lasse mir von Ihnen nichts sagen! Scheiß Bullen!* *Jetzt spreche ich und Sie hören zu. Nein, wir werden nicht weiter diskutieren. Seien Sie kooperativ, machen Sie, was wir sagen. Sie machen jetzt nur, was wir Ihnen sagen.*	Sich so positionieren, damit Betroffener isoliert ist und keinen Sichtkontakt mit anderen Anwesenden halten kann. Erzählen lassen und zuhören, zur Beruhigung auffordern. Sich auf keinen Fall in die Rechtfertigungen des Betroffenen verwickeln lassen. Schuld sind immer die Anderen. Zuhören und beobachten, insbesondere die Neigung zu aggressivem Verhalten, aber keine Rechtfertigungen einbringen. Keine Diskussionen über Maßnahmen zulassen. Aufforderungen deutlich machen. Eindeutige Grenzen ziehen und durchsetzen. Polizeiliche Dominanz zeigen. Stimme einsetzen. Respekt einfordern.

Was? (Maßnahmen)	Wie? (Beziehungsgestaltung)
Maßnahmenphase (Fortsetzung) *Ich kann Ihre Wut, Ihren Ärger verstehen, aber ich will nicht beschimpft werden.* Oder: *XY will nicht beschimpft werden. In dem Ton wird jetzt nicht weitergeredet. Ich lasse mir diese Beschimpfungen nicht weiter gefallen.* *Es bringt jetzt nichts mehr, weiterzureden, wir werden die Maßnahme jetzt durchsetzen.* *Seien Sie vernünftig und kommen Sie jetzt einfach mit.* *Wenn Sie jetzt friedlich sind, verzichten wir auf folgende Maßnahmen.* *Wenn Sie freiwillig mitkommen, sind wir auch schnell fertig.* Oder: *Durchführen der Zwangsmaßnahmen.*	Konkrete Maßnahmen androhen, die verhältnismäßig zu rechtfertigen sind. Diese dann zügig umsetzen. Zeigt die Person Anzeichen einzuwilligen wie: Körperspannung lässt nach, Schultern fallen nach vorne, Kopf neigt sich nach rechts, Stimme wird ruhiger, dann: Angebote für kooperatives Verhalten machen. Siehe Ausführungen zur deeskalierenden Gesprächsführung.
Abschlussphase *Wir gehen jetzt alle zusammen ganz friedlich nach draußen.* *Sie bleiben ruhig. Seien Sie friedlich, seien Sie kooperativ.*	Druck auf Gegenüber aufrechthalten.
Nachbereitung (wie in Abbildung 41 beschrieben)	Konstruktive Kritik und unterstützend arbeiten.

9 Professionelle polizeiliche Gesprächsführung mit einem suchterkrankten Kollegen

Alkoholprobleme stellen eine große Gefahr für die polizeiliche Dienstgestaltung dar. Nicht nur die Lebensführung und das dienstliche Verantwortungsgefühl ändern sich. Die Kolleginnen und Kollegen und das soziale Umfeld fühlen sich häufig ohnmächtig angesichts der Suchtproblematik. Die Alkoholabhängigkeit ist nach der Nikotinsucht die am häufigsten verbreitete Suchterkrankung. Drogen und Suchtmittel verursachen in Deutschland erhebliche gesundheitliche, soziale und volkswirtschaftliche Probleme: Laut dem Bundesministerium für Gesundheit (2019) zeigen repräsentative Studien (insbesondere Epidemiologischer Suchtsurvey 2018),[229] dass 12 Millionen Menschen rauchen, 1,6 Millionen Menschen sind alkoholabhängig und Schätzungen legen nahe, dass 2,3 Millionen Menschen von Medikamenten abhängig sind. Rund 600.000 Menschen weisen einen problematischen Konsum von Cannabis und anderen illegalen Drogen auf.

229 Vgl. https://www.Bundesgesundheitsministerium/themen/praevention/gesundheitsgefahren/sucht-und-drogen.html.

30 % der Aufnahmen in psychiatrischen Kliniken finden wegen Alkoholabhängigkeit statt und in Allgemeinkrankenhäusern und Hausarztpraxen ist jeder 10. Patient alkoholabhängig.[230]

Der Weg zu einem Abhängigkeitssyndrom verläuft in Phasen, wobei zunächst ein vermehrter Missbrauch des Alkohols auftritt. Damit wird ein vermehrter und von der Norm abweichender Konsum zu unpassenden Zeiten oder bei unpassenden Gelegenheiten beschrieben. In einer nächsten Stufe wird Alkohol immer wichtiger. Die Gedanken kreisen fast nur noch um das Thema des Trinkens. Betroffene horten Alkohol an verschiedenen Stellen und versuchen, die eigenen Trinkgewohnheiten vor Freunden, Familie und Kollegen zu verheimlichen. Mit der Zeit verlieren sie die Kontrolle über die Häufigkeit und den Zeitpunkt des Trinkens. Der fortschreitende Kontrollverlust zwingt Betroffene immer wieder, zur Flasche zu greifen, egal zu welcher Tageszeit. Andere Pflichten, Interessen und soziale Kontakte werden wegen des Alkoholkonsums vernachlässigt. Es treten Entzugserscheinungen auf, sobald weniger Alkohol als sonst getrunken wird. Schließlich beherrscht die Alkoholabhängigkeit weitgehend den Tagesablauf und das Verhalten der Betroffenen. Es kommt zu körperlichen und psychischen Abbauprozessen, die geistigen Fähigkeiten wie Kritik- und Urteilsfähigkeit lassen nach. Es entstehen vermehrt Konflikte mit Familie und Kollegen. Die Arbeitsfähigkeit im Dienst ist eingeschränkt. Wenn der schädliche und gewohnheitsmäßige Gebrauch von zu großen Mengen an Alkohol zu erkennen ist, dann zeigen sich in der Regel auch schon verschiedene Gesundheitsschädigungen. Der gewohnheitsmäßige Gebrauch von zu viel Alkohol führt schleichend in die Abhängigkeit.

Das Abhängigkeitssyndrom umfasst acht Merkmale, wobei drei für eine Diagnose ausreichen:

- Der starke Wunsch oder Zwang, Substanzen oder Alkohol zu konsumieren.
- Eine verminderte Kontrollfähigkeit hinsichtlich des Konsums.
- Körperliche Entzugserscheinungen.
- Die Abhängigkeit von Substanzen, um die Symptome zu mildern.
- Der fortgesetzte Konsum trotz eindeutig schädigender Folgen.
- Dabei werden die Regeln des gesellschaftlichen Konsums außer Acht gelassen.
- Die stete Steigerung der Dosis.
- Folgeerkrankungen.[231]

Bei Nichtbehandlung besteht eine große Gefahr für eine frühe Sterblichkeit, da die Folgeerkrankungen erheblich sind. Die Erkrankung erfordert eine lebenslange Abstinenz.

Das Trinkverhalten kann recht unterschiedlich ausfallen. So trinkt der eine bei Stress, der andere bei sozialen Anlässen und in Gemeinschaft. Manche trinken kontinuierlich von morgens bis abends, trinken auch heimlich. Andere haben längere Trinkphasen mit abstinenten Pausen dazwischen.

230 Vgl. Bandelow/Gruber/Falkai (2008), S. 35.

231 Vgl. Bandelow/Gruber/Falkai (2008), S. 30.

9.1 Anzeichen im polizeilichen Umgang

Der Geruch, die sogenannte Alkoholfahne, ist ein Anzeichen für Alkoholkonsum. Sie kann teilweise durch Lutschbonbons überdeckt werden. Der ständige Gebrauch von solchen Bonbons kann ein Hinweis sein, aber auch eine häufige depressive Grundstimmung oder ein ständiger Wechsel in der Stimmung, je nach Höhe des Alkoholspiegels. Der Wechsel zwischen Unterwürfigkeit und Distanzlosigkeit, Reizbarkeit oder Aggressivität[232] könnte ein weiteres Anzeichen sein. Auch Probleme beim Sprechen, Gehen oder im Handlungsablauf sind Anzeichen für Trunkenheit. Verminderte Konzentrationsfähigkeit, Gedächtnislücken, geringere Leistungsfähigkeit bei der Arbeit können auftreten. Als körperliche Merkmale gelten ein schwammiges und aufgedunsenes Gesicht mit Neigung zu Hautveränderungen, die beginnende Trinkernase (Rhinophym) oder das deutliche Zittern und die Unruhe, die durch Alkoholkonsum zu stoppen sind, oder auch das morgendliche Zittern, das im Laufe des Tages verschwindet. Meistens treten nach einer gewissen Zeit mehrere Kennzeichen auf, die sich im Laufe der Zeit verschärfen. Alkohol ist ein Zellgift, das schon in kleinen Mengen die Zellen und Organe des Körpers schädigen kann, wie z. B. die Leber oder das Nervensystem.

Die Alkoholprobleme werden von den Betroffenen in der Regel bagatellisiert. Häufig werden Interessen vernachlässigt und es kommt zu vermehrten Konflikten in der Familie und mit dem sozialen Umfeld. Das Suchtproblem hat auch für das soziale Umfeld erhebliche nachteilige Folgen. Rausch und Entzug wechseln sich ab und die Versprechungen, nicht mehr zu konsumieren, zermürben irgendwann die Angehörigen.

Häufig haben sich die betroffenen Kolleginnen und Kollegen schon mehrmals über die zu beobachtende Problematik ausgetauscht und sind sich nicht einig, ob und wie das Problem anzusprechen ist. Suchtprobleme wirken auf das soziale Umfeld meist frustrierend und bergen ein großes Konfliktpotenzial.

Gefährlich ist die sogenannte Co-Abhängigkeit, auch Co-Alkoholismus genannt. Hiermit wird die Mit-Abhängigkeit des sozialen Umfeldes, meistens der Familie, aber auch von engen Kollegen, umschrieben. Es bezeichnet die Mitwirkung des sozialen Umfeldes an der Erkrankung des Alkoholabhängigen. Die Abhängigkeit des Umfeldes vom Alkoholabhängigen führt dazu, dass dieser in seinen krankhaften Verhaltens- und Erlebensweisen unterstützt wird, statt ihm bei einer Loslösung aus den Suchtstrukturen zu helfen. Meist werden Menschen krank unter der Mitwirkung eines ganz spezifischen Umfeldes. Die Alkoholabhängigen und die Co-Abhängigen sind Komplizen, sie bedingen sich und passen wie der Schlüssel zum Schloss. Sie brauchen sich gegenseitig und beschleunigen so den Prozess der Abhängigkeit. Die Co-Abhängigen leiden unter den Alkoholproblemen der Betroffen. Entweder trinken sie mit oder sie rechtfertigen und unterstützen die Betroffenen und schirmen sie von der Aufdeckung durch das Umfeld ab. Beide sind gleichermaßen gestört und tun alles, damit ihr System weiterbestehen kann, auch auf die Gefahr hin, dass beide den sozialen Rückhalt verlieren.

Im Polizeidienst sind der Konsum und die Abhängigkeit von Alkohol mit erheblichen Gefahren verbunden. Die Polizei ist Waffenträger und die Vertretung der Staatsmacht, sie ist Garant für Sicherheit und Ordnung. Die Alkoholabhängigkeit führt zu erheblichen Sicherheitsrisiken für die Betroffenen, die Kollegen und die Bürgerinnen und Bürger. Eine solche Suchterkrankung

232 Vgl. Bandelow/Gruber/Falkai (2008), S. 32.

kann von den Kollegen nicht gedeckt werden, ohne sich selbst und Außenstehende in Gefahr zu bringen.

Bei einem ersten kollegialen Gespräch mit einem betroffenen Kollegen handelt es sich um ein Konfliktgespräch, das zeitlich nicht länger als maximal 15 Minuten dauern sollte.

Konflikte werden in der Regel von erheblichen Emotionen und Abwehrmaßnahmen begleitet. Diese tendieren dazu, sich im Laufe eines Gespräches auszuweiten und damit die Trennung zwischen den Gesprächspartnern zu vergrößern. Je kürzer konflikthafte Gespräche geführt werden, umso größer ist die Bereitschaft zu einem ruhigen Gespräch und für eine Gesprächssituation, die es dem betroffenen Kollegen erlaubt, ohne Gesichtsverlust und Kränkungen aus der Gesprächssituation zu gehen. Auch ist die emotionale Belastung für die Kollegen, die das Gespräch führen, geringer. Damit erhöht sich die Chance, die Selbstkontrolle zu bewahren. Eine Gesprächsdauer von einer Viertelstunde ist ein guter Rahmen, der nur unter besonderen Umständen ausgeweitet werden sollte.

Die angemessene Zielplanung ist bei einem solchen konflikthaften Gespräch von großer Bedeutung, denn aufgrund der möglichen starken Emotionen im Gespräch können die Ziele schnell aus den Augen verloren werden.

Die Idee, als Ziel eines ersten Gespräches sollte schon die Einsicht des Betroffenen stehen, dass dieser seine Abhängigkeit eingesteht und das Versprechen abgibt, Abhilfe zu schaffen, ist unrealistisch. Sie führt dann im Gespräch zu Enttäuschungen auf beiden Seiten.

Menschen, die anderen Menschen Schwierigkeiten bereiten, werden gerne in eine Situation gedrängt, ihre Schuld an den Problemen zu offenbaren und ihr Versagen einzugestehen. Nur sind solche Strategien denkbar schlechte Voraussetzungen für die angestrebte Veränderung. Sie führen eher zum Gegenteil, zu Reaktanz, zu Rechtfertigungen und zu Bagatellisierungen sowie dem Abbruch des Gesprächs.

Als erstes Ziel sollten die problematischen Verhaltensweisen im Dienstalltag angesprochen werden. Diese sollen in einen Zusammenhang mit einem problematischen Alkoholkonsum gestellt werden. Es ist nicht gerechtfertigt, den Kollegen im Gespräch als Alkoholiker zu bezeichnen und seine Trinkgewohnheiten zu diskutieren. Dies sind Themen, die in einem ärztlichen oder einem psychologischen Gespräch aufgegriffen werden sollten. In einem kollegialen Gespräch sollte es um die problematischen Verhaltensweisen aus dem Dienstgeschehen gehen. Diese aufzudecken und in den Zusammenhang mit einem auffälligen Alkoholkonsum zu stellen ist der erste Schritt aus der Co-Abhängigkeit. Für den Betroffenen bedeutet es, dass die anderen Kollegen seine Probleme sehen und öffentlich machen.

Als Nächstes sollten Konsequenzen und mögliche Sanktionen angesprochen werden, aber auf eine Art, die es den Betroffenen erlaubt, trotz erheblicher Probleme ihre Würde zu bewahren. Dies kann erreicht werden, indem die Probleme nicht gewertet und mit einem Hilfsangebot verbunden werden. Es muss deutlich werden, dass die Sorge um den Betroffenen im Vordergrund steht, auch wenn die Probleme für den Dienst erheblich sind. Daneben muss auch die Sorge um die Pflichten im Dienst und seine Verantwortlichkeit für das polizeiliche Handeln und das Team angesprochen werden. Ähnlich wie bei der Deeskalation sollen hier ein konstruktiver Druck und eine Erwartungshaltung aufgebaut werden, indem die problematischen Verhaltensweisen, ihre Konsequenzen und mögliche Sanktionen dargestellt werden, verbunden mit angemessenen Hilfsangeboten, auf die wiederholt hingewiesen werden muss. Der Druck kann nur erhöht werden, wenn dem Betroffenen deutlich wird, dass die Kolleginnen und Kollegen nicht mehr bereit sind, so weiterzumachen wie bisher. Sie müssen ihre Solidarität mit der Abhängigkeit vom Alkohol aufkündigen, sie bleiben aber wohlwollende Kolleginnen und Kollegen mit der Person, die sie gerne dabei unterstützen, ihre Probleme in den Griff zu bekommen. Es müssen konkrete Konsequenzen aufgezeigt werden und mögliche dienstliche Sanktionen, die drohen, falls sich keine Änderung einstellt.

Es kann sein, dass ein erstes Gespräch damit endet, dass der betroffene Kollege über die neue und offengelegte Wahrnehmung der Kollegen erst einmal nachdenken muss. Oder es kann auch dazu kommen, dass schon in einem ersten Gespräch ein Zugeständnis hinsichtlich eines Beratungsbedarfs gemacht wird. Auf alle Fälle hat am Ende eine konkrete Vereinbarung zu stehen. Diese könnte im ersten Fall lauten, dass für die kommende Woche zu einem festgesetzten Termin ein zweites Gespräch angesetzt wird, um den weiteren Verlauf zu planen. Im zweiten Fall kann eine Frist eingeräumt werden, in der ein erstes Beratungsgespräch stattfinden sollte. Die Kollegen können ihre Mithilfe dabei anbieten.

Ein erstes Gespräch könnte auch enden mit der Konsequenz, dass die Kolleginnen und Kollegen einräumen, dass sie die Probleme mit dem Vorgesetzten besprechen werden, je nach der Komplexität der dienstlichen und privaten Probleme und der vermuteten Abhängigkeit des Betroffenen.

Das Gespräch sollte zu zweit geführt werden. Mehr als zwei Kollegen führen leicht zu einer zu großen Dominanz, was eher den Widerstand erhöhen wird. Ein Kollege alleine hat später keine Zeugen und auch keine Unterstützung, falls der Betroffene alles widerruft, was angesprochen wurde.

9.2 Ziele, Maßnahmen, Kompetenzen, Haltungen

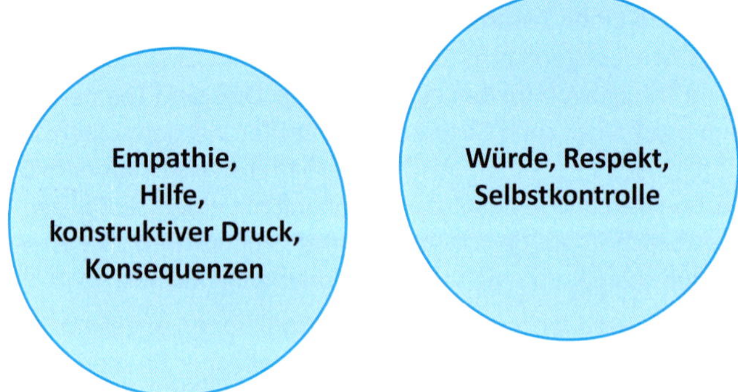

9.3 Schema

Zur selbstständigen Ergänzung: Dienstrechtliche Maßnahmen.

Was? (Maßnahmen)	Wie? (Beziehungsgestaltung)
Vorbereitung Gestaltung eines dienstlichen Raumes mit vertrauter Atmosphäre, in dem man während des Gesprächs nicht gestört wird. Das Gespräch sollte am besten nach Dienstende geführt werden und bis 15 Minuten dauern. Die Sitzpositionen sollten nicht konfrontativ gestaltet werden, sodass auf der einen Seite die sprechenden Beamten sitzen und auf der anderen Seite der betroffene Kollege. Besser ist eine leicht schräge und versetzte Sitzposition, die genügend Platz lässt und bei der alle Kollegen guten Blickkontakt untereinander herstellen können. Festlegen, wer aktiv das Gespräch führt und wer unterstützend oder sichernd das Gespräch begleitet. Der aktive Kollege muss im besten Sichtfeld des betroffenen Kollegen sitzen. Der unterstützende Kollege beobachtet und greift ein, wenn notwendig. Das Gespräch sollte so kurz wie möglich und nur so lange wie unbedingt notwendig gehalten werden.	
Ziel und Maßnahmen Sicht der Dinge offenlegen und die problematischen Verhaltensweisen im Dienst ansprechen. Mit Alkoholkonsum in Verbringung bringen. Wir-Form benutzen, um deutlich zu machen, dass mehrere Kollegen dieser Meinung sind, Team nicht spalten lassen. Gefahren für das professionelle Arbeiten im Dienst hervorheben. Hilfe und Unterstützung anbieten, Sorge um den Kollegen ausdrücken und die Hoffnung, dass gemeinsam wieder zu einem professionell arbeitenden und vertrauensvollen Team gefunden wird. Konstruktiven Druck aufbauen und Maßnahmen sowie dienstliche Sanktionen deutlich machen, die drohen, falls keine Veränderung des Verhaltens eintritt. Konkrete nächste Schritte mit Betroffenem vereinbaren.	Respektvolles und zugewandtes Auftreten. Die Beziehungsebene soll einerseits formal und damit dienstlich, als Teil der Institution Polizei, gestaltet werden und andererseits als Kollegen und Teampartner. Wertschätzung dem Gegenüber zeigen, Gesichtsverlust ist zu vermeiden. Zwischen Empathie und konstruktivem Druck wechseln.

Was? (Maßnahmen)	Wie? (Beziehungsgestaltung)
Einstiegsphase *Wir müssen mit dir etwas besprechen. Hast du mal 10 Minuten Zeit für uns?* *Wir wollen als Kollegen was mit dir besprechen. Und zwar als gute Kollegen, die ehrlich miteinander umgehen.* *Als kompetente Kollegen, die sich immer aufeinander verlassen können, müssen wir was mit dir besprechen.* *Als gute Kollegen, die schon seit langer Zeit gemeinsam einen Dienst miteinander versehen haben, ist uns in letzter Zeit an deinem Verhalten etwas aufgefallen.* *Wir machen uns in letzter Zeit Sorgen um dein Verhalten. Uns sind als Kollegen in letzter Zeit Veränderungen bei dir aufgefallen.*	Empathischer Einstieg als Kollegen, um eine vertrauensvolle Basis zu schaffen, in der später die konflikthaften Themen angesprochen werden können.
Transparenz der Lage *Wir sind immer gute Kollegen gewesen, aber wir sind ja auch Polizeibeamte und damit Waffenträger und Teil einer wichtigen Behörde mit großer Außenwirkung. Und da ist uns aufgefallen, dass dein Verhalten in letzter Zeit oft nicht angepasst war und wir bringen das mit Alkohol in Verbindung.* *Was wir jetzt ansprechen wollen, soll erst mal unter uns als Kollegen bleiben. Wir machen das als Freunde, zur gegenseitigen Unterstützung, und nicht, weil wir dich loswerden wollen. Aber wir machen uns auch Sorgen als Polizeibeamte.*	

Was? (Maßnahmen)	Wie? (Beziehungsgestaltung)
Maßnahmenphase *Uns sind verschiedene konkrete Vorfälle in Erinnerung, die wir dir noch mal darstellen wollen.* (Hier: Verschiedene konkrete problematische Verhaltensweisen schildern und mit Alkohol in Verbindung bringen.) *Was sagst du dazu? Welche Erklärung hast du hierfür?* *Wir wollen diese Vorfälle nicht mehr hinnehmen. Wir können uns so nicht mehr auf dich verlassen. Du warst immer ein guter Kollege, aber so kann es nicht weitergehen.* *Wir machen uns große Sorgen um dich und deine Zukunft. Aber wir sind als Kollegen auch gefordert, einen guten und sicheren Dienst zu haben. Wir können uns so nicht auf dich verlassen.* *Als Team sind wir in Sorge um dich. Wir wollen wieder so sorgenfrei wie früher miteinander umgehen können.* *Wenn es so weitergeht, müssen wir irgendwann zum Chef gehen. Wir wollen, dass du dir Hilfe holst. Ohne Hilfe schaffst du das nicht. Wir wollen dich gerne unterstützen. Du kannst doch mal ein Gespräch beim SAP machen, den kennst du doch. Oder wir haben uns bei den Anonymen Alkoholikern informiert, die treffen sich immer am XY.* *Du solltest darüber nachdenken. Wir werden so nicht weitermachen, wir wollen dich als unseren Kollegen und Freund aber auf keinen Fall verlieren. Es muss sich etwas ändern!*	Zwischen empathischer Zuwendung und konstruktivem Druck wechseln, aber immer respektvoll bleiben und dem Gegenüber die Möglichkeit geben, ohne Gesichtsverlust Zugeständnisse machen zu können. Konstruktiven Druck aufbauen: dienstliche und kollegiale Folgen aufzeigen, wie den Vertrauensverlust, Verlust von Respekt und Offenheit untereinander, problematische Außenwirkungen und Folgen bei Vorgesetzten. Drohende Sanktionen aufzeigen, dabei stets die Hoffnung auf Wiederherstellung eines guten und vertrauensvollen Arbeitens miteinander aufzeigen. Dies setze aber voraus, dass das Gegenüber sein Verhalten ändert. Deutlich machen, dass die Grenzen der Akzeptanz erreicht sind, aber dann auch Hilfe und Unterstützung anbieten. Konstruktiver Druck.

Was? (Maßnahmen)	Wie? (Beziehungsgestaltung)
Abschlussphase Je nach Stand des Verlaufs im Gespräch: Gegenüber bleibt uneinsichtig und zeigt Reaktanz: • *Wir werden die Informationen dann an den Chef weitergeben müssen. Der muss dann entscheiden, was zu tun ist.* • *Wir können so nicht mehr weitermachen, du musst damit rechnen, dass andere das auch so sehen und unsere Dienststellenleitung informiert wird.* Gegenüber wirkt unentschlossen: • *Du kannst ja mal eine Woche über alles nachdenken und dann verhandeln wir nächste Woche zu einem festen Termin noch mal konkret über Vereinbarungen oder über deine Vorschläge.* • *Denk mal drei Tage nach und sage uns am Tag XY, was du vorhast oder wie wir dich konkret unterstützen können.* Gegenüber lenkt ein: • *Konkrete Vereinbarung treffen.* • *Bis nächste Woche gibst du uns Bescheid, ob du bei einem SAP oder einer Hilfseinrichtung warst.*	Respektvoller und wertschätzender Kollege und Freund. Konstruktiver Druck muss beim Kollegen bleiben.
Nachbereitung (wie in Abbildung 41 beschrieben)	Konstruktive Kritik und unterstützend arbeiten.

Das Ziel, Einsicht in die eigenen problematischen Verhaltensweisen oder gar die Suchterkrankung zu entwickeln, steht am Ende einer langen Gesprächskette. Sie ist die beste Voraussetzung für den Einstieg in eine Suchtbehandlung, kann aber nur sehr selten durch ein erstes Gespräch erwirkt werden. Das Ziel, dass die Betroffenen über ihr Fehlverhalten im Dienst nachdenken, kann unter günstigen Umständen durch ein erstes Gespräch bewirkt werden. Zunächst sollen die Kolleginnen und Kollegen, die das Gespräch führen, ihre Sicht der Dinge offenlegen und die problematischen Verhaltensweisen im Dienst ansprechen.

9.4 Gefahren in der Gesprächsführung

Die Gefahren können darin bestehen, dass man sich auf Trinkmengen und die Definition von Alkoholabhängigkeit einlässt. Die meisten Menschen trinken ab und zu Alkohol, der eine mehr, der andere weniger. Betroffene versuchen häufig, von sich abzulenken und die Trinkmengen anderer zu thematisieren. Das sollte nicht in den Vordergrund der Gesprächsführung geraten. Das Gespräch sollte immer wieder auf die erkennbaren und gemeinsam erlebten problematischen Verhaltensweisen gelenkt werden. Es kann dann immer wieder eine Verbindung zum Alkohol hergestellt werden.

Eine weitere Gefahr besteht in der Tendenz der Betroffenen, das eigene Verhalten zu rechtfertigen und zu bagatellisieren. Auch darauf darf man sich nicht einlassen. Es muss deutlich werden, dass die nicht zu akzeptierenden Verhaltensweisen nicht mehr hingenommen werden. Falls die Probleme schon zu groß sind, wird ein Gespräch mit dem Vorgesetzten nicht zu umgehen sein. Dann müssen dienstrechtliche Schritte eingeleitet werden.

10 Gestaltung von Trainingseinheiten zur professionellen polizeilichen Gesprächsführung

Diese praxisnahen Einheiten sind als Trainingshandbuch konzeptualisiert. Mit den Trainingsanleitungen können praktische Schulungen zur professionellen polizeilichen Gesprächsführung durchgeführt werden. Sie können von Studierenden auch zum selbstständigen Üben benutzt werden. Von Dozenten können sie zur Vorbereitung der jeweiligen Trainings-Module herangezogen werden.

Der praktische Verlauf solch einer polizeilichen Gesprächsführung kann z. B. im sogenannten Fishbowl-Verfahren exemplarisch eingeübt werden. Die Teilnehmerinnen und Teilnehmer übernehmen eine Rolle der Beteiligten in der jeweiligen Gesprächsführung. Die Fälle können aus aktuellen polizeilichen Fällen übernommen werden.

Zunächst wird eine kompetente Vorbereitung getroffen. Welche Ziele und welche Maßnahmen sind in welcher Phase des Gesprächsverlaufes erforderlich? Welche Kompetenzen werden besonders wichtig sein?

Im Fishbowl-Verfahren sind die nicht mitspielenden Personen außerhalb in einem Kreis um das Rollenspiel zu gruppieren. Sie sind als teilnehmende Beobachter wichtige Akteure des Geschehens. Sie werden immer wieder in die Gestaltung des Rollenspiels einbezogen, indem sie gefragt werden, was ihnen beim bisherigen Verlauf aufgefallen ist, was sie als kompetent betrachten oder was sie anders machen würden. Der weitere Verlauf des Gesprächs wird durch alle Beteiligten gemeinsam geplant, indem die noch offenen Ziele und Maßnahmen besprochen werden. Daneben wird auch das „Wie" der Gesprächsführung diskutiert. Entspricht die Beziehungsgestaltung der jeweiligen Lage und wird diese professionell ausgestaltet? Hierbei ist die Rückmeldung desjenigen, der die Rolle des betroffenen Bürgers einnimmt, besonders hilfreich.

Die Teilnehmerinnen und Teilnehmer sollen zwischendurch zur Standortbestimmung aufgefordert werden. Dabei werden die Rollenspiele unterbrochen und anhand von folgenden Fragen der weitere Verlauf gestaltet:

- An welcher Stelle der Gesprächsführung befindet man sich?
- Gelingt das Vorhaben im Sinne der Planung und Durchführung der Maßnahmen (Was-Entscheidungen)?
- Aber auch im Sinne einer sozial akzeptierten Beziehungsgestaltung (Wie-Entscheidungen)?
- Welche Wege können eingeschlagen werden?

Die Teilnehmer erarbeiten sich so gemeinsam eine polizeiliche Gesprächskultur.

In dieser praktischen Phase können die Studierenden wahrnehmen, dass es verschiedene Verläufe von Gesprächssituationen gibt, je nach Teilnehmern und Akteuren. Das bedeutet aber nicht, dass die geplanten Maßnahmen fallen gelassen werden dürfen. Sie müssen jeweils den Akteuren und den Lagen angepasst werden.

In einem zweiten Schritt können in den Trainingssituationen weitere Faktoren eingespielt werden, die die Erfordernisse an die fachlichen, sozialen und personalen Kompetenzen durch besondere Stressfaktoren erweitern. Hierzu gehören Faktoren wie Waffenbesitz des polizeilichen Gegenübers, Angriffe, Dunkelheit, laute Umgebungsgeräusche oder zusätzliche Personen mit besonderen Merkmalen, ähnlich wie in den Einsatztrainings-Modulen.

Häufig scheitern die ersten Versuche zur professionellen polizeilichen Gesprächsführung, weil die geplanten Ziele und Maßnahmen bei auftretenden Schwierigkeiten von den Studierenden vergessen werden. Sie lassen sich dann vom Gegenüber oder von ihrer Intuition durch die Gesprächssituation leiten statt von den erforderlichen Zielen und Maßnahmen.

Diese praktischen Trainingseinheiten dienen dazu, die theoretisch erarbeiteten Inhalte auf praktische Fälle zu übertragen und in polizeiliche Handlungsfolgen zu übersetzen. Auf diese Weise sollen Handlungskompetenzen geschult und durch gemeinsames Bearbeiten reflektiert und auf ihre Brauchbarkeit hin überprüft werden.

Die einzelnen Akteure in diesen Trainingseinheiten sollen ihre jeweils authentische Art und Weise der Gesprächsführung und der Beziehungsgestaltung zeigen und trotzdem ein erforderliches Maßnahmenbündel ein- und umsetzen lernen. Die Phasen der Gesprächsführung sollen erkennbar sein.

Das Ende der Trainingseinheit besteht in den folgenden Fragen:

- Wurden die geplanten Ziele und Maßnahmen umgesetzt und erreicht?
- Wie ist die Beziehungsgestaltung gelungen?
- Welche Kompetenzen wurden eingesetzt?
- Was kann verbessert werden (mit Bezug zu den fachlichen und personalen wie sozialen Handlungskompetenzen)?

Wichtig ist es, dass die Gesprächseinheiten transparent gehalten und die Ergebnisse nachvollziehbar entwickelt werden.

11 Zusammenfassung

Die Grundidee des Lehr- und Trainingshandbuchs der professionellen polizeilichen Gesprächsführung besteht darin, ein sozialwissenschaftlich sowie polizeiwissenschaftlich fundiertes Rahmenmodell der polizeilichen Gesprächsführung vorzustellen, in dem die Fülle der in der Praxis auftretenden polizeilichen Situationen reflektiert werden kann. Das Modell orientiert sich an der Vermittlung der erforderlichen Kompetenzen, die als grundlegende Kompetenzen der professionellen polizeilichen Gesprächsführung erkannt und eingeübt werden können.

Zunächst wurden die Grundlagen der polizeiwissenschaftlichen und der sozialwissenschaftlichen Diskussionen beschrieben. Schon hier werden die dazu notwendigen methodischen, sozialen und personalen Kompetenzen herausgestellt.

Es wurden die gängigen Kompetenzmodelle der polizeiwissenschaftlichen und polizeipraktischen Forschungen diskutiert, um einen aktuellen Überblick über den Stand der polizeilichen und polizeiwissenschaftlichen Studien zu gewährleisten.

Die konsequente Entwicklung eines neuen Rahmenmodells zur professionellen polizeilichen Gesprächsführung, die in diesem Lehrbuch vorgestellt wurde, orientiert sich an den polizeilich geforderten methodischen und sozialen wie personalen Kompetenzen zur professionellen Lagebewältigung. Diese wurden immer wieder in die einzelnen Abschnitte eingearbeitet und besonders hervorgehoben. Polizeiliche Aufgabenbewältigung bedingt ein ganzes Bündel von vielen verschiedenen Kompetenzen, wenn sie professionell sein soll. Doch lassen sich dabei Schwerpunkte bilden, auf die in der Ausbildung der Polizei hingearbeitet werden kann. Durch das Antrainieren von Standards in unterschiedlichen polizeilichen Lagen entwickelt sich Routine, die zu einer verbesserten Handlungsfähigkeit führen wird.

Die Umsetzung der unterschiedlichen Gesprächsanforderungen in einem einheitlichen Gesprächsmodell mit seinen Phasen und besonderen Aufgaben soll zur Entwicklung von Routine beitragen und zur Reduzierung von Stress führen. Das konsequente Erarbeiten von polizeilich und psychologisch relevanten Zielsetzungen, Maßnahmen und sozialen Kompetenzen für die jeweilige Beziehungsgestaltung ist für das Erlernen von professionellen Standards polizeilichen Handelns hilfreich.

Als Ziel sollte zunächst eine reduzierte Komplexität in der Trainingssituation erreicht werden, ohne dabei wissenschaftliche und praxiserprobte Kenntnisse und Kompetenzen zu vernachlässigen.

Die Reduktion an Komplexität gelingt durch eine theoriegeleitete Vorbereitung der Gesprächsführung anhand des neuen Kompetenzmodells. Die konsequente Unterteilung der Gesprächsführung in strukturierte Phasen mit ihren jeweils zugehörigen Zielen und Maßnahmen ermöglicht einen größeren Freiraum für eine verbesserte Beziehungsarbeit in der aktuellen polizeilichen Lage. Eine professionelle, der Lage angepasste Gestaltung der Beziehung zwischen Polizei und Bürgern vermittelt Professionalität und vergrößert damit auch die Akzeptanz in der Gesellschaft. So werden Sicherheit und Vertrauen auf beiden Seiten hergestellt und die Reflexions- und Steuerungsfähigkeit im polizeilichen Handeln verbessert.

Die vielen Rückmeldungen meiner Studierenden haben gezeigt, dass die Struktur der Gesprächsführung und das Arbeiten anhand von Kompetenzen als positiv empfunden werden. Die Studierenden bringen sich sehr konstruktiv in die Trainingseinheiten ein und nutzen diese, um Sicherheit in der Gesprächsführung aufzubauen. Einige ihrer Ideen konnten hier in die Gesprächssequenzen übernommen werden.

An dieser Stelle möchte ich noch drei Männern danken. Meinem Bruder Prof. Thomas Nolden und meinem Ehemann Wolfgang Höhne danke ich für ihre hilfreiche Unterstützung. Und ein Dank geht an meinen Kollegen Rainer Leggereit für die Hilfe bei der Erstellung der Fotografien.

Literaturverzeichnis

Assmann, A. (2018). Menschenrechte und Menschenpflichten: Schlüsselbegriffe für eine humane Gesellschaft. Wien.

Atzenweiler, M. (2006). Kriminelle Gewalt – und plötzlich bist du mittendrin. Eine Anleitung zu Prävention und Selbstschutz in Beruf und Alltag. Zürich.

Bandelow, B., Gruber, O. & Falkai, P. (2008). Kurzlehrbuch Psychiatrie. Göttingen.

Beamtenring, D. (6.11.2019). Von www.dienstleistungsberufe.de: www.dienstleistungsberufe.de/deliver/html/deliver/JobId495 abgerufen.

Bedermann, J. & Ellrich, K. (2022). Der polizeiliche Umgang mit aggressiven Verhaltensweisen bei Menschen mit psychischen Störungen. In M. Staller, & S. Koerner, Handbuch polizeiliches Einsatztraining (S. 431–450). Wiesbaden.

Behr, R. (1/2015). Polizeiwissenschaft in Deutschland – eine persönliche Zustandsbeschreibung. Polizei und Wissenschaft, S. 33–41.

Behr, R. (2/2016). Die Polizei im Spannungsfeld von staatlicher und gesellchaftlicher Gewalt. Polizei und Wissenschaft, S. 13–24.

Behr, R. (2006). Polizeikultur. Routinen – Rituale – Reflexionen. Bausteine zu einer Theorie der Praxis der Polizei. Wiesbaden.

Behr, R. (2012). Die „Gewalt der Anderen“, oder: Warum es bei der aktuellen Gewaltdebatte nicht (nur) um Gewalt geht. In T. Ohlemacher & J. Werner. Empirische Polizeiforschung XIV: Polizei und Gewalt (S. 177–197). Frankfurt/M.

Behr, R. (2. Auflage 2008). Cop-Culture. Der Alltag des Gewaltmonopols. Wiesbaden.

Berger, P. L. & Luckmann, Th. (1991). Die gesellschaftliche Konstruktion von Wirklichkeit. Frankfurt/M.

Betsch, T., Funke, J. & Plessner, H. (2011). Deuten – Urteilen, Entscheiden, Problemlösen. Berlin.

Birkenbihl, V. (8. Auflage 1992). Signale des Körpers: Körpersprache verstehen. (8. Auflage) München.

BKA (Hrsg.) (2022a). Sicherheit und Kriminalität in Deutschland – SKiD 2020. Version V 1.2. Wiesbaden.

BKA (Hrsg.) (2022b). Gewalt gegen Polizeivollzugsbeamtinnen und Polizeivollzugsbeamte. Bundeslagebild 2021. Version V 1.0. Wiesbaden.

BMFSfJ (2014). Gewalt gegen Frauen in Partnerbeziehungen in Deutschland (Kurzfassung). Berlin.

Bochenek, A. & Staller, M. (2013). Gewalt gegen Polizeibeamte – Zum Bedarf eines Kompetenzmodells zur Abwehr von gewalttätigen Angriffen. In P. Liebl & S. Kuhn. Menschlicher Zweikampf – Kampfkunst und Kampfsport in Forschung und Lehre (S. 224–229). Frankfurt.

Bornewasser, M. (1998). Soziale Konstruktion von Gewalt und Aggression. In W. Bierhoff. Aggression und Gewalt (S. 48–63). Stuttgart.

Breakwell, G. (1998). Aggression bewältigen. Bern.

Bühren, K., Engewald, B., Piesker, A., Steffens, B., Steffens, C., Uhlig, F. & Ziekow, J. (2022). Gewalt gegen Beschäftigte im öffentlichen Dienst. Ein Literatur- und Praxisüberblick. Speyerer Forschungsbericht 302. Speyer.

Bundesgesundheitsministerium (2019). Gesundheitsgefahren. URL: www.bundesgesundheitsministerium.de/themen/praevention/gesundheitsgefahren/sucht-und-drogen.html (abgerufen 30.6.2020).

Collins, R. (2011). Dynamik der Gewalt. Hamburg.

Dahrendorf, R. (1977). Homo Sociologicus. Köln.

Delhees, K. (1994). Soziale Kommunikation. Opladen.

Dilling, H. & Freyberger, H. (8. Auflage 2015). Taschenführer zur ICD-10-Klassifikation psychischer Störungen. Göttingen.

Dörner, D., Kreuzig, H., Reither, F. & Stäudel, T. (1983). Vom Umgang mit Unbestimmtheit und Komplexität. Bern.

Dörner, D., Reh, H. & Stäudel, T. (1983). Die Erklärung des Verhaltens. In D. Dörner, H. Kreuzig, F. Reither & T. Stäudel. Vom Umgang mit Unbestimmtheit und Komplexität (S. 397–449). Bern.

Dörr, M. & Müller, B. (3. aktualisierte Auflage 2012). Nähe und Distanz als Strukturen der Professionalität pädagogischer Arbeitsfelder. In M. Dörr & B. Müller. Nähe und Distanz (S. 7–32). Weinheim.

Dürr, I. (4. Auflage 2003). Verwirrt, verschroben, abgehoben. Vom richtigen Umgang mit Verhaltensauffälligkeiten und Hirnleistungsstörungen im Alter. Marburg.

Ellrich, K., Pfeiffer, C. & Baier, D. (2010). Gewalt gegen Polizeibeamte. Hannover.

Ellrich, K. & Baier, D. (2022). Gewalt gegen die Polizei – ein Überblick zur Verbreitung, zu Einflussfaktoren und Impliktionen für die Praxis. In M. Staller & S. Koerner, Handbuch polizeiliches Einsatztraining (S. 503–521). Wiesbaden.

Erpenbeck, J. & Heyse, V. (2007). Kompetenzmanagement. Münster.

Fiedler, B. (2006). Die Ignorierung der Selbstverantwortung des Täters. In C. Lorei. Polizei und Psychologie (S. 871–884). Frankfurt/M.

Fischer, G. (4. Auflage 2005). Neue Wege aus dem Trauma. Düsseldorf.

Fischer, G. & Riedesser, P. (1998). Lehrbuch der Traumatologie. München.

Frevel, B. (2019). Das Kooperationsprojekt Bildung und Polizei. Münster.

Füllgrabe, U. (5. Auflage 2014). Psychologie der Eigensicherung. Stuttgart.

Füllgrabe, U. (5/2017). Grundlagen erfolgreicher und erfolgloser Kommunikation. Deutsches Polizeiblatt, S. 5–10.

Gesundheit, Z. f. (2017). Im Fokus: Opfer von Gewalt- und Sexualverbrechen sowie Einbruchsopfer. Mannheim.

Gibb, J. (11/1961). Defensive communication. Journal of communications, S. 141–148.

Goffman, E. (5. Auflage 1986). Interaktionsrituale. Frankfurt/M.

Goffman, E. (10. Auflage 1980). Rahmen-Analyse. Ein Versuch über die Organisation von Alltagserfahrungen. Frankfurt/M.

Häfner, H. (4. Auflage 2017). Das Rätsel Schizophrenie. München.

Hahn, N. (2. Auflage 2016). Gefährderansprache und Vernehmung. Erfurt.

Hallenberger, F. (2014). Aktives Zuhören. In F. & C. Lorei Hallenberger, Grundwissen Kommunikation (S. 139–154). Frankfurt.

Hargie, O. (2013). Die Kunst der Kommunikation. Bern.

Hau, S. vom (2022). Autorität auf dem Prüfstand. In M. Staller, & S. Koerner, Handbuch des polizeilichen Einsatztrainings (S. 185–202). Wiesbaden.

Hegerl, U. (2017). Wenn es einen halboffiziellen Weg gibt, sinkt die Hemmschwelle. Frankfurter Allgemeine Zeitung, www.faz.net.

Heibach, E., & Loncoln, T. (2017). Psychosen. Göttingen.

Heiliger, A., Goldberg, B., Schröttle, M. & Hermann, D. (2005). Gewalthandlungen und Gewaltbetroffenheit von Frauen und Männern. In W. Cornelißen. Gender-Datenreport. Kommentierter Datenreport zur Gleichstellung von Frauen und Männern in der Bundesrepublik Deutschland (S. 610–669). Berlin.

Heimann, R., Strohschneider, S. & Straub, H. (2013). Entscheiden in kritischen Situationen, Frankfurt a.M.

Hein, B. (4. Auflage 2018). Prüfungswissen Pflege – Wissensgrundlage kompakt. München.

Hermann, J. (1993). Die Narben der Gewalt. München.

Hermanutz, M. & Hermanutz, U. (2016). Psychische Störungen: Erkennen, Verstehen, Intervenieren. In T. Porsch & B. Werdes. Polizeipsycholgie (S. 207–235). Göttingen.

Hessen, L. (2016). Leitbild der Hessischen Polizei. Von www.polizei.hessen.de abgerufen.

Heyse, V. (2007). Strategien – Kompetenzanforderungen – Potentialanalysen.
In J. Erpenbeck & V. Heyse, Kompetenzmanagement. Münster: S. 11–179.

Hofinger, G. (2003). Entscheiden in komplexen Situationen. In S. Strohschneider.
Fehler und Fallen beim Entscheiden in kritischen Situationen (S. 2–23). Frankfurt/M.

Huber, M. (2003). Trauma und die Folgen. Paderborn.

Hücker, F. (2017/5). Deeskalative Kommunikation im Polizeieinsatz. Deutsches Polizeiblatt, S. 2–5.

Hücker, F. (3. Auflage 2010). Rhetorische Deeskalation. Stuttgart.

Hücker, F. (4. Auflage 2017). Rhetorische Deeskalation. Stuttgart.

Hüther, G. (2018). Würde: Was uns stark macht – als Einzelne und als Gesellschaft. München.

Jung, A. (2011/5). Deeskalation im Polizeieinsatz. Deutsches Polizeiblatt, S. 24-26.

Kahnemann, D. (2011). Schnelles Denken – langsames Denken. München.

Kälber, C., & Braun, O. (2011/1). Interkulturelle Kompetenz. Polizei und Wissenschaft, S. 14–30.

Kanning, U. (2. aktual. Auflage 2009). Diagnostik sozialer Kompetenzen. Göttingen.

Kern, P. (2016). Polizei und taktische Kommunikation. Köln.

Kerner. (10.10.2019). Feltes, krimlex. Von Kerner (2019) online unter: Feltes www.krimlex.de/suche_artikel.php?KL_ID=170&KL_SUCHE=soziale%20kontrolle&SEARCH_HIT_NUMBER=8&BUCHSTABE=S Artikel.php?KL_ID=170&KL_SUCHE=soziale%20kontrolle&SEARCH_HIT_NUMBER=8&BUCHSTABE=S abgerufen.

Kleinschmidt, H. & Rückheim, S. (2009/1). Der polizeiliche Planungs- und Entscheidungsprozess im Vergleich. Beiträge aus dem Fachbereich Polizei und Sicherheitsmanagement, S. 2–41.

Krappmann, L. F. (2000). Soziologische Dimension der Identität. Stuttgart.

Krauthan, G. (4. Auflage 2004). Psychologisches Grundwissen für Polizeibeamte. Weinheim.

Kubera, T. (2017/5). Kommunikationsaspekte bei Fußballgroßveranstaltungen. Deutsches Polizeiblatt, S. 15–19.

Kühl, S. (2010). Ächtung des Selbstlobs und Probleme der Kompetenzdarstellung. In T. Kurtz & M. Pfadenhauer, Soziologie der Kompetenz (S. 275–291). Wiesbaden.

Kurtz, T. (2010). Der Kompetenzbegriff in der Soziologie. In T. Kurtz & M. Pfadenheuer, Soziologie der Kompetenz (S. 7–29). Wiesbaden.

Lasogga, F. (2014a). Psychische Erste Hilfe. In F. Hallenberger & C. Lorei, Grundwissen Kommunikation (S. 213–233). Frankfurt/M.

Lasogga, F. (2014b). Das Überbringen einer Todesnachricht. In F. Hallenberger & C. Lorei. Grundwissen Kommunikation (S. 259–279). Frankfurt/M.

Linden, M., & Hautzinger, M. (8. Auflage 2015). Verhaltenstherapiemanual. Berlin.

Lorei, C. & Sohnemann, J. (2012). Grundwissen Eigensicherung. Frankfurt/M.

Lorey, K. & Fegert, J. (Heft 15/2021). Polizeilicher Kontakt zu psychisch erkrankten Menschen. Forensische Psychiatrie Psychologie Kriminologie , S. 239–247.

Mangold, A. (2011/14). Die friedfertige Polizistin? Die Praxis der Deeskalation aus Sicht von Männern und Frauen im Streifendienst. In A. Lüdtke, H. Reinke & M. Sturm. Polizei, Gewalt und Staat im 20. Jahrhundert, Studien zur inneren Sicherheit (S. 145–168). Wiesbaden.

Maus (2016). Leitbild der Hessischen Polizei. Von www.polizei.hessen.de abgerufen.

Mensching, A. (2008). Gelebte Hierarchien – Mikropolitische Arrangements und organisationskulturelle Praktiken am Beispiel der Polizei. Wiesbaden.

Ministerium für Arbeit und Soziales des Landes Nordrhein-Westfalen, G. S. (1998). Neue Wege in der Hilfe für Gewaltopfer. Köln.

Müller, S., Köhler, D. & Hinrichs, G. (2005). Täterverhalten und Persönlichkeit. Frankfurt/M.

Nettelnstroth, W. (2014). Grundlagen der Kommunikation im Kontext der Polizei. In C. Lorei, & F. Hallenberger. Grundwissen Kommunikation (S. 5–43). München.

Nolden, S. (2006). Amoklauf in Erfurt. Hilfe für Polizeikräfte bei der Verarbeitung des Unfassbaren. In Spectrum Heft 1, S. 10–12. Wiesbaden.

Nöthen-Schürmann, U. (02/2011). Die Polizei, Dein Freund und Helfer! Deutsches Polizeiblatt, S. 5–8.

Ohlemacher, T., & Werner, J. (2012). Empirische Polizeiforschung XIV: Polizei und Gewalt. Frankfurt/M.

Okulicz-Kozaryn, M. & Bouška, J. (17(1) 2016). Determinanten und Optimierungsmöglichkeiten der polizeilichen Legitimität. Neue Kriminalpoltik, S. 78–97.

Orlando, C. (1999). Konzentrative Bewegungstherapie bei Patienten mit traumatischen Erfahrungen. In M. Symposium, Heft Nr. 22, Über das verdeckte Leiden einer Wunde (S. 133–159). Münchwiesen.

Oschmiansky, F. (2010). Neues Steuerungsmodell und Verwaltungsmodernisierung. Von Bundeszentrale für politische Bildung: www.bpb.de/politik/innenpolitik/arbeitsmarktpolitik/55048/steuerung-modernisierung abgerufen.

Oud, N. & Walter, G. (2009). Aggression in der Pflege. Schorndorf (http://www.gernotwalter.de/mediapool/87/878614/data/Oud_Walter_2009_Aggression_in_der_Pflege_Ibicura.pdf)

Posch, L. (2020). Polizeirelevante psychische Störungen. Stuttgart.

Rastetter, D. (2008). Zum Lächeln verpflichtet: Emotionsarbeit im Dienstleistungsbereich. Frankfurt a.M.

Reichertz, J. (2010). Wann kommuniziert man kompetent? In S. Kurtz & M. Pfadenhauer. Soziologie der Kompetenz (S. 257–274). Wiesbaden.

Rogers, C. (1985). Die nicht-direktive Beratung. Frankfurt/M.

Röhrig, L. (5/2017). Anforderungen an polizeiliche Einsatzkommunikation. S. 5–10.

Rupp, M. (2. Auflage 2003). Notfall Seele. Stuttgart.

Saimeh, N. (o.A.). Differentielle Konzepte zur Dissozialität. https://www.lwl.org/527-download/pdf/Saimeh_Differentielle_Konzepte_zur_Dissozialitaet.pdf

Schmalzl, H. (2008). Einsatzkompetenz. Frankfurt/M.

Schmalzl, H. (2022). Die Gefährlichkeit von Begegnungen der Polizei mit psychisch auffälligen Personen im Einsatz. In M. Staller & S. Körner, Handbuch polizeiliches Einsatztraining (S. 469–481). Wiesbaden.

Schmidt, P., & Neutzler, M. (8. Auflage 2010). Einsatzlehre der Polizei. Band 2. Taktische Maßnahmen. Stuttgart.

Scholzen, R. (1/2016). Gewalt gegen Polizeibeamten. Deutsches Polizeiblatt, S. 2–6.

Schönstedt, O. (2016). Umgang mit psychisch kranken Menschen. Stuttgart.

Schweer, M. (2006). Die Polizei im Fokus der Öffentlichkeit: Vertrauen und soziale Wahrnehmung. In C. Lorei. Polizei und Psychologie. Kongressband (S. 751–762). Frankfurt/M.

Staller, M. (2/2015). Selbstverteidigung und Handeln. Polizei und Wissenschaft, S. 24–36.

Staller, M. & Zaiser, B. (4/2015). Auf dem Weg zur Expertise als Einsatztrainer. Polizei und Wissenschaft, S. 39–49.

Staubli, S. (2022). Vertrauen in die Polizei im 21. Jahrhundert: Fairness in Interaktionen als Grundlage. In M. Staller, & S. Koerner, Handbuch polizeiliches Einsatztraining (S. 169–184). Wiesbaden.

Steil, K., Summerfield, J. & DeMare, G. (1986). Aktives Zuhören. Heidelberg.

… Interview. Zeitungen der Funke Mediengruppe und „Quest-France"

… /2017). Vernehmungskompetenz durch Lernen am Modell? Polizei und Wissen- … S. 38–58.

…zymenderski, P. (2012). Gefühlsarbeit im Polizeidienst: Wie Polizeibedienstete die emotionalen Anforderungen ihres Berufes bewältigen. Bielefeld.

Teegen, F. (2003). Posttraumatische Belastungsstörungen bei gefährdeten Berufsgruppen. Bern.

Temme, M. (5/2011). Mythos Deeskalation. Deutsches Polizeiblatt, S. 5–8.

Thielgen, M. (2/2016). Die Polizei der Zukunft – Wir brauchen Polizistinnen und Polizisten mit Herz, Verstand und...? Polizei und Wissenschaft, S. 39–52.

Thiersch, H. (3. aktualisierte Auflage 2012). Nähe und Distanz in der sozialen Arbeit. In M. Dörr & B. Müller. Nähe und Distanz – Ein Spannungsfeld pädagogischer Professionalität (S. 32–49). Weinheim.

Thomas, A. (2003). Kultur und Kulturstandards. In A. Thomas, E. Kienast & S. Schroll-Machl, Handbuch interkulturelle Kommunikation und Kooperation (S. 19–32). Göttingen.

Todorov, A. & Oosterhof, N. (2008). The functional basis of face evaluation. www.pnas.org, S. 11087–11092.

Tomasello, M. (2006). Die kulturelle Entwicklung des menschlichen Denkens. Frankfurt/M.

Treczakat, A. (5/2017). Hat sich die taktische Kommunikation bewährt? Deutsches Polizeiblatt, S. 19–32.

Tyler, R. (August 2001). Trust and Law-Abidingness. Working Papers Nr. 16, Australien.

Varela, F. (2002). Kognitionswissenschaft – Kognitionstechnik: Eine Skizze aktueller Perspektiven. Frankfurt.

Voß, H.-G. (2001). Professioneller Umgang der Polizei mit Opfern und Zeugen. Neuwied.

Waleczek, H. & Hofinger, G. (2012). Kommunikation über kritische Situationen im OP – Schwierigkeiten, Besonderheiten, Anforderungen. In G. Hofinger. Kommunikation in kritischen Situationen (S. 151–168). Frankfurt/M.

Walter, B. (1 2016). Checkliste – Gewalt gegen Polizeibeamte. Deutsches Polizeiblatt, S. 31.

Watzlawick, P. (1992). Münchhausens Zopf. München.

Watzlawick, P., Beavin, J. H. & Jackson, D. (10. Auflage 2000). Menschliche Kommunikation: Formen, Störungen, Paradoxien. Göttingen.

Weber, M. (5. Auflage 1972). Wirtschaft und Gesellschaft – Grundriß der verstehenden Soziologie. Tübingen.

Wittmann, L. & Groen, G. (48(1) 2021). Die Interaktion mit verhaltensauffälligen Menschen aus polizeilicher Perspektive. Psychiatrische Praxis, S. 31–36.

Zeitner, J. (3. Auflage 2021). Einsatzlehre. Hilden.

Zentralinstitut für Seelische Gesundheit (2017). Im Fokus: Opfer von Gewalt- und Sexualverbrechen sowie Einbruchsopfer. Mannheim.

Stichwortverzeichnis

A

Abwehrmaßnahme 215
Abwehrmechanismus 157, 159
Amtsautorität 70, 71, 73, 77, 82, 209
Anpassungsfähigkeit 44, 94
APA 192
Apathie 126, 157
Atem 64

B

Bedrohungs-Management 141
Biphasischer Verarbeitungsprozess 126, 158
Borderline 131, 132, 134

C

Co-Abhängige 214, 215

D

Deeskalationsgebot 42, 79
Distanzzone 106
Drei-Stufen-Modell 38, 39, 44, 45, 55, 144
DSM 128
DSM-IV 192

E

Einsatzkommunikation 79
Einsatzmodell 25, 55, 80
Einsatzstress 52
Erkennen von Risikopersonen 141
Eskalationsprozess bei psychisch auffälligen Personen 139
Eskalationsstufe 85

F

Fremd- und Selbstgefährdung 137
Funktionale Transparenz 79

G

Gefährder-Einschätzung 141
Gefährdungsanalyse 138
Gefahrenabwehr 24, 174, 195
Gefahrenprognose 54, 208
Gewalt gegen Polizeikräfte 98
Gewaltschutzgesetz 118, 156

H

Hilfekonzept 20, 23, 24, 27
Hilfesystem 20, 25

I

ICD 128
ICD-10 192
Interaktionsverhalten der polizeilich relevanten psychischen Störungen 133
Internationale statistische Klassifikation der Krankheiten (ICD) 128

K

Klassifikationssystem der American Psychiatric Association 192
Klassisches Einsatzmodell 48
Kognitive Notfallreaktion 53
Komplementär angelegte Struktur 26
Komplementäre Beziehungsgestaltung 94
Komplementäre Beziehungsstruktur 68, 69, 71, 78, 85
Komplementäres Beziehungsverhältnis 86
Konstruktive Kommunikation 78
Konstruktiver Druck 25, 27, 87, 88, 129, 148, 168, 215, 216, 219, 220

… 21, 22, 23, 25,
…rventionsdienst 179
…ninterventionsteam 164, 179, 187

M
Manual Psychischer Störungen (DSM) 128
Maßnahmen, zeitlich getaktet 74
Menschenwürde 14, 15, 32
Mentale Vorbereitung 54, 61

N
Negativsymptome 192
Notfallreaktion des kognitiven Systems 53

O
Opfererleben 16, 106
Opferschutz 24, 46, 118, 126, 129, 159, 179, 181
Opferschutzgesetz 33, 156

P
PeRiskoP 141
Person, psychisch auffällige 131, 133, 137, 138
Persönlichkeitsstörung
– dissozial/antisozial 131, 133
– narzisstisch 131
Polizeiliche Gesprächskultur 18, 45, 222
Polizeiliche Lagebeurteilung 90
Polizeiliche Lagebewältigung 14, 24, 45, 47, 81
Positivsymptome 192
Professionelle Gesprächs- und Handlungskultur 27
Professionelle polizeiliche Gesprächskultur 28
Prorisk 141
Psychische Erkrankung 138
Psychische Störung 131, 192
Psychisches Störungsbild 131, 132
PsychKG 20, 129, 130, 131, 132, 166, 167, 176, 196, 199
Psychopath 135
Psychotische Störung 134
Psychotraumatische Abwehr 157

R
Risikoanzeichen 136
Risikoeinschätzung 137
Risikoeinschätzung
– für Eskalationen 102

S
Schutz- und Risikofaktoren Gewalt 99
Selbstmanagement 55
Selbstmanagementkompetenz 53
Selbst- und Fremdgefährdung 137
Soziale Distanz 82
Soziopath 135
Statistisches Manual Psychischer Störungen 192
Stimmliche Signale 84
Störungsbild
– narzisstisches 133
– psychisches 131
Stress- und Selbstmanagement 54
Substanzinduzierte Störung 131, 134
Symmetrische Eskalation 72

T
Tatverdächtige bei Gewalttaten 98

U
Überidentifikation 159

V
Verfahrensgerechtigkeit, polizeiliche 96
Viktimisierungserfahrung 97

W
Wahrnehmung der Lage 144